Este libro pertenece a

---

una mujer conforme
al corazon de Jesús

Otros libros de Elizabeth George:

Acaba con tus preocupaciones… ¡para siempre!
Ama a Dios con toda tu mente
Biblia de la mujer conforme al corazón de Dios
Colosenses/Filemón: Descubre la gracia de Dios
Cómo criar a una hija conforme al corazón de Dios
Encuentra la senda de Dios en medio de tus problemas
Ester: Descubre cómo ser una mujer bella y fuerte
Filipenses: Experimenta la paz de Dios
Guía de una joven para descubrir su Biblia
Guía de una mujer para las buenas decisiones
Hechos: El poder del Espíritu Santo
Jardín de la gracia de Dios
Jueces/Rut: Cultiva una vida de integridad
Lucas: Vive con pasión y propósito
María: Cultiva un corazón humilde
Momentos de gracia para el corazón de la mujer
Oraciones para el corazón de la mujer
1 Pedro: Cultiva un espíritu afable y apacible
Promesas poderosas para toda pareja
Proverbios 31: Descubre los tesoros de una mujer virtuosa
Proverbios para el corazón de la mujer
Sabiduría de Dios para la vida de la mujer
Santiago: Crece en sabiduría y fe
Sara: Camina en las promesas de Dios
Sigue a Dios con todo tu corazón
Tienes un amigo en Jesús—para chicas
Un minuto con las mujeres de la Biblia
Una esposa conforme al corazón de Dios
Una madre conforme al corazón de Dios
Una mujer conforme al corazón de Jesús
Una mujer que ora por su esposo
Una pareja conforme al corazón de Dios
Vive tu fe

Una mujer *conforme al* corazón *de* Jesús

CAMBIA TU VIDA EN SOLO 30 DÍAS

ELIZABETH GEORGE

EDITORIAL PORTAVOZ

La misión de Editorial Portavoz consiste en proporcionar productos de calidad —con integridad y excelencia—, desde una perspectiva bíblica y confiable, que animen a las personas a conocer y servir a Jesucristo.

Título del original: *A Woman Who Reflects the Heart of Jesus* © 2010 por Elizabeth George y publicado por Harvest House Publishers, Eugene, Oregon 97402. Traducido con permiso.

Traducción: Nohra Bernal

Las cursivas añadidas en los versículos bíblicos son énfasis de la autora.

EDITORIAL PORTAVOZ
2450 Oak Industrial Dr. NE
Grand Rapids, Michigan 49505 USA
Visítenos en: www.portavoz.com

ISBN 978-0-8254-5594-0 (rústica)
ISBN 978-0-8254-0349-1 (Kindle)
ISBN 978-0-8254-8517-6 (epub)

2 3 4 5 / 26 25 24 23

Impreso en los Estados Unidos de América
Printed in the United States of America

Contenido

El comienzo de tu viaje

Cuando oyes el nombre *Jesús*, ¿cuál es el primer pensamiento que viene a tu mente? La palabra que siempre viene a la mía es *perfecto*. Jesús es el hombre que vivió una vida perfecta, que tuvo una conducta perfecta, que fue perfecto respecto al pecado y a la vez perfectamente humano. En seguida, viene a mi mente el pensamiento de este hombre perfecto como el modelo perfecto, el ejemplo perfecto, el poseedor del carácter perfecto y la persona perfecta a quien puedo seguir en mi búsqueda de la madurez espiritual. Y eso me infunde esperanza.

Durante meses he disfrutado inmensamente el estudio detenido de cientos de pasajes de las Escrituras y el haber escudriñado numerosos libros acerca de la vida de Cristo. ¿Te lo puedes imaginar? Fue una grandiosa bendición, y un desafío que me ha convencido. A lo largo de mi estudio encontré este resumen hermoso y reverente de la vida de Jesús, una síntesis que nos da ánimo a mujeres como tú y yo que lo aman, que oran para llegar a vivir como Él, y que anhelan ser un reflejo de su vida.

> Jesucristo aparece en cada pasaje del Nuevo Testamento como el ideal moral y espiritual del cristiano. En su pureza de vida, obediencia perfecta al Padre, su calma en el momento de la persecución, su firmeza en el sufrimiento, su entereza frente al pecado, Él constituye siempre el modelo para el cristiano que enfrenta situaciones similares. En esta vida nos esforzamos por ser como el Salvador. En nuestra glorificación final nuestra alma se conformará perfectamente a su imagen.[1]

Hablemos ahora de tu recorrido a lo largo de 30 cualidades increíbles de carácter de nuestro Salvador. Como todo viaje, tienes un destino: la semejanza de Cristo. Y tú tienes que determinar tu propio ritmo en el viaje. Puedes disfrutar una virtud diaria o semanal, o buscar el ritmo que más se acomode a tu estilo de vida.

Completar tu travesía personal hacia la semejanza de Cristo tomará toda la vida. Llegarás a tu destino cuando atravieses el umbral del cielo y te encuentres cara a cara con Jesús. Es mi oración que estas 30 vistas panorámicas a lo largo del camino te ayuden a avanzar en tu búsqueda de un carácter como el del Maestro, para llegar a ser *Una mujer conforme al corazón de Jesús*.

En su amor eterno,

Elizabeth George

Antes de comenzar: Lo que debes recordar acerca de Jesús

Debemos estar muy agradecidas por el privilegio de tener la Biblia. En ella, Jesús nos enseña lo que es humanidad en su estado perfecto, y Él es un ejemplo vivo de ello. Jesús no es una superestrella celestial intocable. Es una persona que vivió lo que vivimos, enfrentó lo que enfrentamos, y sintió lo que sentimos. Por eso podemos encontrar en Él un modelo de comportamiento cristiano. Las normas bíblicas que nos parecen tan difíciles de alcanzar en nuestra vida se ven reflejadas claramente en Él. Al mostrarnos el camino como un hombre más, podemos seguir sus pisadas y poseer las mismas cualidades que Él tuvo.

Ahora que empiezas tu recorrido a lo largo de 30 cualidades de carácter basadas en la vida de Jesús, empezarás a descubrir la superficie de su personalidad extraordinaria y excepcional.

Como lo explica el último versículo de los Evangelios:

> "Y hay también otras muchas cosas que hizo Jesús, las cuales si se escribieran una por una, pienso que ni aun en el mundo cabrían los libros que se habrían de escribir" (Jn. 21:25).

¡Decir que Jesús era una persona incomparable es quedarse corto! Por eso, apenas empieces a leer descubrirás que los muchos pasajes bíblicos referentes a Jesús contienen un sinnúmero de lecciones e ilustran una gran cantidad de cualidades de su carácter. A lo largo de este libro encontrarás varios sucesos relatados en repetidas ocasiones desde ópticas diferentes que describen diversas cualidades de Jesús. Será como observar un mismo diamante desde diferentes ángulos.

A fin de ayudarte a comprender cómo un hombre pudo ser el ejemplo perfecto de carácter divino, y cómo Dios pudo andar entre nosotros como un modelo digno de seguir, estas son algunas verdades importantes que debemos recordar acerca de Jesús:

— Jesús fue el único hombre que poseía dos naturalezas distintas. Además de poseer todas las características de la naturaleza divina, su personalidad tenía también todas las cualidades de la naturaleza humana perfecta y libre de pecado.

— Jesús no renunció a su naturaleza divina, sino que simplemente añadió la humana. El resultado de esta unión fue que Jesús aceptó ciertas limitaciones acerca del uso de su naturaleza divina (Fil. 2:6-7).

— Jesús no funcionó separando su naturaleza humana de la divina.

— La humanidad de Jesús no fue la humanidad de un hombre caído, sino la humanidad que poseían Adán y Eva antes de su caída.

— Jesús experimentó todo lo que vivimos como seres humanos, incluso hambre, sed, cansancio, amor, tristeza y enojo, pero sin pecar.

Mi oración es que cada día, con cada nueva faceta de la hermosa vida de Jesús, puedas comprender cuán especial es Jesús como tu Señor y Salvador, y cómo es el modelo de vida para una mujer que quiere ser conforme a su corazón.

Día 1

Cercano

Vivimos una época privilegiada de la historia. Podemos tomar un teléfono y llamar a cualquier lugar del mundo. Con tu computadora, puedes "navegar en la red" y comprar cualquier cosa, desde juguetes hasta televisores, y mandarlos traer a la puerta de tu casa. Pero no intentes hablar con una persona en este mundo loco por la tecnología.

Durante meses, o casi un año, mi esposo Jim ha tratado de hablar con alguien, con un ser humano, acerca de un problema con una factura telefónica, y lo único que ha conseguido cada vez es otro menú de opciones. Pero por fortuna Dios no es así. Puedo hablar con Él las 24 horas del día los 7 días de la semana, ¡cualquier día y a cualquier hora! Yo abro mi corazón y mente, y de inmediato, como siempre, estoy en su presencia. ¿Tienes un problema, una preocupación, o una petición? ¡No te afanes! Simplemente sigue su instrucción divina y descansa en esta promesa: "Acerquémonos, pues, confiadamente al trono de la gracia, para alcanzar misericordia y hallar gracia para el oportuno socorro" (He. 4:16).

¿No te parece alentador que Dios sea tan cercano? Ahora que empezamos nuestro caminar diario hacia la semejanza del carácter de Cristo, vemos a Jesús, Dios hecho carne, y ejemplo de cercanía.

Jesús nos muestra el camino

Estoy segura de que has estado cerca de personas que, debido a su posición de eminencia, no parecen muy cercanas.

Su semblante parece irradiar superioridad, y sientes que sería una gran molestia para ellas si te acercaras para pedir o preguntar algo. Déjame decirte que es solo tu impresión. Puede que sean las personas más dulces, amables y bondadosas sobre la faz de la tierra, pero algo en ellas te hace dudar si puedes o no acercarte.

Pues bien, da gracias porque esta no es la imagen que Jesús proyectó cuando, siendo Dios de toda la creación, anduvo en medio de ella. Observa cómo Él trató a varios marginados sociales.

Cercano a los marginados

A lo largo de la historia, la lepra ha sido una enfermedad temible y espantosa, porque su progresión es lenta, dolorosa y visible. Hace no muchos años, las personas en Hawái temían tanto la lepra que enviaron a todos los leprosos a la isla de Molokai.

En los días de Jesús también se les temía a los leprosos, y se les consideraba impuros según la ley ceremonial judía. Eran marginados de la sociedad. Un leproso tenía que gritar "¡impuro, impuro!" cada vez que pasaba junto a alguien o que alguien se acercaba a él. Lo asombroso es que cuando un leproso se acercó a Jesús, Él "extendió la mano y le tocó" (Mr. 1:41). ¿Cuál fue el resultado? El leproso fue sanado de inmediato (v. 42).

Para desarrollar la cercanía que demostró Jesús, aprende y vive estas palabras que salieron de los labios y del corazón de nuestro amado Jesús. Así invitó a todos y cada uno, y en especial a los marginados: "Venid a mí todos los que estáis trabajados y cargados, y yo os haré descansar" (Mt. 11:28).

Examina tu corazón

Tu Salvador no permitió que los dictámenes de su sociedad le impidieran mostrarse cercano. ¿Tu círculo o tu medio social te han dictado cómo debes tratar a otros, especialmente aquellos que podrían ser considerados como marginados? Has sido muy bendecida por Dios, y de muchas maneras. Trázate como meta no despreciar a aquellos que no han sido tan bendecidos con una posición, con dinero, con ropa, con educación o con salud. Examina tu corazón. ¿Pueden los marginados acercarse a ti?

Cercano a los desesperados

Estoy segura de que sabes cómo se siente cuando avanzas con diligencia y buen ritmo en tu trabajo, y de repente suena el teléfono o alguien llega para hablarte de alguna necesidad urgente o algún problema grande. Por supuesto que eres una buena persona, y te gusta ayudar a otros. Pero cuando parece que las necesidades de otro se atraviesan en tu camino, en el momento inoportuno (por lo menos según tu agenda), te resulta difícil saber qué hacer. Incluso podrías pensar *¿no se dan cuenta de que estoy ocupada?*

¡Lo que necesitamos en momentos así es una dosis fresca de Jesús! Parece que Él jamás permitió que lo urgente se interpusiera en el camino de lo que era importante. En una ocasión, Jesús estaba predicando en una casa repleta, en sentido literal (Mr. 2:1-5). No cabía una persona más en el recinto. Y en vista del gran gentío en la casa, la llegada de cuatro amigos de un paralítico que buscaban la ayuda de Jesús para su pobre amigo parecía no tener esperanza. Sin embargo, estos amigos estaban convencidos de que Jesús y nadie más podía ayudar a su amigo desahuciado. Resueltos y perseverantes, los cuatro hombres quitaron las tejas del techo de la casa donde Jesús enseñaba, y bajaron la camilla de su amigo por la abertura que hicieron. ¡Imagina el coraje! ¡Imagina la fe que tenían!

En ese momento Jesús hubiera podido exclamar "¿Qué hace ese hombre aquí? ¿No se dan cuenta de que estoy ocupado?". Pero en vez de eso Él "al ver… la fe de ellos, dijo al paralítico: Hijo, tus pecados te son perdonados" (v. 5). Entonces Jesús sanó milagrosamente a este hombre de su parálisis. Ayudar a este hombre era lo importante, aunque predicar era lo urgente.

Es lo mismo cuando una mujer se acerca a ti con alguna petición. Obviamente ella considera que puedes ayudarla, y es posible que así sea. Sin embargo, hay un problema, y es que estás ocupada, como siempre, haciendo algo que has catalogado como importante. ¿Qué puedes hacer? Este podría ser un buen momento para preguntarte "¿Qué haría Jesús con esta mujer?".

Examina tu corazón

En la historia del paralítico y sus amigos, los cuales hicieron todo lo posible por llevar a su amigo a Jesús, y en muchos otros episodios de los Evangelios, Jesús enseña a sus seguidores a tener cuidado de no permitir que las multitudes, las agendas apretadas y las muchas ocupaciones les impidan atender a las personas realmente necesitadas. Ellas son lo más importante. Siempre habrá algo que requiera tu atención inmediata y urgente. ¡Así es la vida! Pero pide a Dios que te dé el discernimiento para no pasar por alto el clamor sincero de alguien que busca ayuda. Pregúntale al Señor: "¿Cómo quieres que trate a esta persona?".

Cercano a los necesitados

Además de las muchas ocupaciones, la idea de ser molestado se convierte con frecuencia en la excusa para no mostrarse cercano. Tienes compromisos que cumplir con algunas personas, lugares a los que tienes que ir, y un sinfín de cosas por hacer (¡todas tus ocupaciones!). De manera que en todo tu ajetreo, distracción y preocupación por ti misma, puedes pasar completamente por alto las necesidades de otros. Tu afán, tu vehemencia y tu apariencia dan la impresión de que si alguien se acercase a ti sería rechazado.

Con Jesús no fue así. Él tenía todas las razones para negar su ayuda al centurion romano que se acercó a Él para interceder por su siervo que estaba sufriendo. ¿Cómo respondió Jesús? Él dijo: "Yo iré y le sanaré" (Mt. 8:7). Sin embargo, el centurión romano, que comandaba cientos de soldados, contestó: "Señor, no soy digno de que entres bajo mi techo; solamente di la palabra, y mi criado sanará" (v. 8). El centurión ni siquiera le pidió a Jesús que fuera a su casa. El centurión sabía que esto sería una gran imposición, de modo que, en fe, pidió a Jesús que tan solo diera la orden, creyendo en su corazón que su siervo sería sanado cuando Él la dictara.

Lo que quiero decir es que Jesús no se molestó con la petición del hombre. Aunque acababa de predicar el sermón más importante de todos los tiempos, el Sermón del Monte, y que multitudes lo seguían, es asombroso cómo Jesús prestó atención a la necesidad de un hombre (que, dicho sea de paso, era un temible romano). Y no tenía reparo alguno en entrar en la casa del centurión para atender al siervo de aquel hombre. Estuvo dispuesto a afrontar las incomodidades que suponía el viaje, dejar a un lado la ocupación del momento, alejarse de las multitudes, arriesgarse al descrédito, y tomarse la molestia de dar explicaciones a los líderes religiosos que también le seguían buscando siempre motivos para condenarlo y calumniarlo. Con todo, Jesús se mostró cercano.

Examina tu corazón

Si uno así lo quiere, cualquier cosa puede convertirse en una molestia. Puedes justificarte y dar razones todo el día para explicar que no tienes tiempo para las personas. Siempre habrá motivos, algunos de ellos muy buenos, por los que otros deberían abstenerse de solicitar tu ayuda y tu tiempo. Pero ten cuidado de no poner barreras entre ti y otras personas que podrías ayudar. Sé flexible. ¿Quién sabe? Quizás tu Plan A podría convertirse en el Plan B de Dios cuando ayudas a alguien necesitado. Para ser más como Jesús, decide y ora para ser cercana como Él lo fue… y como sigue siendo cada día hasta hoy.

Cercano a los insignificantes

¿Quién es el hombre más importante de todos los tiempos? ¡Sin duda alguna, Jesucristo! Como tal, Jesús también pudo haber sido la persona más aislada, apartada y protegida que haya vivido jamás ¿no te parece? Pero lo asombroso es que fue todo lo contrario. Como vemos, Jesús pudo mostrarse cercano a toda persona, y según parece también lo fue en todo tiempo.

Una escena en Mateo 19 lo demuestra claramente. Aquí, "le fueron presentados unos niños, para que pusiese las manos sobre ellos, y orase" (v. 13). Es obvio que los padres de estos pequeños percibían a Jesús como una persona cercana. Sin embargo, los bienintencionados discípulos pensaron que Jesús era demasiado importante para ser molestado con aquellos niños, y trataron de alejar a los padres y sus pequeños. ¿Cuál fue la respuesta de Jesús? "Dejad a los niños venir a mí, y no se lo impidáis; porque de los tales es el reino de los cielos. Y habiendo puesto sobre ellos las manos, se fue de allí" (vv. 14-15).

¡Como cristiana, tú también eres importante! Eres importante para Dios, y eres importante para tu familia y tus amigos. Pero algunas veces, en un momento de orgullo, es fácil olvidar que no puedes usar tu conocimiento, tus logros ni tu posición para justificar tu distanciamiento de las personas, sin importar cuán importantes sean tus logros. Al igual que esos pequeños, todas las personas son importantes para Dios y merecen nuestro amor, atención y servicio cada vez que lo necesiten.

A mí me cuesta trabajo mostrarme cercana. A veces, cuando estoy en la iglesia o doy una conferencia, siento que las mujeres dudan o lo piensan dos veces antes de acercarse a mí. Algunas incluso se alejan dudosas. No obstante, mi ministerio es para las mujeres, y tengo la intención sincera de pasar tiempo con ellas, hablar con ellas, escucharlas y ayudarles. De hecho, esa es la dicha de mi corazón.

Así que he aprendido algunas habilidades que me ayudan a mostrarme más cercana. Primero, tengo un lema adondequiera que voy: "Ve y ayuda". Es un momento que paso con las mujeres y con todas las personas. Pongo mis tareas de escritora a un lado para *salir* al exterior. Y mi salida obedece a mi oración sincera y fervorosa, y quizás sea mi única oportunidad para encontrarme con un grupo particular de mujeres. Y tan pronto llego allí, sonrío, y sonrío mucho. Luego, procuro tocar la mayor cantidad de ovejas de Dios que me sea posible. Tomo la iniciativa de hablar, motivar, e incluso dar toques de ánimo a cuantas mujeres pueda. Yo no sé si Jesús sonreía, pero sé que era un dador alegre, y que era cercano. Nadie era insignificante para Él. ¡Qué dicha ser como Él!

Cercano a los extranjeros

El racismo no es un concepto nuevo. Tampoco el machismo es un comportamiento recién inventado. Ambos estaban en boga en los tiempos de Jesús. Los judíos eran especialmente propensos a creer que el hecho de ser el pueblo escogido de Dios los hacía mejores que todos los demás. Por eso no querían juntarse con el resto de la humanidad, los gentiles. Las mujeres también eran despreciadas en aquella época. Lo maravilloso es que una mujer gentil (que no era judía), notó la actitud cercana de Jesús, cayó a sus pies, y le rogó que expulsara a un demonio de su hija (Mr. 7:24-30).

Si lees acerca de este encuentro en la Biblia, podría darte la impresión de que Jesús fue poco amable y exigente en su trato con esta mujer afligida. Pero el hecho de que Él, siendo un maestro, hablara siquiera con una mujer extranjera, era ya un suceso extraordinario. Al probar Él la fe de ella, diciendo que su responsabilidad primordial era para con los judíos tal como Dios había prometido, dejó implícito que los gentiles podían también ser beneficiarios, incluso esta mujer. Ningún otro líder en todo Israel hubiera sostenido siquiera esta conversación con ella, mucho menos llegar a decirle: "ve; el demonio ha salido de tu hija" (v. 29). ¡Qué magnífico ejemplo del fruto de mostrar una actitud cercana!

Solo porque alguien parezca "diferente" no justifica tener una mentalidad de exclusión. Jesús tuvo una actitud tal que una mujer que *también* era extranjera (doblemente marginada), pudiera acercarse a Él. Dios nunca quiso que los judíos se aislaran del resto del mundo. Y las intenciones de Dios no han cambiado para nosotras hoy. Debemos ir al mundo y codearnos con grupos étnicos diferentes. No debemos evitarlos, sino imitar a Jesús, aceptar sus diferencias, y estar listas cuando se acerquen a nosotras en su hora de necesidad.

Cercano a los hipócritas

He subrayado la importancia de mostrarse cercano. Normalmente, para la mayoría de las mujeres esto no constituye un problema. En general, las mujeres se muestran dispuestas a servir a otros, especialmente a sus familias y amigos. Cuando alguien nos necesita, estamos dispuestas a ayudar. Pero ¿cómo tratas a una persona que después de solicitar y recibir tu consejo o ayuda lo desprecia o hace lo contrario?

¡Sin duda esto le sucedió a Jesús! Muchas veces se le acercaron personas que decían necesitar ayuda aunque en el fondo no era así. Por ejemplo, Marcos 10:17-22 habla de una persona así, que se acercó a Jesús preguntando: "Maestro bueno, ¿qué haré para heredar la vida eterna?" (v. 17).

Esta es quizás la pregunta más importante que alguien pueda formular. Con todo, Jesús conocía el corazón de este joven y sabía cuánto amaba su dinero. De modo que le planteó una prueba para ver si estaba dispuesto a renunciar a él. Jesús le dijo a este joven gobernante rico: "vende todo lo que tienes, y dalo a los pobres, y tendrás tesoro en el cielo; y ven, sígueme, tomando tu cruz" (v. 21).

Jesús amaba a este joven rico (v. 21), quería ayudarle, y estaba dispuesto a hacerlo. Pero, en realidad, el hombre no quería la ayuda de Jesús. Parecía que decía y hacía lo correcto, pero en última instancia dejó a Jesús porque no estaba dispuesto a obedecerle y seguirle.

Por desdicha, tú también encontrarás personas como esta. Te muestras cercana, y la gente lo sabe, y algunos te pedirán ayuda. Pero no serán sinceros para seguir tu consejo y rechazarán tu ayuda. Estas son experiencias tristes y a veces ofensivas. Tu respuesta inicial puede ser alejarte y levantar un muro a tu alrededor para que no vuelvan a lastimarte.

Te ruego que no sucumbas a este tipo de pensamientos. Dios te ha dotado y te ha preparado para brindar tu ayuda a muchos otros que son sinceros y que necesitan desesperadamente la ayuda que puedas ofrecer. Procura olvidar a aquellos que te han utilizado y se han aprovechado de ti. Levántate y sacúdete. Y después ora por ellos y pídele a Dios que te otorgue de nuevo un corazón que siga a Jesús y sea cercano. Después de todo, uno de los 12 discípulos traicionó a Jesús, y aun así Jesús dio su vida y derramó su sangre en rescate por todos aquellos que se acercan a la cruz.

Una mujer conforme al corazón de Jesús

Ser alguien cercano es una virtud discreta. Tal vez pienses: "¡Por supuesto que cualquier persona puede venir a hablarme o pedirme algo!". Sin embargo, también es probable que tengas la actitud contraria. Piensa de nuevo en la cercanía de Jesús. ¿Estás segura de que eres cercana? ¿Lo eres con tu esposo y tus hijos? ¿Con las personas de la iglesia, del trabajo, o los vecinos? ¿Está tu corazón sintonizado con aquellos que están marginados, que no tienen esperanza, que están procupados y necesitados, que parecen extranjeros insignificantes e incluso con los que son hipócritas?

Jesús dijo con sinceridad y verdad: "Venid a mí todos los que estáis trabajados y cargados, y yo os haré descansar" (Mt. 11:28). Pide a Dios su amor. Pide en oración un espíritu cercano conforme al corazón de Jesús, Aquel que nunca se negó al clamor del necesitado que buscaba su ayuda con sinceridad… ¡ni al tuyo!

~ Oración ~

Señor Jesús, gracias porque siempre has sido cercano en tiempos de necesidad. Ayúdame a ser conforme a tu corazón y estar dispuesta a recibir a otros que necesiten tu ayuda por medio de mí. Amén.

Día 2

Dispuesto

Mi esposo Jim me ha enseñado muchas cosas acerca de lo que significa estar siempre dispuesto a ayudar. Como pastor y profesor de seminario, dondequiera que ha estado su oficina, siempre ha habido una fila de personas esperándole en la puerta. Yo solía bromear diciéndole que necesitaba una máquina de asignación de turnos. Sin importar cuán ocupado estuviera (¡y créeme que estaba tan ocupado que parecía que dejaba una nube de polvo tras de él!), Jim siempre encontraba la manera de estar a disposición de aquellos a quienes lideraba, con quienes trabajaba, los que habían conocido a Cristo gracias a él, a los que enseñaba y los que aconsejaba. Como esposa suya, tuve que aprender a esperar y entretenerme durante ratos extensos cada vez que íbamos a la iglesia porque él siempre estaba dispueto a atender a todos. Incluso después que los estudiantes se graduaban o que las personas se mudaban, muchos de ellos seguían llamando o escribiendo correos a Jim. Y, como podrás suponer, Jim sigue dispuesto a atenderlos.

Asimismo, cuando pienso en las mujeres que se han interesado en mi vida y han compartido su conocimiento de Cristo conmigo, tengo que dar gracias a Dios por la disposición que me han mostrado. Yo sé que estaban muy ocupadas, y a pesar de eso encontraron tiempo para reunirse conmigo, orar conmigo y por mí, para darme su consejo cuando lo necesitaba, y brindar siempre y generosamente su ánimo. Quizás nunca me entere de los grandes sacrificios que hicieron para pasar tiempo conmigo. Tengo una deuda inmensa de gratitud hacia ellas por ayudarme a crecer en Cristo… y espero que también pueda imitar siquiera un poco el magnífico carácter de Cristo.

Jesús nos muestra el camino

Tal vez ya cuentes con una consejera en tu vida que te ayuda a crecer como cristiana. Tanto si la tienes como si no, cuentas con el ejemplo y consejo supremo de Jesús. Nadie está más dispuesto que Él a ayudarte. Él está presente siempre. Con una sencilla oración como el breve clamor de Pedro "¡Señor, sálvame!" cuando se hundía en el lago de Galilea, tú puedes tener acceso a Jesús en una fracción de segundo. Como dice la Biblia: "Porque los ojos del Señor están sobre los justos, y sus oídos atentos a sus oraciones " (1 P. 3:12).

¿Has pensado alguna vez lo que le costó a Jesús ponerse a disposición de la humanidad? Para empezar, en algún punto pasado de la eternidad, antes de que existiera el tiempo, Jesús estuvo dispuesto a aceptar el plan del Padre para Él de tomar forma humana a fin de poder vivir entre nosotros. También se humilló a sí mismo para hacerse hombre a fin de servir como el sacrificio perfecto por el pecado. Jesús se ofreció voluntariamente para la tarea de venir a la tierra para salvar y servir a aquellos que eran creación suya. Se puso a disposición del Padre con anticipación. Y esa disposición fue una constante a lo largo de su ministerio terrenal.

Hoy aprendemos otra cualidad del hermoso carácter de Jesús, el de su disposición. Como sucede con todas las cualidades presentadas en este libro, la disposición quedó demostrada perfectamente en la persona de Jesús. Eso significa que podemos aprender acerca de la buena disposición, verla en su preciosa vida y, por su gracia, imitarla. Ahora que empezamos a estudiar esta importante virtud, es posible que te preguntes cómo difiere esta cualidad de la cercanía. ¡Me alegra que lo hayas preguntado!

La *cercanía* sugiere la idea de una actitud pasiva y amistosa. Tiene que ver también con cómo otros te perciben desde afuera. Ser alguien cercano significa que alguien puede verte y sentir que eres amigable y que se puede hablar fácilmente contigo. También, que los demás perciben que las personas pueden acercarte a ti sin ser rechazadas, despedidas o desairadas. ¿Recuerdas cómo demostró Jesús esta cualidad en el capítulo anterior? ¿Recuerdas cómo la mujer extranjera sintió que podía acercarse a Jesús con su petición en favor de su hija que sufría? ¿Recuerdas también cómo los padres de los niños, e incluso los pequeñitos, no dudaron en acercarse a Jesús y reunirse en torno a Él? Incluso alguien como el joven rico, alguien de quien Jesús sabía que no prestaría atención a su consejo ni lo seguiría a Él, sintió que podía acercarse al Señor, hacerle preguntas y hablar con Él.

La *disposición* tiene una connotación más activa. Con frecuencia, toma la iniciativa de actuar. La persona dispuesta es una persona lista para la acción, preparada y pronta a responder cuando considera que puede ayudar o tiene algo para dar. Mi mente recuerda de inmediato a la profetisa y jueza Débora. Esta mujer se sentaba debajo de una palmera y esperaba que los hijos de Israel vinieran a ella en busca de ayuda y juicio (Jue. 4:4-5). Y cuando Barac, un líder militar de Israel, solicitó su presencia durante una batalla crucial, estuvo dispuesta a acompañarlo (Jue. 4:4-9). Y ahora pienso también en Elisabet, la cual estuvo dispuesta y abrió su hogar y su corazón a María, recién embarazada y que iba a ser la madre de nuestro Señor.

No obstante, quiero centrarme en Jesús. ¿No te parece que la palabra *dispuesto* lo describe? Pronto veremos que Él fue esa clase de persona, la persona perfecta, siempre dispuesta y lista para responder porque sabía que podía ayudar. De hecho, esa fue parte de su misión en la vida: "el Hijo del Hombre no vino para ser servido, sino para servir, y para dar su vida en rescate por muchos" (Mt. 20:28). Veamos ahora cómo Él anduvo en la tierra, dispuesto a servir a todos.

Dame de beber

Jesús había comenzado apenas su ministerio cuando venía de Jerusalén pasando por Samaria de camino a Galilea. La ruta más corta era a través de Samaria, una zona llena de personas de diverso origen racial a quienes los judíos despreciaban. Aunque Jesús era la Palabra hecha carne (Jn. 1:14), Él sentía los efectos de las limitaciones físicas de su cuerpo humano. Él y sus discípulos habían caminado desde temprano por la mañana. Era mediodía cuando este grupo se detuvo en Samaria en un pozo para beber agua (Jn. 4:6). Allí, Jesús se sentó en el pozo de la ciudad, mientras que los discípulos iban a la aldea cercana en busca de comida. Entre tanto, una mujer sola se acercó al pozo para sacar agua. No era usual que una mujer viniera sola al pozo. También era una hora inusual del día para hacerlo, puesto que las mujeres solían ir al pozo temprano o tarde en el día para evitar el calor. Esta mujer, a quien se le denomina generalmente "la mujer del pozo", también tenía mala fama (ver vv. 16-18).

Cuando la mujer se acercó al pozo, Jesús tomó la iniciativa y le habló, pidiéndole: "dame de beber" (v. 7). Jesús pasó por alto todas las costumbres sociales, religiosas y raciales al iniciar una conversación con esta mujer.

Jesús sentía que esta mujer tenía una necesidad y sabía que podía ayudar. Puedes leer toda la conversación en los versículos 7-26. Al final, no solo esta mujer respondió al ofrecimiento de Jesús de ayuda espiritual, ¡sino también la aldea completa! Esa es una respuesta extraordinaria, y lo fue porque Jesús estuvo dispuesto a romper unas cuantas normas sociales y ponerse a disposición del que lo necesitaba.

Examina tu corazón

El evangelio es para todos. Su objetivo es llegar a los confines de la tierra a cada persona sin distinción de raza, posición social, trasfondo religioso, o condición moral pasada o presente. ¿Crees que tu corazón se duele por los perdidos? ¿Estás preparada y dispuesta a comunicar "las buenas nuevas" de Jesucristo en cualquier momento, en cualquier lugar y a cualquier persona? Aunque este desafío te incomoda un poco, al menos puedes disponerte a manifestar bondad e interés. Como Jesús, demuestra un interés genuino y la disposición para ayudar.

Todo el mundo te busca

¿Sientes a veces que es casi siempre al final del día que todo el mundo te busca? ¡Quizá te parezca incluso que en ese momento comienza tu día! Tu esposo, tus hijos, tu jefe, tus padres, el comité femenil y la cadena de oración en la iglesia exigen una parte de ti. Bueno, en una escala pequeña te haces una idea de cómo se pudo sentir Jesús en un día particular que relata Marcos 1:29-39. Así es como transcurrió su día después de enseñar en la sinagoga y echar fuera demonios. Observa que a pesar de lo cansado y exhausto que se encontraba físicamente, su corazón estaba con la gente, y estuvo dispuesto a continuar sirviéndoles, uno tras otro.

- Se dispuso a sanar a la suegra de Pedro en la casa (v. 31).
- Se dispuso a sanar a todos los que esperaban afuera de la casa (v. 32).
- Se dispuso a servir al resto de la ciudad después que se supiera en todas partes que Él estaba dispuesto a ayudarlos (vv. 33-34).
- Sirvió en toda Galilea después de ser guiado en oración para estar a disposición de los habitantes de otras aldeas de la zona (vv. 35-39).

Como bien sabes, estar dispuesta a servir exige mucho de ti. Fácilmente puedes cansarte con las demandas incesantes de tu tiempo y tu energía. Entonces ¿cómo decides quién recibe tu atención y tu cuidado, y quién los necesita realmente?

Veamos cómo contestó Jesús esta pregunta. Al día siguiente del que acabamos de describir, Él se alistó para otra jornada repleta de gente que necesitaba atención levantándose temprano antes que todos los demás, apartándose a un lugar tranquilo, y orando (v. 35).

¿Y cuáles fueron los resultados? La oración restauró las fuerzas del Hijo de Dios para las exigencias del nuevo día que tenía por delante. La oración también le dio dirección para la jornada. Los discípulos querían que Él se quedara y sacara provecho de la euforia y el éxito del ministerio del día anterior. "Y hallándole, le dijeron: Todos te buscan" (v. 37). Pero Jesús, habiendo recibido la agenda del Padre en oración, respondió: "Vamos a los lugares vecinos, para que predique también allí; porque para esto he venido" (v. 38).

Examina tu corazón

Estar siempre dispuesta a ayudar es la actitud correcta y es seguir el ejemplo de Cristo. Sin embargo, no puedes ir a todas partes ni atender cada necesidad. Así que asegúrate de obtener una dirección clara para cada nuevo día. Empieza orando. Al igual que Jesús, pide al Padre su guía. Luego empieza en casa poniéndote a disposición de tu familia.

Mientras Él les decía estas cosas…

En muchas ocasiones, estar dispuesta a servir es una virtud que se complementa con la cercanía. Esto fue sin duda lo que le sucedió a Jesús en una ocasión. Estaba concentrado en una sesión de preguntas y respuestas, cuando "mientras él les decía estas cosas, vino un hombre principal y se postró ante él, diciendo: Mi hija acaba de morir; mas ven y pon tu mano sobre ella, y vivirá. Y se levantó Jesús, y le siguió con sus discípulos" (Mt. 9:18-19).

Mientras esta comitiva estaba de camino a la casa del gobernante, Jesús fue interrumpido de nuevo cuando una mujer que había estado enferma de un flujo de sangre durante doce años se acercó y tocó el borde de su manto. Jesús estaba en una misión… pero se detuvo, se dio la vuelta, y sanó a la mujer (vv. 20-22). Finalmente, Jesús entró en la casa del gobernante, sólo para enfrentar un obstáculo más: algunas plañideras ya habían creado una atmósfera ruidosa y caótica (vv. 23-24). Después de sacarlos a todos de la casa, el Señor pudo al fin tomar de la mano a la niña muerta, y devolverle la vida (vv. 24-26).

Examina tu corazón

La vida y el ministerio nunca son fáciles, porque tienen que ver con personas. Tal vez si te encerraras en un monasterio en algún lugar, las cosas serían mucho más sencillas. Pero ¿para qué? Jesús definitivamente nos mostró un camino mucho mejor cuando anduvo entre las personas y se mostró abierto y cercano. Por supuesto que la presión y el caos pueden a veces intensificarse, pero al final de un día de servicio, las personas reciben ayuda y suceden milagros. No la clase de milagros que Jesús llevaba a cabo, sino milagros de esperanza y seguridad, de amor y de consuelo. Todo empieza con mostrarse dispuesto. Para recibir bendición, y ser una bendición, muéstrate dispuesta.

Tu hermano volverá a vivir

A lo largo de los Evangelios hay tres nombres que sobresalen varias veces: Lázaro, Marta y María. Este trío estaba compuesto por tres hermanos muy unidos que eran amigos cercanos de Jesús. En otros capítulos de este libro estudiaremos más acerca de Marta y María, pero por ahora vamos a centrarnos en su hermano Lázaro. Desgraciadamente, Lázaro está agonizando, y sus hermanas le piden a Jesús que acuda y lo sane (Jn. 11:1-5).

Solo había un problema: los líderes religiosos ya habían intentado asesinar a Jesús (v. 8), por lo que regresar a Betania era extremadamente peligroso. De hecho, cuando Jesús decidió ir a visitar a Lázaro, su discípulo Tomás declaró con resignación: "Vamos también nosotros, para que muramos con él" (v. 16). Los discípulos pensaron que serían asesinados juntamente con Jesús. Jesús, en su soberanía, sabía que el tiempo de morir no llegaría mientras estuviera en casa de Lázaro, y esta escena nos muestra que estar siempre dispuestos a ayudar puede en ocasiones ponernos en aprietos.

Tomás y los otros discípulos estaban dispuestos a ir con Jesús a pesar de ser conscientes del peligro que corrían. A veces, tener confianza y valor es solo cuestión de confiar en Jesús y ser obedientes. Sí, estar dispuesta a todo es algo que asusta. ¡Y a veces pasan imprevistos! Pero te esperan el poder y la bendición tras el primer paso de fe y obediencia, que consiste en estar dispuesta. Cuando Jesús llegó a la casa de Marta, Lázaro ya había muerto y estaba sepultado. Con todo, Él había prometido a Marta: "Tu hermano resucitará" (v. 23). Los discípulos, en virtud de estar allí presentes, recibieron la bendición de testificar la prodigiosa resurrección de Lázaro de entre los muertos.

Debo quedarme en tu casa

Por lo general, es fácil mostrarte dispuesta para la familia, los amigos, y todos aquellos que son de tu agrado. Pero ¿lo estás también para servir a aquellos que no lo son? Eso cambia las cosas ¿no es así?

Jesús nos muestra un camino mejor cuando vemos la historia de Zaqueo, el cobrador de impuestos, que aparece en Lucas 19:1-10. Cuando Zaqueo oyó que Jesús pasaba cerca del lugar donde él estaba, subió a un árbol para poder ver mejor a Jesús. Cuando Jesús pasaba, vio a Zaqueo y tomó la iniciativa diciendo: "Zaqueo, date prisa, desciende, porque hoy es necesario que pose yo en tu casa" (v. 5).

Aunque a Zaqueo se le consideraba un engañador y traidor, estuvo dispuesto a atenderlo. Como respuesta a la amistosa iniciativa de Jesús, Zaqueo prometió devolver todos los impuestos excesivos que había cobrado. Incluso ofreció más de lo que era considerado una restitución justa. Como Jesús había estado dispuesto a acercarse a él, ahora Zaqueo ponía a disposición de los demás su propia persona y su dinero. Esto fue el fruto de su conversión.

Una actitud dispuesta fue un arma poderosa en las manos de Jesús. Con solo un acercamiento, Él transmitió amor, respeto, un corazón compasivo y la capacidad de ayudar. Zaqueo era un hombre solitario y excluido de la sociedad. Lo que él anhelaba era que alguien lo reconociera y le prestara atención. Bastó que Jesús lo llamara por su nombre: *Zaqueo.*

Echa un vistazo a tu alrededor. Hay gente como Zaqueo por doquier. Buscan a alguien que esté dispuesto a escucharlos, a compadecerse de su dolor, a brindarles una palabra amable. Y cuando empieces a entablar amistad ¿quién sabe? Puede que esas personas reciban incluso las buenas nuevas de Jesucristo como Aquel que los ama y está siempre dispuesto a suplir sus necesidades espirituales.

Una mujer conforme al corazón de Jesús

Empezamos este capítulo observando la actitud dispuesta de Jesús ante el Padre y cómo accedió a someterse a la condición humana, con todas sus limitaciones, a fin de ponerse a disposición de la humanidad. Esta actitud fue constante a lo largo de su breve ministerio, y continuó hasta el punto de morir como sacrificio perfecto. Y ahora, esa misma actitud prevalece, pues "puede también salvar perpetuamente a los que por él se acercan a Dios, viviendo siempre para interceder por ellos" (He. 7:25).

¿Cómo no vivir a la altura del ejemplo que Jesús nos ha dejado? Con todo, en nuestro egoísmo tendemos a aferrarnos a nuestra privacidad. Creemos que necesitamos nuestro espacio, y de manera egoísta nos reservamos los muchos beneficios y recursos que Jesús nos ha dado para compartir con otros. Y es indudable que Jesús nunca tuvo la intención de que su pueblo (lo cual nos incluye a nosotras) acaparara su salvación y las bendiciones que de ella se derivan.

Antes bien, nuestro Señor quiere que iniciemos conversaciones con otros, como la mujer en el pozo. Él quiere que nosotros nos demos a los demás cada día, tal como Él lo hizo aquel día, tal vez uno de los más ajetreados que haya vivido sobre el planeta Tierra. Y Él nos da la gracia para atender las necesidades de aquellos que sufren, como aquel hombre cuya hija murió, y la mujer que padeció por 12 años una enfermedad, y las hermanas cuyo hermano había fallecido, e incluso alguien como Zaqueo que sentía curiosidad por Jesús.

¡La oración es el punto de partida perfecto! Pídele a Dios que abra tu corazón, tus ojos y tus oídos, e incluso quizá tu cartera, a otros. Disponte a ser amigable, sonreír, estar preparada y dispuesta a ser conforme al gran corazón de Jesús.

~ Oración ~

¡Ayúdame, Padre! Muéstrame cómo equilibrar mis ocupaciones con la tarea de ser una mejor embajadora tuya. Que pueda recordar cuán dispuesto has estado a socorrerme en mi clamor de corazón. Dame ojos para ver, oídos para oír, y un corazón sensible a las necesidades de los demás. Gracias, y amén.

Día 3

Compasivo

Tal vez te haya ocurrido lo que a mí la semana pasada. Sabes que algo anda mal. No te agrada la forma como te estás comportando o pensando. No puedes creer con cuánta crueldad tratas a otros o cómo reaccionas frente a los demás. Has perdido tu equilibrio y lo sabes. No te portas lo bien que sabes hacerlo, o como la persona que quieres ser y procuras ser. Y de ninguna manera te conduces como una mujer llena del Espíritu Santo que camina con Jesús.

Frente a todo lo anterior, me senté hoy a reflexionar en lo sucedido la semana pasada. Dejé a un lado mis ocupaciones y dediqué tiempo a examinar mi corazón. Quería ver si podía determinar qué había faltado, porque no me gustó lo que había sucedido ni cómo me había portado. Qué gran sorpresa cuando en un rápido análisis de mi corazón me encontré cara a cara con la realidad de que en ese tiempo me había faltado manifestar una cualidad del carácter: *compasión.*

Creo que una razón por la cual me porté tan mal y que la compasión apareció en el primer lugar de mi lista de necesidades espirituales es el hecho de que apenas comienza el año y yo ya estoy atrasada en mis propósitos. Tenía muchos planes grandiosos y sueños para mi vida. Para empezar, por toda la casa había cosas que arreglar, terminar, limpiar, organizar, o mejorar del año pasado. Y tan pronto se recogieron y guardaron las decoraciones navideñas, yo estaba lista para dedicarme seriamente a todos estos proyectos. ¿Y qué pasó al fin? Hasta la fecha (¡y hoy es 8 de enero!) nada se ha avanzado en la lista.

Además, tengo mi pila de tarjetas de agradecimiento listas para escribir antes de enviarlas en una fecha que resulte vergonzoso. (¡El año pasado me había propuesto no volver a hacer eso otra vez!). Con todo, ahí estaban. Si no me ocupo de ese montón pronto, tendré que empezar a desempolvarlo.

¿Y cuánto avancé en mis propósitos y en las nuevas disciplinas que me había propuesto cumplir (por fin) este año aunque me maten? ¡Ni un ápice!

Prácticamente nada ha ocurrido en más de una semana que ha transcurrido de este nuevo año en estas áreas de la vida patética que he logrado vivir. En cambio, he estado irritable, me he sentido frustrada, e incluso llorona. Y en lugar de buscar al Padre en oración, me he vuelto a mis esfuerzos, mi impulso y mi determinación de superarme para encontrar la ayuda en mi búsqueda del progreso en esas áreas. Asombrosamente, mis esfuerzos carnales para ser productiva cambiaron mis hábitos y fueron contraproducentes. Desapareció de mi conducta y mi actitud toda muestra de ternura y ejemplo cristiano.

Jesús nos muestra el camino

Cuando pienso en la compasión, siempre recuerdo una serie de palabras que aparecen con frecuencia en los Evangelios y que han causado una profunda impresión en mí. De hecho, no puedo olvidarlas, aunque lo quisiera. Son palabras que describen a nuestro Señor y Salvador Jesucristo. Algunos pasajes de la Biblia afirman que Jesús "fue movido a misericordia". Estas palabras están precedidas de una escena en la cual hay una persona necesitada. Acto seguido, vemos que Jesús obra con amor, cuidado y ayuda. Es verdad que una imagen vale más que mil palabras, por eso acompáñame a recordar algunas de estas ocasiones en las cuales Jesús manifestó compasión en sus días de ministerio terrenal.

Manifestaciones de compasión

Escena 1

La primera imagen que queremos examinar aparece en Marcos 1:40-42. Jesús estaba en pleno ajetreo. Había empezado oficialmente su ministerio público. A medida que sanaba enfermos y echaba fuera demonios, su fama crecía. Tanto, que dondequiera que iba, multitudes lo seguían, trayendo a todos los enfermos o a los poseídos por espíritus malignos.

Si tú crees que tu vida es ajetreada, agotadora y exigente, y si crees que estás enredada sirviendo seriamente a otros, te servirá tomar nota de que los días de Jesús eran increíblemente atareados. Después de haber expulsado un demonio en Capernaúm, la Biblia relata que "muy pronto se difundió su fama por toda la provincia alrededor de Galilea" (Mr. 1:28). Luego, tras permanecer con su discípulo Pedro y sanar a su suegra, la ciudad entera se reunió frente a la puerta de la casa de Pedro y "le trajeron todos los que tenían enfermedades, y a los endemoniados" (v. 32). Dondequiera que Jesús iba, la gente venía con sus necesidades. ¡Menudo desafío! ¡Menudo caos!

En esta primera imagen, se acercó a Jesús un hombre leproso y con la suficiente fe en Cristo para declarar: "Si quieres, puedes limpiarme" (v. 40).

A continuación, la Biblia registra que "Jesús, teniendo misericordia de él, extendió la mano y le tocó" (v. 41). ¿Cuál fue el resultado de la compasión de Jesús, y de su poder? El pobre hombre quedó completamente limpio de su lepra. A diferencia del pueblo que rechazaba y se alejaba de los leprosos, Jesús tendió su mano y tocó a este pobre leproso.

Escena 2

Otra escena magnífica de la compasión de Jesús aparece en Marcos 6:30-32. En esta ocasión no había leprosos ni extranjeros necesitados. Se trataba de los discípulos de Jesús, que estaban cansados y exhaustos por el ministerio. No se quejaban, y no pidieron nada a Jesús, pero Él percibió su agotamiento y su falta de refrigerio, descanso y tiempo a solas. En vista de lo anterior, y de que multitudes iban y venían y se reunían en Capernaum, Él tomó la iniciativa, les hizo una señal y los invitó: "Venid vosotros aparte a un lugar desierto, y descansad un poco " (v. 31). En una actitud comprensiva y empática con estos fieles pero agotados hombres, el Salvador sugirió una pausa en el ministerio para refrigerio de sus amigos y para darles la oportunidad de recuperar sus fuerzas.

Me encanta esta escena que destaca el tierno cuidado de

Cristo por sus discípulos. Él era consciente del gran esfuerzo de sus discípulos y de lo mucho que esto les había afectado. En su compasión, propuso un plan que les brindaría alivio de las cargas del ministerio, descanso de su agotamiento, y refugio de las masas, ¡sin mencionar que pasarían tiempo en su misma presencia!

Escena 3

Es probable que puedas adivinar lo que pasó tan pronto los discípulos subieron a una barca y zarparon hacia otro destino con el fin de disfrutar del tan merecido descanso lejos de las multitudes. La gente de aquel lugar (¡más de 5.000!) reconoció a la comitiva, difundió la noticia por doquier, y rápidamente una multitud acudió para congregarse en el sitio donde se encontraban Jesús y sus discípulos. De hecho, la gente llegó antes de que llegara la barca que los transportaban. ¡Hasta ahí llegó el plan de descanso y privacidad de los discípulos (vv. 32-33)!

¿Cómo reaccionaron ellos a las multitudes y sus necesidades? ¡Prepárate para ver dos, y hasta tres respuestas compasivas!

Primero encontramos la reacción inicial de Jesús: "Y salió Jesús y vio una gran multitud, y tuvo compasión de ellos". ¿Por qué? "Porque eran como ovejas que no tenían pastor". Y ¿qué hizo respecto a esta condición y necesidad? "Comenzó a enseñarles muchas cosas... [hasta que] ya era muy avanzada la hora" (vv. 34-35). Probablemente nuestra actitud hubiera sido diferente, pero Jesús no se enojó. No se desesperó porque su plan hubiera sufrido un cambio. No se frustró ni se enojó con las personas. Y no se fastidió por la interrupción. No. Fue movido a compasión. ¡Las personas no tenían un pastor! De manera que Jesús, el Pastor, alimentó al inmenso rebaño con alimento espiritual, enseñándoles acerca del reino de Dios (Lc. 9:11). También sanó a los que necesitaban sanidad.

En seguida vemos la compasión a través de los ojos de los discípulos. Con el pasar de las horas y a medida que se acercaba el ocaso, los discípulos también sintieron compasión por la multitud. Podemos ver lo que había en sus corazones por lo que dijeron a Jesús: "El lugar es desierto, y la hora ya muy avanzada. Despídelos para que vayan a los campos y aldeas de alrededor, y compren pan, pues no tienen qué comer" (Mr. 6:35-36).

A simple vista, la petición podría parecer poco amable. No obstante, su preocupación era sincera y realista. La gente había recorrido muchos kilómetros para estar con Jesús en un lugar remoto, dejando quizás sus casas y aldeas, sin pensarlo, al enterarse que Jesús había sido visto cerca de la costa. No habían traído comida consigo, y se avecinaba la noche. ¿Cuál fue la solución compasiva de los discípulos? Concluir la reunión antes de que oscureciera demasiado, y enviarlos a casa para que pudieran comer y encontrar un lugar para pasar la noche.

Y entonces le llegó el turno a Jesús para mostrar de nuevo compasión. Se volvió a los discípulos que habían sugerido el plan A, una solución práctica a un gran problema: "despídelos", y Jesús, el estratega perfecto, presentó el plan B (B de bueno, buenísimo): "Dadles de comer" (v. 37). Por supuesto, eso era imposible cuando se está frente a un grupo de 5000 hombres (¡sin contar las mujeres y los niños que los acompañaban!). Entonces Jesús realizó lo imposible: un milagro. Multiplicó cinco panes y dos peces, y dio comida abundante que sació a todos. ¡Hasta llenaron 12 canastas con lo que sobró (vv. 37-44)!

El modelo de compasión

La compasión era la especialidad de Jesús. Como ya he dicho, Él obraba por compasión. Sabemos que la compasión significa apiadarse de la situación de otros. Ser compasivo es ser clemente, estar lleno de misericordia y piedad. La compasión te lleva a interesarte por el otro. Te interesas de verdad, de corazón. Además, oras, piensas, buscas, y procuras ayudar a quienes tienen alguna necesidad, supliendo lo que les hace falta. Y haces lo necesario para brindar tu ayuda aunque estés cansado, o sea tarde en la noche, o debas velar la noche entera. La compasión nace de un interés genuino por los sufrimientos o las desgracias ajenas.

Y nadie puede igualar a Jesús en lo que respecta a la compasión. Él, siendo Dios encarnado, es el hombre más compasivo que jamás haya vivido y pisado esta tierra. Para Él era algo natural, era una manifestación de su naturaleza divina. Él fue perfecto, y lo fue también su compasión. Gracias al cielo que nosotras podemos cultivar la compasión. Podemos tener un corazón compasivo. Podemos orar y disponernos a mostrar un mayor interés en los demás, dolernos con ellos, y reaccionar de manera misericordiosa y a la vez práctica. Y, alabado sea Dios, podemos estudiar detenidamente y aprender de cada situación en la que Cristo mostró compasión y que podemos ver en la Palabra viva de Dios.

¿Qué queda en nuestro corazón y en nuestra conducta cuando nos hace falta algo tan hermoso como la compasión de Cristo? Ya sé la respuesta a esta pregunta: ¡lo que queda es algo verdaderamente horrible! No tener compasión es como vivir en la dimensión opuesta, la de la dureza y crueldad de corazón.

Después del examen interno, el del corazón, viene el examen de lo alto. Cuando reconocemos nuestra fealdad pecaminosa y decidimos desecharla, cuando meditamos en la belleza y la hermosdura de Jesús y su compasión, nuestro corazón se conmueve y conduele... también se inspira, se instruye y es alentado por su bondad infinita.

Una mujer conforme al corazón de Jesús

La compasión y el interés por el prójimo fueron característicos de la actitud del Maestro hacia los pobres, los desventurados y los abatidos. Cristo también mostró interés por aquellos que ministraban a su lado. Nosotras también debemos mostrar esta compasión equilibrada. Por ejemplo, a veces nos resulta más fácil ser compasivas hacia los desventurados y desamparados que hacia los que son maduros espiritualmente y avanzan en la obra del Señor. Por lo general, estamos más dispuestas a suplir alimento, agua, abrigo y dinero a los pobres y necesitados. Pero ¿por qué esperamos tanto de los grandes ministros de la iglesia, aquellos de quienes se espera que sigan adelante y hagan la obra del ministerio? Es fácil pensar: *Bueno, han sido capacitados para ese trabajo. Han sido entrenados para un recorrido largo. ¿Acaso no son los más fuertes? Ellos sabían lo que les esperaba. ¿Qué problema hay en que estén cansados? ¡Todos estamos cansados!*

Conozco de primera mano, por los primeros días de ministerio de mi esposo, la bendición que eran los pequeños gestos de compasión hacia nuestra familia. Jim se entregaba por completo, gozoso, sin esperar nada a cambio. Y esa clase de compasión hacia él y su familia, manifestada por algunos creyentes sensibles en diferentes lugares y momentos, fue como un regalo del cielo.

¿Conoces algunos misioneros por quienes puedes hacer algo especial cuando regresan al país en su año de descanso? ¿Tienes los recursos para ofrecer a tu pastor y a su esposa una noche especial en un lindo hotel? ¿Hay alguien en la iglesia que sirve sin pausa y podría aprovechar un certificado de regalo en un restaurante, y así sentirse renovado y a la vez animado?

¿A quién puedes manifestar hoy tu compasión? Algo por lo cual oro diariamente es estar atenta a aquellos que están necesitados. No tanto como un leproso, pero alguien, cualquier persona con alguna necesidad. Esa oración me recuerda tener un corazón compasivo, seguir las pisadas de Jesús y sentir compasión por otros.

⁓ Oración ⁓

Querido Jesús, llena mi corazón de compasión y cariño por los que necesitan ayuda o viven en desesperación. Quebranta mi corazón hasta que pueda ver a quienes podrían necesitar mi bondad. Amén.

Día 4

Confiado

Tal vez hayas oído o leído acerca de personas que temen salir de sus casas. De aquellas que piden sus víveres y otras provisiones para que se los entreguen frente a su puerta. Nunca salen, y rara vez permiten que alguien entre en su casa. Esas personas padecen una fobia severa. Una *fobia* es un temor exagerado e irracional. Parece que hay tantas fobias como personas que las padecen. Como la mayoría de las personas, quizá tú también tengas algún tipo de temor que afecte a algún aspecto de tu vida. Tal vez te dé miedo hablar en público, conducir en la autopista, viajar en avión, o ir al odontólogo. Sea lo que sea, te sientes menos confiada en cuanto a tu participación en todo lo que tenga que ver con esa circunstancia que temes.

Puede que leer este libro no remedie tu temor, pero espero que logres comprender mejor el tema de la confianza, vista desde una perspectiva bíblica.

Jesús nos muestra el camino

Hoy nos acercamos a una poderosa cualidad en la vida del Señor: la confianza. Es una virtud que le dio valor y coraje para vivir conforme al propósito de Dios para su vida. Analizar la confianza de Jesús a la luz de las Escrituras será increíblemente útil para manejar los desafíos de tu propia vida.

Para empezar, meditemos en lo que significa la confianza. Una comprensión definitiva de esta virtud empieza con la seguridad. La confianza supone un sentimiento de seguridad, como una persona que cree en sus propias capacidades. Las personas que son "artífices de su éxito" tienen una firme confianza en su educación, sus habilidades profesionales y deportivas, su apariencia, su salud y sus recursos materiales. Esa seguridad en sí mismas produce una mentalidad o un estilo que se caracteriza por la serenidad y la ausencia de incertidumbre, inseguridad o timidez. Mientras puedan confiar en sí mismas, creen que son invencibles. En su mente no cabe algo que no puedan lograr.

Pero hay otro tipo de confianza que también se basa en la seguridad. Sin embargo, no es una seguridad en sí mismo, sino en Dios. ¿Quién podría demostrar mejor la confianza que viene como resultado de confiar en Dios que el unigénito Hijo de Dios, el Señor Jesús? Notamos por primera vez una manifestación contundente de esta cualidad en la vida de Jesús, cuando era muy joven.

En los negocios de mi Padre me es necesario estar

La adolescencia es una edad difícil para la mayoría de los niños. Aunque los adolescentes y preadolescentes tienen muchísimo afán de crecer, cuando se les dan oportunidades para aceptar responsabilidades como un adulto, se retiran a su zona de seguridad. Su deseo por ser más como adultos queda anulado por su indecisión a la hora de avanzar a nuevas áreas de obligación. Su miedo de fallar puede contenerlos. Pero Jesús, cuando fue joven, era diferente.

Con tan solo 12 años, la confianza de Jesús fue evidente para María, su madre, y para José, cuando "le hallaron en el templo, sentado en medio de los doctores de la ley, oyéndoles y preguntándoles. Y todos los que le oían, se maravillaban de su inteligencia y de sus respuestas" (Lc. 2:46-47). María y José le preguntaron a Jesús por qué se encontraba en el templo. Ellos lo habían buscado afanosamente, y habían pensado que estaba perdido. El joven Jesús les respondió: "¿Por qué me buscabais? ¿No sabíais que en los negocios de mi Padre me es necesario estar?" (v. 49).

A Jesús le sorprendió que María no entendiera y que hubiera olvidado su papel divino en la Deidad, el cual había sido comunicado claramente a María por el ángel Gabriel. Incluso a esta edad temprana, Jesús tenía una aguda conciencia de su identidad. A los 12 años, ya manifestaba una fuerte confianza en su misión. Ya estaba ocupado preparándose para la obra especial que el Padre tenía para Él.

Examina tu corazón

Así como el Señor basó su confianza en su Padre, tu confianza debe proceder de tu identidad en y con Jesús. Él te ha hecho una nueva criatura (2 Co. 5:17), y te ha dado un nuevo comienzo. Tu pasado ha sido perdonado. La lista de tus pecados ha sido borrada. El Espíritu Santo te da el poder para vivir tu presente. Y tu futuro está asegurado por toda la eternidad. Eres uno con Cristo. Por lo tanto, no hay razón para tener temor alguno. Claro, debes tener el respeto debido frente a la fragilidad de la vida, a la necesidad de sabiduría, y tomar las debidas precauciones de seguridad. Pero no hay motivo para vivir ansiosa tus actividades normales. Recuerda que la confianza se basa en la seguridad. Estar segura de ti misma es un terreno movedizo. Más bien confía en la roca firme, en Jesucristo. "Bendito el varón que confía en Jehová, y cuya confianza es Jehová" (Jer. 17:7).

No temas

En otra escena, tras orar toda la noche, Jesús eligió a sus discípulos que lo seguirían y recibirían entrenamiento para el ministerio futuro (Mt. 10:16-26). Antes de enviarlos por parejas al ministerio, Jesús empezó a darles instrucciones. Él les advirtió, explicándoles: "He aquí, yo os envío como a ovejas en medio de lobos" (v. 16). Y prosiguió con una lista de todo tipo de vejaciones que podrían padecer por ministrar en su nombre. ¡Hasta serían acusados de trabajar para Satanás (v. 25)!

Esta no parece una manera muy acertada de infundir confianza en un equipo recién escogido de evangelistas, ¿no te parece? Para la mayoría, un discurso semejante bastaría para provocar su renuncia, y la devolución de su insignia de profeta. Pero Jesús quería dar a su equipo una imagen realista de lo que habrían de enfrentar. Les dijo la verdad. Los preparó y los equipó con sabiduría acerca de la realidad que les esperaba.

Sin embargo, eso no fue todo lo que Jesús les enseñó. Lo positivo vino después de lo negativo. Para asegurarse de que la confianza de sus discípulos no flaqueara, terminó su discurso de entrenamiento con la seguridad del cuidado divino. Les comunicó claramente que el mismo Dios que cuida del ave más insignificante también cuidaría de ellos. Jesús prosiguió a decirles: "Así que, no temáis; más valéis vosotros que muchos pajarillos" (Mt. 10:31).

Examina tu corazón

Dios te valora inmensamente. ¡Deléitate en esta verdad! De hecho, eres tan valiosa que Él envió a su único Hijo a morir por ti (Jn. 3:16). Y gracias al amor de Dios, nunca tienes que temer amenazas personales o pruebas difíciles. Esto debe motivar una nueva perspectiva de tu vida. Sí, vendrán momentos difíciles, pero en vez de amilanarte, ten la seguridad de confiar en tu Padre celestial, que te ama y que todo lo sabe. Los lobos están ahí afuera, pero el Buen Pastor sabe que tú eres una de sus ovejas. Él siempre te acompaña y te defiende. Por tanto, "no temas".

Cree... en mí

En caso de que no hayas notado esa tendencia, los discípulos de Jesús se sentían confiados siempre que estaban con Él. Pero en la última cena, cuando Jesús les dijo que se iba, se estremecieron profundamente. Su confianza se hizo añicos. Parece que esa fue la razón por la cual Jesús instó a sus discípulos atribulados a no preocuparse: "No se turbe vuestro corazón; creéis en Dios, creed también en mí" (Jn. 14:1).

Pero ahí no terminó todo. Los discípulos recuperaron la confianza tras la resurrección de Jesús y la venida del Espíritu Santo, y retomaron la tarea de transformar al mundo para Jesús.

Examina tu corazón

Fue un proceso largo, pero los discípulos por fin comprendieron que tenían que poner su confianza en Jesús. Ellos entendieron que la autenticidad de su confianza radicaba en la fuente de la misma. Si Jesús es tu Salvador, entonces tú también tienes esperanza para el futuro. Independientemente de lo que ocurra a partir de este momento hasta la muerte, en realidad carece de importancia. ¿Por qué? Porque has puesto tu confianza en un Salvador fuerte y poderoso que ha prometido sustentarte todos los días de tu vida y darte un futuro en el cielo.

Pasa de mí esta copa

Jesús demostró una confianza y una resolución absolutas durante todo su ministerio terrenal. Perseveró a pesar de todo el acoso de los líderes religiosos de Israel. Se mantuvo firme a pesar de la inmadurez espiritual de sus seguidores. Tampoco dudó en avanzar hacia la cruz. Sin embargo, la víspera de su traición, juicio y crucifixión, Jesús peleó su propia batalla para seguir adelante con la voluntad del Padre. ¿Cómo luchó y ganó esa batalla? Oró diciendo: "Padre, si quieres, pasa de mí esta copa; pero no se haga mi voluntad, sino la tuya" (Lc. 22:42).

La confianza que Jesús intentó conseguir le acompañó en ese momento. ¡El conflicto terminó y se logró la victoria! Con una extensa y agónica oración, la angustia de Jesús respecto a su misión se disipó. Su lucha no era contra la voluntad de Dios, sino contra la tentación de sucumbir a la emoción del temor humano. Su resolución revivió, y su misión se reafirmó.

Examina tu corazón

Hacer la voluntad de Dios debe infundirte confianza siempre, porque estás haciendo lo correcto. Por desdicha, esto también significa por lo general que estás frente a las tareas más difíciles, los deberes más arduos. Cuando ponderas el costo, ya sea físico, mental, o financiero, quizá dudes y pienses: *No estoy segura de querer hacer esto o de poder hacerlo. ¡El precio podría ser demasiado alto!* Tal como le sucedió a Jesús, hay momentos en los que tienes por delante una decisión difícil y costosa. Durante esas crisis, sigue el ejemplo de Jesús. Lleva tus preguntas, temores y dudas al Padre en oración. Reafirma tu disposición para hacer lo que es correcto a pesar de tus dudas. Luego levántate... ¡y hazlo! Dios recibirá honra y tú serás bendecida cuando confíes en Él y hagas su voluntad con plena confianza.

Recibiréis poder

Los discípulos batallaron muchas veces con falta de confianza. Tal vez alcanzaron el punto más bajo cuando huyeron atemorizados después de la crucifixión. Más adelante, volvieron a reunirse en torno al Señor resucitado. Con todo, aún se sentían atemorizados y dudaban, incluso hasta el momento en que Jesús ascendió al cielo. Entonces Jesús hizo una última promesa, les dio una última inyección de confianza a los discípulos justo antes de ascender al cielo: "recibiréis poder, cuando haya venido sobre vosotros el Espíritu Santo, y me seréis testigos en Jerusalén, en toda Judea, en Samaria, y hasta lo último de la tierra" (Hch. 1:8).

Cuando esta promesa se hizo realidad y el Espíritu Santo revistió de poder a los indecisos discípulos, ¡fueron transformados por completo! Predicaron con denuedo las buenas nuevas de la resurrección de Jesús, y miles creyeron. No es sorprendente que los líderes religiosos se sintieran terriblemente amenazados, tanto que reunieron a los discípulos para un interrogatorio. Buscaban una explicación para aquel poder y confianza que ahora tenían los discípulos. Y ¿cuál fue su conclusión? "Entonces viendo el denuedo de Pedro y de Juan, y sabiendo que eran hombres sin letras y del vulgo, se maravillaban; y les reconocían que habían estado con Jesús" (Hch. 4:13).

Nosotras sabemos lo que cambió la actitud de los discípulos, ¿no es así? Pasaron de ser unos cobardes a ser osados portavoces de Cristo. ¿Cómo sucedió esto? Habían recibido el poder del Espíritu Santo. Fue la confianza del Espíritu que les infundió poder. "Cuando hubieron orado, el lugar en que estaban congregados tembló; y todos fueron llenos del Espíritu Santo, y hablaban con denuedo la palabra de Dios" (Hch. 4:31).

El apóstol Pablo también descubrió la fuente de su confianza: "ni mi palabra ni mi predicación fue con palabras persuasivas de humana sabiduría, sino con demostración del Espíritu y de poder" (1 Co. 2:4). La confianza de Pablo no radicaba en su educación privilegiada, su agudeza intelectual, o su elocuencia, sino en el conocimiento de que el Espíritu Santo le daba el poder y lo guiaba.

Una mujer conforme al corazón de Jesús

La confianza es una cualidad que todos anhelan y que cualquier persona puede tener. Puedes tomar clases o recibir un entrenamiento especial que te permita ser más firme, más osada, y tener más confianza en ti misma. Cualquiera puede volverse una persona más confiada. No obstante, la confianza que viene de Cristo y le reconoce a Él como su fuente, se basa en la seguridad, seguridad en Él.

¿Depositas toda tu confianza en Jesús? ¿Es tu confianza plena, o has perdido de vista tu identidad con Cristo? ¿Estás sirviendo a tu familia confiadamente, criando a tus hijos, ministrando con tus dones espirituales, y siendo testigo valiente con la autoridad de Cristo? No hay lugar para la indecisión o la timidez. Vuelve tu mirada a Jesús. Puedes confiar en su autoridad absoluta e ilimitada. Él es todo lo que necesitas para tener una vida confiada y valerosa. ¿Por qué? porque, como explicó Él a sus discípulos después de su resurrección: "Toda potestad me es dada en el cielo y en la tierra" (Mt. 28:18). Anda… ¡con confianza!

~ Oración ~

Señor Jesús, gracias porque tú me proteges, sostienes, y me das el poder para llevar a cabo mis múltiples papeles y responsabilidades. Te agradezco porque puedo vivir y servir con confianza, sabiendo que tú estás conmigo. Y gracias por mi esperanza futura de morar contigo para siempre en la casa del Señor. ¡Grande eres, Señor, y digno de ser alabado! Amén.

Día 5

Valeroso

¿Cuántas situaciones "cotidianas" de tu vida suscitan temor o duda, o falta de confianza que te revuelven el estómago e incluso te oprimen la garganta? He enumerado algunos de mis días que empezaron como una jornada normal:

- Ver a un muchacho adolescente y su padre en una pelea física y verbal
- Soportar un vuelo muy agitado
- Pinchar una rueda en un tramo oscuro de la carretera por la noche
- Hacer una presentación o un ministerio públicos
- Sobrellevar un examen médico para diagnosticar la causa de una enfermedad
- Mirar cómo un nieto padece una enfermedad desconocida y crónica
- Liderar con una relación tensa con un miembro de la familia

Dios tiene dos palabras cuando enfrentamos, soportamos, o nos encontramos con esta clase de desafíos: "No temas" (Jos. 1:9). Son palabras que Dios dirigió a Josué, el nuevo líder de los hijos de Israel, tras la muerte de Moisés. De un momento a otro, Josué terminó siendo el responsable de guiar a una multitud, ¡que superaba los dos millones de personas! No es sorprendente que Dios tuviera que animar a su nuevo líder. Josué ya era un guerrero experto que había peleado muchas batallas antes de recibir su nueva tarea. Aún así, Dios invirtió una cantidad considerable de tiempo reafirmando la valentía de Josué y amonestándole acerca de los peligros del temor (Jos. 1:1-9).

Con frecuencia se considera que el temor está reservado a los débiles. Pero Josué, un hombre experimentado en la guerra, no era en ningún sentido alguien débil. Dios conocía a Josué, y nos conoce a ti y a mí. También sabe que, aunque somos fuertes en muchas esferas, aún podemos albergar nuestros propios temores y dudas. ¡Pero no hay problema! Dios habló a Josué, y nos dice también a nosotras: "Mira que te mando que te esfuerces y seas valiente". ¿Por qué? "Porque Jehová tu Dios estará contigo en dondequiera que vayas" (Jos. 1:9).

Examina tu corazón

El primer paso para ser más valerosas consiste en reconocer que el temor es natural, mientras que la presencia de Dios a tu lado, todo el tiempo, es sobrenatural. Cuando tienes presente esta verdad, empiezas a vencer tus temores y a obtener la fortaleza y el valor de corazón para las tareas y los desafíos que el Señor ha dispuesto para ti. La fortaleza es tuya cuando recuerdas que Jesús ha prometido estar a tu lado, cuando dijo: "he aquí yo estoy con vosotros todos los días, hasta el fin del mundo" (Mt. 28:20).

Jesús nos muestra el camino

Dios estaba con Josué para darle valor. Y también está contigo y conmigo. Hoy meditamos en una poderosa cualidad del carácter cuyo ejemplo perfecto es Jesús. Jesús fue valeroso porque sabía que estaba en las manos fieles del Padre. El temor nunca fue un problema para Jesús, porque confió en la agenda del Padre para su vida. Este capítulo (y esta cualidad) tiene tanto que ver con la confianza como con el valor. Si confías que Dios te guiará y te protegerá, entonces Jesús suplirá la fortaleza y el valor que necesitas para enfrentar los desafíos de la vida...

... cuando tu fe es puesta a prueba.

... cuando debes hacerte cargo de la familia mientras tu esposo viaja por su trabajo o es enviado a una misión militar.

... cuando tienes un hijo conflictivo.

... cuando tú o un ser querido padece una enfermedad muy grave o se prepara para morir.

Isaías 53:3 describe a Jesús como "varón de dolores", debido a la multitud de cargas y de padecimientos que suportó durante su tiempo en la tierra. Estuvo expuesto al mismo tipo de situaciones inestables que podemos enfrentar nosotros hoy, y salió victorioso. Por eso Jesús es el modelo supremo que podemos mirar, aspirar e imitar.

Como mujeres, hay muchas cargas que debemos llevar. Además, vivimos en un mundo que está lleno de sufrimiento y que muchas veces asusta. Enfrentamos situaciones en las cuales debemos elegir entre defender, proclamar, y vivir nuestro llamado como cristianos... o no hacerlo. Pero la buena noticia es que Jesús ofrece darnos su valor para vivir diariamente. Ten presente, a medida que avanzas en tu lectura, que el valor es valentía. Es el poder para hacer algo ante el temor. También es la capacidad de obrar conforme a las convicciones a pesar del peligro o la decepción. El valor te da también gran fortaleza frente al sufrimiento o el dolor.

Echó fuera del templo a todos

Jesús dijo acerca de la mansedumbre: "Bienaventurados los mansos, porque ellos recibirán la tierra por heredad" (Mt. 5:5). También se describió a sí mismo como un hombre "manso y humilde de corazón" (Mt. 11:29). Sin embargo, cuando Jesús vio a los cambistas en el templo, hizo "un azote de cuerdas, echó fuera del templo a todos, y las ovejas y los bueyes; y esparció las monedas de los cambistas, y volcó las mesas; y dijo... no hagáis de la casa de mi Padre casa de mercado" (Jn. 2:15-16).

Es cierto que Dios quiere que nosotras, sus hijas, tengamos un "espíritu afable y apacible" (1 P. 3:4). Esta actitud agradable a Dios debe ser nuestro anhelo constante. Bajo circunstancias normales, en el transcurrir de nuestros días, la mansedumbre y un espíritu afable deben ser nuestra norma de conducta. Cuando lees los Evangelios, puedes observar que Jesús vivió con este espíritu afable, apacible, y tranquilo, incluso en medio del caos diario. Sin embargo, en algunos casos vemos que Jesús confrontó a los hipócritas religiosos, desafió las tradiciones de los hombres, defendió a los pecadores, y denunció la intolerancia religiosa.

Cuando Jesús purificó el templo y confrontó a su liderazgo, estaba enojado porque se explotaba a aquellos que venían a adorar en la casa de Dios. No soportaba la manera en que los mercaderes y los líderes se aprovechaban del nombre de Dios, de la casa de Dios y del pueblo de Dios. Obró valerosamente con justa indignación en virtud de su autoridad como Hijo de Dios.

En circunstancias normales se espera que mostremos el mismo espíritu manso y apacible de Jesús. Sin embargo, puede que surjan momentos en los que, como Él, tengamos que ser valerosas y osadas para pronunciarnos repecto a algo. Puede ser un asunto relacionado con la escuela de tus hijos o con la escuela dominical. O tal vez sea la persona que declara falsedad o ignorancia acerca de la Biblia o de Jesús. O quizá seas testigo de algún tipo de abuso y debas confrontar a alguien o presentar una denuncia ante las autoridades. Son momentos en los que debes pedir valor para defender lo que es correcto.

Cabe anotar una advertencia: no debes usar el ejemplo de la ira justa de Jesús para excusar tus propias emociones egoístas y tu enojo. Está bien enojarse por las injusticias y el pecado, pero no es correcto enojarse por asuntos banales o por tus pleitos personales. Está bien pronunciarse cuando el carácter de Dios es vituperado, pero no debes reaccionar con odio ni violencia. Debemos obedecer a las autoridades y usar los medios legales para manifestar nuestro desacuerdo con prácticas ilícitas o malignas que ocurren en nuestra vida o en nuestra comunidad.

Él ha vencido al mundo

La víspera de su muerte, Jesús preparó a sus discípulos para las tribulaciones que Él sabía que enfrentarían. Así como Jesús tranquilizó a los doce, Él quiere confirmar su cuidado de ti. Cuando vengan los momentos difíciles, y vendrán, Él te ayudará... y estará contigo. El Señor te infundirá valor y fortaleza cuando confíes en Él. Saldrás victoriosa en medio de todas las pruebas porque Él es más poderoso que cualquier situación que puedas enfrentar. Como dijo a sus discípulos: "Estas cosas os he hablado para que en mí tengáis paz. En el mundo tendréis aflicción; pero confiad, yo he vencido al mundo" (Jn. 16:33).

Jesús dejaría pronto a este grupo de hombres. Juntos habían disfrutado de una comunión constante durante tres años. Aunque Él les había advertido previamente acerca de su partida, cuando vino la "tribulación" en forma de arresto, juicio y con la cruz, se desvaneció todo el valor que habían tenido alguna vez. Por miedo, lo abandonaron y le negaron. Solo después que Jesús resucitara de los muertos y que ellos fueran llenos de su Espíritu, el valor llegó a ser una fuerza dominante en la vida de los discípulos.

Examina tu corazón

Algún día, quizás hoy mismo, necesitarás valor para enfrentar las tribulaciones acerca de las cuales Jesús habló. En esos momentos Él te anima a ser valiente y a confiar en su promesa: "Yo he vencido al mundo". Esto significa que estará contigo, y que suplirá todo el valor que necesites para ese momento.

Su alma estaba triste hasta la muerte

Como acabas de leer, Jesús había preparado a sus discípulos para su muerte. Por fin, el tiempo de su muerte se acercaba. Lo que había sido planeado desde la eternidad estaba a punto de hacerse realidad. Como en todo, Jesús oró. Estaba en gran angustia frente al dolor físico que le esperaba, la separación de su Padre, y la muerte por los pecados del mundo. El plan divino había sido trazado, pero a pesar de eso el Hijo de Dios, en su naturaleza humana, sufría. Sufría tanto que "era su sudor como grandes gotas de sangre que caían hasta la tierra" mientras decía "mi alma está muy triste, hasta la muerte" (Lc. 22:44; Mt. 26:38). Jesús padeció la angustia de tener que beber la copa entera de la ira divina del Padre contra el pecado. No obstante, con el valor de su determinación divina, oró: "Padre mío, si es posible, pase de mí esta copa; pero no sea como yo quiero, sino como tú" (v. 39).

Obviamente, ni tú ni yo necesitaremos nunca el mismo grado de valor y determinación que tuvo Jesús para beber la copa de la ira de Dios contra el pecado. Sin embargo, en nuestras propias dificultades que experimentamos en nuestra propia esfera, también vivimos momentos de gran tribulación física y espiritual. Al igual que Jesús, queremos que pase "esta copa", cualquiera que sea. ¡El dolor y la angustia parecen insoportables! Pero, al igual que Jesús, queremos glorificar a Dios y reflejar el carácter firme de Dios en medio de nuestras pruebas. De modo que, con un corazón quebrantado y manos temblorosas, elevamos a nuestro amoroso, soberano y sabio Dios, nuestra propia oración: "no sea como yo quiero, sino como tú".

Otros nos muestran el camino

La mayoría de las personas pasan la vida entera pendiente de su reputación. La reputación es muy importante, y debe serlo para los cristianos. Sin embargo, ¿estarías dispuesta a perder toda la fama que te has creado si esto significara hacer lo correcto y demostrar tu amor por Jesús y tu lealtad a Aquel que murió por ti? Examina ahora varios ejemplos de valentía, personas que afrontaron riesgos por seguir a Jesús.

Las mujeres en la cruz

Hay mujeres en la Biblia que no me canso de mencionar porque fueron tan valerosas en su fidelidad a Jesús que ninguna otra cosa les importó. Prepárate, pues vas a encontrarlas de nuevo en este libro. Son las mujeres que se quedaron con Jesús en la cruz. Ellas hicieron lo correcto a pesar de los peligros y de la posibilidad de sufrir daño físico o el repudio social.

¿Puedes imaginar la escena? El cielo se oscureció en pleno día. Hubo terremotos que derrumbaron rocas, abrieron tumbas, y muchos santos de la antigüedad se levantaron de sus sepulcros. Fue una escena tan aterradora que incluso los enfurecidos soldados romanos "temieron en gran manera" (Mt. 27:54). Y todos los discípulos de Jesús, excepto uno, huyeron de aquella horrenda escena. Con todo, en medio de estos sucesos aterradores y peligrosos, vemos que "estaban allí muchas mujeres mirando de lejos, las cuales habían seguido a Jesús desde Galilea, sirviéndole, entre las cuales estaban María Magdalena, María la madre de Jacobo y de José, y la madre de los hijos de Zebedeo" (vv. 55-56).

Estas damas fueron realmente valientes, mientras otros se asustaron y corrieron por sus vidas. Quizá te preguntes, al igual que yo, por qué fueron tan valientes. La respuesta es amor, amor por Jesús. Su amor era tan grande, y su fe tan firme, que vencieron sus temores y actuaron con valor.

Examina tu corazón

La fe en Jesús es el antídoto infalible contra el temor. Nuestro valor para vencer el miedo a la muerte, al sufrimiento, a la pérdida o a la tragedia encuentra su sustento en Jesús. Recuerda que sin importar lo que pase, puedes mirar a Jesús cuando lleguen las pruebas. Deja que Él y su presencia disipen tus temores con su valor. Y cuenta con su amor. "El hilo plateado del amor de Dios está entretejido en cada una de nuestras pruebas".[2]

Por fortuna, nuestras oportunidades para demostrar valor no suponen, por lo general, un gran peligro. Sin embargo, el temor es siempre un elemento en el sufrimiento y el dolor. Por eso, el ejemplo de estas mujeres es verdaderamente admirable. La solución que escogieron, y el uso del valor, son igualmente válidos para nosotras. Su fe en Dios les dio el poder para enfrentar con valor el peligro, al identificarse con su Salvador. Estuvieron dispuestas a defender a Jesús y a servirle hasta el final. ¿Estás lista para este tipo de compromiso? Siempre puedes pedir a Dios que fortalezca tu confianza en Él, y que ahonde tu amor por Jesús. Hazlo diariamente para que tengas el valor de vivir para Jesús cada día, todos los días.

El hombre que pidió el cuerpo de Jesús

José de Arimatea fue otra persona que encontró fortaleza y valor en Jesús. Él era un miembro destacado del concilio que juzgó a Jesús y le condenó a muerte. No obstante, José no estuvo de acuerdo con la decisión del concilio (Lc. 23:50-51). Después de ser testigo de la tragedia horrible e injusta de la muerte de Jesús, él, junto con Nicodemo, que también era gobernante de los judíos (Jn. 3:1), decidieron salir y demostrar su fidelidad haciéndose cargo de la sepultura de Jesús (Jn. 19:38-42). Ellos estuvieron dispuestos a perder toda credibilidad —y probablemente la perdieron— frente a los demás líderes religiosos del país, debido a sus acciones.

José y Nicodemo fueron creyentes secretos... hasta cierto punto. ¡Pero no lo fueron más! Se presentaron, se manifestaron, hablaron, y tomaron la iniciativa de hacerse cargo del cuerpo y sepultura de Jesús. Recuerda el ejemplo de estos dos hombres, y las palabras de Dios a Josué: "Mira que te mando que te esfuerces y seas valiente; no temas" (Jos. 1:9).

Una mujer conforme al corazón de Jesús

Jesús anunció: "En el mundo tendréis aflicción; pero confiad, yo he vencido al mundo" (Jn. 16:33). Y en seguida instó a sus seguidores, y a ti, a no preocuparse, porque Él estará contigo. Este hecho, esta verdad, esta promesa, todos en uno, debería reafirmar tu valentía.

No importa que hoy te sorprenda una tragedia, un desastre, o un sobresalto, y que tu corazón se hunda porque sientes que tu vida se tambalea y no entiendes lo que pasa, nunca estarás sola. A pesar de las pruebas que experimentes, Jesús estará siempre contigo y nunca te abandonará. Como dijo a sus discípulos antes de dejarlos: "He aquí yo estoy con vosotros todos los días, hasta el fin del mundo" (Mt. 28:20). Tu Salvador precioso y omnipresente te acompañará a lo largo de cada prueba... y en todo el camino de la vida. La manera más eficaz y poderosa de vivir conforme al corazón de Jesús es confiar tu vida entera en sus manos poderosas. Deja que su confianza te infunda el valor para enfrentar con coraje la vida que vives en y para Jesucristo.

Puesto que Jesús ya ha logrado tu victoria final, tú puedes vivir con valor, confiando en Él hasta en el peor momento.

~ Oración ~

Señor Jesús, te doy gracias porque estás a mi lado en este preciso instante, y a cada momento. Ayúdame a ser consciente de tu presencia poderosa cuando necesito tener valor y demostrar valentía como cristiana, hablar cuando es preciso hacerlo, y resistir en medio de las dificultades. Amén.

Día 6

Disciplinado

¡No puedo creerlo! ¡Mi esposo Jim tiene la misma talla de pantalones que tenía desde la secundaria! ¿Conoces a alguien así? (¿Y eso te disgusta?). Parece que algunas almas tienen la fortuna de poder comer todo lo que quieren, a la hora que quieren. Pero si te fijas de cerca, te darás cuenta de que en la mayoría de los casos estas personas tienen un secreto: son disciplinadas. Por ejemplo, mi esposo Jim hace pesas, corre o camina una hora diaria, se pesa diariamente, y cuida lo que come. Salvo pocas excepciones, la mayoría de las personas sin problemas de sobrepeso toman las precauciones necesarias para mantenerse en forma, y lo hacen cultivando y manteniendo un estilo de vida disciplinado.

Ahora bien, permíteme aclarar que he escogido el tema del peso únicamente porque es un problema personal y una meta que me he propuesto. Bien podría hablar de la murmuración, el descontrol emocional o la mala costumbre de llegar tarde, áreas que también precisan disciplina. Sin embargo, la mayoría de mis amigas y las mujeres que conozco tienen dificultades con su peso. De hecho, está demostrado que es un problema para la mayoría en los Estados Unidos. La Dirección General de Salud Pública considera que el sobrepeso y la obesidad son el principal problema de salud actual en los Estados Unidos. ¿Qué podemos hacer al respecto? ¿Cómo podemos tener la victoria en esta y en cada área de la vida?

Jesús nos muestra el camino

¿A quién consideras la persona más disciplinada que haya vivido jamás? El título de esta sección, y el enfoque de este libro, ya te han dado la respuesta, ¿no es así? Es Jesús. Siendo Dios hecho carne, Jesús siempre tuvo el control sobre su vida. Él nunca permitió que su boca, sus emociones o sus necesidades físicas estropearan su carácter. Aprendamos hoy de la disciplina y el autocontrol de Jesús en toda su perfección y humanidad.

Al analizar esta cualidad tan importante y difícil de obtener, meditemos en el significado de *disciplina*. Cuando se considera como un fruto del Espíritu, la disciplina o el autocontrol tienen que ver con refrenar los impulsos carnales (Gá. 5:22-23). En la sociedad contemporánea, significa por lo general "moderación". En la década de 1920 se usaba para referirse a beber alcohol con moderación. Hoy día, *disciplina* puede ser un término aplicado a todo, desde fijarse unos horarios hasta la limpieza de la casa. (Hace poco leí un artículo según el cual las personas que son disciplinadas con su cuerpo tienen por lo general una casa en orden). En resumen, una persona disciplinada es capaz de dominar, controlar, refrenar o contener ciertos comportamientos.

Escrito está...

Al considerar cada virtud, recuerda que Jesús era Dios y a la vez hombre, que poseía dos naturalezas que nunca se mezclaron. Como humano, Jesús llegó a ser lo que la Biblia denomina "el postrer" Adán (1 Co. 15:45). El primer Adán fue sin pecado hasta su caída. El segundo Adán, Jesús, fue enviado por el Espíritu Santo al desierto para ser probado y tentado para cumplir su misión como el Mesías, el Salvador (Mt. 4:1-11). Allí estuvo tentado constantemente por el diablo durante 40 días y 40 noches, al tiempo que padecía sed, hambre y soledad.

Con todo, Jesús no sucumbió a los intentos del diablo por hacer que dejara de confiar en Dios para suplir sus necesidades. Jesús permaneció fiel a Dios y venció las tentaciones respondiendo: "Escrito está..." (vv. 4, 7, 10). Frente a cada ataque del enemigo, la defensa de Jesús fueron las Escrituras. Siendo Dios, no podía pecar, pero las tentaciones eran reales. Para Él, la prueba era necesaria a fin de validar su identidad como Mesías.

El ejemplo de Jesús nos muestra el camino para alcanzar la disciplina.

- Mira el ejemplo de Jesús: "Porque no tenemos un sumo sacerdote que no pueda compadecerse de nuestras debilidades, sino uno que fue tentado en todo según nuestra semejanza, pero sin pecado" (He. 4:15).
- Pide ayuda a Jesús: "Pues en cuanto él mismo padeció siendo tentado, es poderoso para socorrer a los que son tentados" (He. 2:18).
- Busca a Jesús en oración: "Acerquémonos... confiadamente al trono de la gracia, para alcanzar misericordia y hallar gracia para el oportuno socorro" (He. 4:16).

Examina tu corazón

Tú también enfrentas batallas espirituales intensas y peligrosas. Cuando estás bajo algún tipo de presión en el trabajo o en la casa, o cuando sufres alguna pérdida o enfermedad, o incluso cuando simplemente no te sientes bien, corres el riesgo de recibir un ataque espiritual. Muchas de estas tentaciones vienen cuando estás sola y sin alguien cercano que pueda ayudarte. Pero anímate. Puedes acudir a Dios. Puedes echar mano de su poder y de su Palabra poderosa para lograr la disciplina, el autocontrol, y proclamar las Escrituras que necesitas para hacer frente a la tentación y salir victoriosa.

Se fue a un lugar desierto

Es difícil mantener cualquier disciplina en cualquier área de la vida. Pero me parece que las disciplinas espirituales son las más difíciles de sostener. Yo lucho constantemente con ser fiel en pasar tiempo en oración y en la Palabra de Dios. Pero Jesús nos muestra cómo podemos cultivar estas dos disciplinas espirituales, en un lugar y en un momento concretos.

Escena 1. En este episodio de la vida de Jesús, ten presente que Él no estaba de vacaciones ni en un retiro espiritual con tiempo disponible. Verás que Marcos 1:21-34 es uno de los pasajes que describe uno de los días más atareados de la vida ministerial de Jesús. Ya había hecho de todo, enseñando en una sinagoga, sanando a todos los que venían a Él en esa región. Pero en lugar de tomarse el día siguiente libre, Marcos nos cuenta que Jesús, "levantándose muy de mañana, siendo aún muy oscuro, salió y se fue a un lugar desierto, y allí oraba" (v. 35). Jesús se levantó temprano, antes que sus discípulos, y se apartó a un lugar tranquilo para orar. Él escogió someterse a la disciplina de hacer lo que consideraba lo más importante: su comunión con el Padre.

La Biblia no dice cuánto tiempo estuvo orando Jesús, pero en poco tiempo se vio de nuevo asediado por las incesantes necesidades de las personas con quienes había pasado el día anterior. Mientras Jesús oraba, "le buscó Simón, y los que con él estaban; y hallándole, le dijeron: Todos te buscan" (Mr. 1:36-37).

La Biblia tampoco nos da detalles de la oración de Jesús, pero parece que pidió dirección para el nuevo día. Sin embargo, los discípulos querían aprovechar los resultados positivos del ministerio del día anterior, y ¿por qué no? ¿Por qué no saborear y utilizar el triunfo de aquella jornada? Sin embargo, Jesús había recibido órdenes mientras oraba, pues les dijo: "Vamos a los lugares vecinos, para que predique también allí; porque para esto he venido" (v. 38).

Mientras Jesús buscaba al Padre en oración, recibió instrucciones acerca de cómo usar el día que tenía por delante. Asimismo, Jesús fue disciplinado y no se dejó desviar de esta misión. Un mensaje clave de este pasaje de las Escrituras es que debes procurar disciplinarte y no dejarte desviar por lo que está sucediendo a tu alrededor. Si crees que Dios te está guiando en una dirección determinada, concéntrate y mantente en ella.

Examina tu corazón

La mayoría de los creyentes hallan una infinidad de obstáculos en su intento por mantener una disciplina de oración y lectura bíblica. Pero Jesús nos muestra cómo podemos incorporar a diario estas dos disciplinas espirituales. Ante todo, Él *deseaba* comunicarse con el Padre. Él anhelaba descubrir y hacer su voluntad. Eso era primordial. Por eso fue *disciplinado* y se levantó. No tenía a alguien que lo despertara, sino que hizo el esfuerzo de levantarse y apartarse a un lugar para orar. Fue su decisión. Y Él sabía que era algo tan importante que valía la pena levantarse antes que los demás, antes del amanecer, para orar. Mantener las disciplinas espirituales es una decisión. La oración era importante para Jesús. Y por eso oraba. Un dicho nos lo recuerda: "La oración es la llave de la mañana y el cerrojo de la noche". Usa la llave segura de la oración para empezar tu día con el Padre y encaminarte en sus sendas. Luego, concluye tu día de la misma forma, y acuéstate en paz y duerme (Sal. 4:8).

Los reprendió

Escena 2. Jesús estaba de camino a Jerusalén para llevar a cabo la meta suprema de su misión: morir como sacrificio por el pecado (Lc. 9:53-56). La ruta más directa era cruzando Samaria. Había una contienda de largo tiempo entre los judíos y los samaritanos, y por costumbre, los viajeros judíos evitaban a toda costa pasar por Samaria. Sin embargo, en esta ocasión Jesús guió a sus discípulos a través de Samaria. Dada la enemistad entre estos dos grupos, no fue sorprendente que Jesús y sus hombres no recibieran una bienvenida cordial.

Cuando Jacobo y Juan supieron que una aldea samaritana había rehusado ofrecer la hospitalidad mínima a Jesús y a sus discípulos, se pusieron furiosos. Y de inmediato preguntaron: "Señor, ¿quieres que mandemos que descienda fuego del cielo, como hizo Elías, y los consuma?" (Lc. 9:54). No sé muy bien si ellos hubieran podido realmente enviar fuego o no, pero las palabras que escogieron revelan su actitud. Estaban tan enojados que, de tener el poder para hacerlo, hubieran destruido aquella aldea por completo. Estos hermanos amaban a Jesús, y querían vengar el desaire contra su Señor. ¿Cuál fue la reacción de Jesús a la propuesta de ellos? "Entonces volviéndose él, los reprendió, diciendo: Vosotros no sabéis de qué espíritu sois" (v. 55).

Examina tu corazón

¿Cómo reaccionas ante los desaires? ¿Cómo te comportas frente al menosprecio o el rechazo? ¿Te dejas llevar por tus emociones, o intentas controlarlas? Cuando camines conforme al Espíritu de Jesús, serás capaz de controlarte, y de seguir su ejemplo y su autocontrol.

Otros nos muestran el camino

Hay un montón de personajes bíblicos que podría citar como ejemplos de disciplina, o de la falta de la misma. Pero como mujer, siempre considero primero las mujeres de la Biblia. Te presentaré a dos de ellas. Estoy segura de que te identificarás con cada una de ellas, o quizá te percates de algunos cambios que necesites hacer.

Bendito sea tu razonamiento

Abigail es un ejemplo de disciplina. Ella era, desde todo punto de vista, una mujer asombrosa. (Puedes leer acerca de ella en 1 Samuel 25). En un momento en el que todo el mundo estaba fuera de control, Abigail demostró la poderosa influencia que una mujer puede tener cuando ejerce disciplina en los aspectos fundamentales de la vida. Por el contrario, el esposo de Abigail, Nabal, era un hombre necio, arrogante y un borracho. David, el futuro rey de Israel, estaba enfurecido porque Nabal había rehusado pagarle por la protección de su propiedad.

En medio de esta situación tan tensa, Abigail respondió con disciplina en la manera de hablar y de comportarse. Demostró gran sabiduría y autocontrol. Tomó cartas en el asunto y aplacó la ira de David. Con esto logró desviar una situación que ponía en riesgo muchas vidas y pudo haber causado mucho derramamiento de sangre. Así es como David elogia a Abigail:

"Bendito sea Jehová Dios de Israel, que te envió para que hoy me encontrases. Y bendito sea tu razonamiento, y bendita tú, que me has estorbado hoy de ir a derramar sangre, y a vengarme por mi propia mano" (1 S. 25:32-33).

Ella tomó del fruto y comió

Eva es un ejemplo de falta de disciplina. Por desgracia, los ejemplos negativos suelen ser útiles para enseñarnos lo que no debemos hacer. Y en caso de que no lo sepas, nuestro ejemplo negativo es Eva, la primera mujer que falló en el tema de la disciplina. Cuando vino la tentación de pecar, fue débil, obstinada y terca. (Ver Génesis 3 para leer toda la triste historia). Cuando Eva encontró a la serpiente, prestó demasiada atención a sus mentiras. Y habló demasiado con ese astuto engañador. Tenía demasiadas ansias de probar el fruto prohibido. Así que "tomó de su fruto, y comió" (Gn. 3:6).

En contraste con su exceso de atención al enemigo y a sus deseos, Eva desdeñó por completo el consejo de Dios y de su esposo. En vez de cumplir el plan de Dios para su vida, Eva se precipitó de cabeza en el pecado, en todos los aspectos. En vez de disciplinar su boca, su mente y su cuerpo, obró de manera pecaminosa y necia. Su obstinación, junto con la de Adán, hundió a la humanidad en el pecado. Solo la intervención de Dios al enviar a su único Hijo, el Señor Jesús, pudo deshacer lo que provocó su falta de disciplina.

Aspectos claves de la disciplina

La disciplina es un asunto espiritual. El autocontrol es una manifestación de la obra del Espíritu de Jesús en ti (Gá. 5:22-23).

La disciplina se ve afectada por la desobediencia. La desobediencia entristece y apaga el fruto del Espíritu en ti, que es el dominio propio (Ef. 4:30; 1 Ts. 5:19).

La disciplina es un acto de la voluntad. El Espíritu Santo no te va a obligar a ser disciplinada. Tú decides si andarás o no en el Espíritu. Sin embargo, el Espíritu de Jesús te señala, te mueve, te persuade, y te convence del error (Jn. 16:8), si bien Él no te forzará a llevar una vida piadosa.

La disciplina involucra todo nuestro ser.

Tus emociones. "Como ciudad derribada y sin muro es el hombre cuyo espíritu no tiene rienda" (Pr. 25:28).

Tu boca. "Aun el necio, cuando calla, es contado por sabio; el que cierra sus labios es entendido" (Pr. 17:28).

Tus hábitos alimenticios. "Y pon cuchillo a tu garganta, si tienes gran apetito" (Pr. 23:2).

Tu diligencia. "No ames el sueño, para que no te empobrezcas; abre tus ojos, y te saciarás de pan" (Pr. 20:13).

Una mujer conforme al corazón de Jesús

Es hora de mirarse en el espejo. Ahora que te detienes a examinar tu corazón, pregúntate: ¿Quiero que mi vida sea un instrumento de transformación? ¿Quiero vivir para Dios? ¿Quiero ejercer una influencia positiva en mi familia, mi círculo de amistades, mi iglesia, mi lugar de trabajo y mi comunidad? Si es así, entonces seguir el ejemplo de Jesús y llevar una vida más disciplinada es la respuesta y el camino a seguir. Para vivir conforme a sus propósitos, abraza la disciplina como un ejemplo esencial de tu vida. No seas como Eva, que falló en seguir a Dios por su falta de autocontrol. Sigue el excelente ejemplo de disciplina de Abigail, tanto en palabra como en hechos. Entonces serás un ejemplo viviente de la conducta disciplinada que tu Salvador demostró.

~ Oración ~

Señor Jesús, quiero ser más disciplinada, y vivir bajo el control del Espíritu. Que pueda anhelar una vida pura, consagrada a caminar por tu Espíritu en dominio propio. Que la disciplina se convierta en una cualidad imperante en mi vida para que Tú seas glorificado. Amén.

Día 7

Fiel

Siempre he admirado a las mujeres que siguieron a Jesús en su último viaje de Galilea a Jerusalén. He estudiado sus historias, admirado su cercanía y conocimiento de mi Salvador, a quien anhelo ver. Este grupo fiel de damas viajó con Jesús en muchas ocasiones, y le apoyó de muchas maneras. Ellas estuvieron con Jesús el día de su crucifixión y de su muerte.

¿Puedes imaginar cómo fue ese último día de Jesús? Fue el día más horrible que haya existido sobre la tierra. Con todo, estas amadas mujeres fueron vistas a los pies de la cruz. Ellas experimentaron la inusitada oscuridad que sobrevino (Lc. 23:44), y fueron testigos de la agonía del sufrimiento de Jesús, de la burla y el escarnio de la multitud, de la brutalidad de los soldados, todos ensañados contra el amoroso y santo Hijo de Dios.

Creo que todo el horror y la barbarie, y el trato inhumano, excedía lo humanamente soportable. Pues bien, ¡sabemos que los discípulos no hubieran podido soportarlo! Todos huyeron, salvo Juan. Pero estas mujeres no se fueron. De hecho, después de la muerte de Jesús fueron a su sepulcro para cerciorarse de que hubiera recibido una sepultura digna, aunque lo hallaron vacío. Nada, —repito, *nada*— frenó a estas mujeres para llevar a cabo lo que consideraban su deber fiel a un amigo, a Jesús.

Al comenzar este nuevo día de estudio de la vida y el corazón de Jesús, y de las cualidades que demostró en todo tiempo, llegamos a la fidelidad: la virtud de la lealtad, de ser fiel y digno de confianza. Y tenemos un poderoso ejemplo de fidelidad en el pequeño grupo de mujeres que conocieron y sirvieron al Hijo de Dios.

¿Dónde hallaron estas mujeres la fortaleza y el valor para ser tan fieles y leales, especialmente bajo circunstancias tan difíciles? Habían seguido a Jesús durante un tiempo, habían observado su vida personalmente y muy de cerca, e incluso cómo demostró esta virtud de la fidelidad. Siguieron a Jesús dondequiera que iba, y siguieron también su ejemplo de fidelidad hasta tal punto que también llegaron a ser fieles en su servicio y apoyo permanente e incondicional de su ministerio (Lc. 8:3). En última instancia, fue la fidelidad de ellas la que las capacitó para acompañarlo hasta la cruz ¡y más allá!

Con el recuerdo fresco de estas mujeres en tu mente, medita en la *fidelidad* y en cómo se desarrolla. Y antes de examinar el ejemplo de Jesús, considera la fidelidad del Padre. Desde las primeras páginas de la Biblia es inevitable notar que:

- Él fue fiel en proveer abrigo a Adán y a Eva después de su desobediencia (Gn. 3:21).
- Él fue fiel al prometer un Salvador (Gn. 3:15).
- Él fue fiel en extender su promesa inicial de enviar un Salvador (Is. 9:6).
- Él fue fiel en cumplir su promesa cuando Jesús, Dios hecho hombre, el Unigénito del Padre, nació como Salvador (Lc. 2:11).
- Él fue fiel en proveer un modelo divino de su propia naturaleza a través de la vida y el ministerio de Jesús, cuando anduvo entre nosotros siendo Dios encarnado (Jn. 1:14).

Jesús nos muestra el camino

Al seguir el ejemplo de santidad de su Padre, la vida de Jesús sobre la tierra constituye un ejemplo de primera mano de lo que es la fidelidad.

He terminado la obra

Jesús fue fiel al propósito de Dios. Vino a la tierra con un propósito, el cual declaró: "Mi comida es que haga la voluntad del que me envió, y que acabe su obra" (Jn. 4:34). La obra de Jesús era vivir y morir como el sacrificio perfecto por el pecado del hombre. Pero a medida que Jesús iba haciendo el bien y alimentando a las multitudes que lo seguían, surgió un clamor popular. La gente tenía otro propósito en mente para Jesús, especialmente después que lo vieron alimentar a más de 5000 hombres y sus familias. Ellos querían que Jesús fuera su líder y que los alimentara todo el tiempo (Jn. 6:26).

Sin embargo, a pesar de las distracciones y los clamores del pueblo, Jesús permaneció fiel al plan de Dios, y lo aclaró a las multitudes diciendo: "Porque he descendido del cielo, no para hacer mi voluntad, sino la voluntad del que me envió. Y esta es la voluntad del Padre, el que me envió: Que de todo lo que me diere, no pierda yo nada, sino que lo resucite en el día postrero" (Jn. 6:38-39).

Hasta el final, día tras día, Jesús se movió fielmente hacia el objetivo que le había sido trazado por el Padre. En una oración la víspera de su muerte, Jesús declaró a su Padre su evaluación final de su misión: "Yo te he glorificado en la tierra; he acabado la obra que me diste que hiciese" (Jn. 17:4).

No sé tú, pero yo me distraigo muy fácilmente del llamado de Dios para mi vida. Alguien quiere que yo haga algo, y luego otra persona me pide otra cosa, ¡y yo me muevo en todas las direcciones al mismo tiempo! Y luego vienen aquellos días en los cuales no estoy segura si quiero hacer *algo*. ¿Te has sentido así? Bueno, quizá la razón por la cual nos distraemos y desviamos sea porque no conocemos nuestro verdadero propósito en la vida... o no lo hemos replanteado en mucho tiempo. Por consiguiente, terminamos tratando de movernos en todas las direcciones a la vez, o no haciendo nada en absoluto.

¿Qué quiere Dios que tú y yo hagamos con nuestra vida? Si no sabes mucho al respecto, o no tienes idea, leer Tito 2:3-5 te dará algunas pistas. Como sugieren estos versículos, es útil consultar a una mujer mayor que te brinde algún consejo y guía, y que te ayude a esclarecer y perfeccionar el propósito de Dios para ti.

Examina tu corazón

Es posible que ya estés encaminada en el propósito de Dios. Sin embargo, a manera de reflexión quizá quieras preguntarte: ¿Estoy sirviendo fielmente a aquellos que hay en mi camino y que son parte de mi propósito: mi familia, mi iglesia, mis colegas de trabajo y mis conocidos? ¿Estoy dispuesta a seguir el ejemplo de fidelidad de Jesús y hacer los sacrificios que esto requiere? Estas respuestas y acciones determinarán tu crecimiento para ser más como Cristo.

Oren y no se desanimen

Jesús también fue fiel en la oración. Uno de los aspectos más asombrosos de la encarnación de Jesús, de su venida como hombre, es el hecho de que Él se sometió voluntariamente al control del Espíritu Santo. La oración fue el medio clave por el cual se comunicó con el Padre y recibió dirección. Jesús vivió en el espíritu de oración. Pudo estar a solas con el Padre en medio de una multitud insistente o cuando nadie más estaba presente, en un lugar a solas. La oración era su vida, su hábito. Él oraba en cada situación, en cada emergencia, y en cada oportunidad, para todo tipo de situaciones. Por ejemplo:

- Oró en medio del ajetreo de una vida llena de ocupaciones. La mayoría de las personas se estresan bajo la presión de una vida atareada. Pero nuestro Señor, no. Él tenía otra manera de manejar la presión de un día intenso tras otro. ¿Cuál era su secreto? Después del gran éxito y del acoso de un día de ministerio, vemos que a la mañana siguiente, en lugar de celebrar su triunfo, Jesús se levantó "muy de mañana, siendo aún muy oscuro, salió y se fue a un lugar desierto, y allí oraba" (Mr. 1:35).
- Oró antes y durante los sucesos importantes, particularmente ante su inminente muerte en la cruz (Mt. 26:39-42).
- Oró por otros. La intercesión fue un aspecto preponderante de sus oraciones. (Un ejemplo de esta intercesión divina se encuentra en su "oración sacerdotal" en Juan 17).
- Oró por sus enemigos. "Padre, perdónalos, porque no saben lo que hacen. Y repartieron entre sí sus vestidos, echando suertes" (Lc. 23:34).

Basta con empezar a leer los Evangelios para percibir la importancia de la oración en la vida de Jesús. Él enseñó fielmente a todos sus oyentes "sobre la necesidad de orar siempre, y no desmayar" (Lc. 18:1). Su compromiso a orar fielmente es un llamado para ti y para mí a cultivar con diligencia y determinación el hábito de la oración.

A los que me diste yo los guardé

Jesús también fue fiel a sus discípulos. La lealtad es una cualidad muy escasa, tanto en nuestros días como en tiempos de Jesús. Los discípulos de Jesús eran hombres comunes, pescadores en su mayoría. Eran sencillos, ingenuos e ignorantes de las intenciones retorcidas de los líderes religiosos. Mientras Jesús estuvo con ellos, los protegió y los guardó del mundo. Como atestiguó Jesús ante el Padre en oración la víspera de su muerte: "Cuando estaba con ellos en el mundo, yo los guardaba en tu nombre; a los que me diste, yo los guardé, y ninguno de ellos se perdió, sino el hijo de perdición, para que la Escritura se cumpliese" (Jn. 17:12).

Esta promesa sigue vigente para ti y para todos aquellos que ponen su fe y su confianza en Jesús (Jn. 10:28-29). De nuevo, Jesús es ejemplo de fidelidad al reconocer que el Padre lo había puesto a cargo de los discípulos como su administrador: "He manifestado tu nombre a los hombres que del mundo me diste; tuyos eran, y me los diste, y han guardado tu palabra" (Jn. 17:6).

Examina tu corazón

¿Te das cuenta de que Dios también te ha puesto "a cargo" de las vidas de tus familiares y del uso de tus dones espirituales? Dios espera que seas fiel con estas vidas y dones preciosos. Como dice 1 Corintios 4:2: "Ahora bien, se requiere de los administradores, que cada uno sea hallado fiel".

Honra a tu padre y a tu madre

A propósito de familia, Jesús fue fiel a su familia. El Evangelio de Lucas declara que Jesús no empezó su ministerio hasta que tuvo alrededor de 30 años (Lc. 3:23). ¿Puedes imaginar cuán paciente (otra virtud que estudiaremos) tuvo que ser el Dios encarnado para esperar hasta cumplir 30 años? Un niño judío era considerado hombre a la edad de 12 años. Entonces, ¿qué hizo Jesús durante todos esos años de espera? La Biblia no lo dice, pero como hijo mayor, Jesús tenía la responsabilidad de cuidar a su familia en caso de que José muriera. Es probable que Jesús cuidara fielmente de su madre y medio hermanos y hermanas hasta que alguno de ellos fueron lo bastante mayores para ayudar a sostener a la familia.

Incluso al final, Jesús no abandonó a María, su madre. Mirando desde la cruz hacia su madre y Juan, el discípulo a quien amaba, murmuró: "Mujer, he ahí tu hijo. Después dijo al discípulo: He ahí tu madre. Y desde aquella hora el discípulo la recibió en su casa" (Jn. 19:26-27).

Jesús mandó: "Honra a tu padre y a tu madre" (Mt. 15:4). Y él fue un ejemplo concreto de lo que significa honrar. En las últimas horas de su vida, Jesús nos mostró cuán importantes son las familias. Demostró amor y respeto hacia su madre al encomendarla fielmente al cuidado de Juan. Nosotras debemos manifestar la misma clase de cuidado. Debemos considerar a nuestras familias como importantes, no solo nuestro esposo e hijos, sino también nuestros padres y sí, ¡hasta nuestros familiares políticos!

Una mujer conforme al corazón de Jesús

Como mujer cristina, es preciso que la virtud de la fidelidad brille en tu vida. ¿Por qué? Porque con esta cualidad, Jesús es reflejado en ti y otros lo puedan ver. Cuando eres fiel, demuestras que eres nacida de Dios y que le perteneces a Él por medio de su Hijo. Jesús tuvo un corazón para el Padre y para hacer su voluntad. Tenía un corazón para otros, y para orar por ellos. Y tenía un corazón para la familia y el cuidado de ella.

Cuando andas en fidelidad eres la viva imagen del corazón de tu Salvador fiel. También llevas fruto en la vida de aquellos con los que te relacionas. Tu familia es bendecida gracias a tu cuidado constante. Tu iglesia se beneficia de tu compromiso al usar tus dones espirituales. Y si tienes un empleo, tu jefe y tus colegas se benefician de tu fidelidad.

Nos hemos maravillado con los múltiples ejemplos de la fidelidad de Jesús. Y la buena noticia es que puedes cultivar y desarrollar esta misma cualidad excelente. Tú puedes crecer en una fidelidad que concluye sus tareas, entrega lo que debe, llega puntualmente, cumple su palabra y sus compromisos, y se consagra al cumplimiento de su deber. Y si esto suena imposible o un camino tortuoso, ¡anímate! ¿Cuál es el primer paso? Busca a Dios en oración. Y empieza por algo pequeño, por los detalles. Cuenta asimismo con la fortaleza de Jesús. En Él todo lo puedes, incluso ser fiel (Fil. 4:13). Y pide a Dios que te dé su gracia que te capacita para acabar con la pereza y cumplir uno de sus propósitos para tu vida: que seas "fiel en todo" (1 Ti. 3:11).

Nuestro Dios grande y fiel ya ha dispuesto todo lo que necesitas para que seas fiel. Te ha dado el Ayudador, el Espíritu Santo. Te ha dado su Palabra, la Biblia, que te sirve como guía. Y, alabado sea Dios, te ha dado a Jesús como modelo viviente de fidelidad. Jesús fue fiel cada día, cada minuto, en cada circunstancia… y tú también puedes serlo. En palabras de nuestro Salvador: "El que es fiel en lo muy poco, también en lo más es fiel" (Lc. 16:10). Reitero, empieza con algo pequeño, porque la fidelidad en lo poco es algo grande.

∽ Oración ∼

Señor Jesús, que día a día pueda andar en tu Espíritu para que mi vida sea un reflejo de tu fidelidad. Que mi amor y mi servicio sean a toda prueba. Que pueda presentarme ante ti cuando terminen mis días sobre la tierra, y escucharte decir: "Bien, buen siervo y fiel". Querido Jesús, este es el anhelo de mi corazón. Amén.

Día 8

Centrado

Desde mis años previos a la adolescencia, cuando mis padres me regalaron un diario con llave y cerradura, he escrito en él. Con los años, esta práctica me llevó a tomar notas y coleccionar fechas memorables.

Hasta el día de hoy, hay ciertas fechas que transfiero cada año a mi nuevo calendario. Por supuesto, entre esas fechas están los cumpleaños de mi familia, mi aniversario de bodas, e incluso fechas en las cuales Jim y yo nos mudamos a una nueva casa o lugar. Y también está la importantísima fecha de mi conversión.

Sin embargo, hay otra fecha que fue determinante en mi vida: 21 de agosto de 1974. Fue un domingo por la tarde como cualquier otro. Pero ese día Jim y yo nos sentamos mientras nuestras hijas pequeñas dormían la siesta, y cada uno escribió algunas metas importantes para la vida. Habíamos sido una familia cristiana por unos pocos años, y disfrutábamos nuestra nueva vida con Jesús. Todavía estábamos emocionados, aunque sentíamos que nos hacía falta un mejor enfoque de nuestra maravillosa vida nueva en Cristo. Como podrás imaginar, teníamos todo tipo de ideas, con nuestro entusiasmo por servir a nuestro Salvador. Así que oramos pidiendo la sabiduría y la guía de Dios, y establecimos algunas metas generales y específicas para nuestro crecimiento, nuestra familia y nuestro servicio a Dios.

Después de estas breves horas de una relajada tarde dominical, formulamos una serie de metas con las cuales hemos funcionado durante más de 30 años. Debo confesar que mis metas nunca han cambiado. Cuando definíamos nuestros propósitos y escribíamos nuestros objetivos, empezamos a simplificar nuestro enfoque de la vida y a reducir nuestras actividades para incluirlas en las áreas seleccionadas. Como he dicho, al cabo de todos estos años seguimos centrados en nuestras metas originales y vivimos a diario los mismos propósitos que nos guían.

Jesús nos muestra el camino

¿Has oído el refrán "El que a nada apunta, a nada le da"? Pues bien, no tener un objetivo lleva a una vida sin un enfoque claro. Te despiertas cada día y te mueves en todas las direcciones al mismo tiempo. Pero tú y yo estamos frente a otra de nuestras jornadas con Jesús, y queremos meditar con calma en la siguiente virtud de Jesús: su enfoque. Es un deleite poder mirar a Alguien (¡con mayúscula!) cuya vida cumplió un propósito, y se rigió por él. ¿Cómo llevó a cabo Jesús su propósito? Para responder esta pregunta, miremos a Jesús y cuatro características que sobresalen de sus jornadas. Él nos enseña el camino, dándonos ejemplo de algunas prácticas que contribuyeron al cumplimiento de su misión. Nosotras podemos seguir estas mismas prácticas, a fin de vivir nuestros días con un enfoque claro.

Jesús mismo empezó su ministerio

Jesús se preparó. Uno de mis principios favoritos para vivir a diario con un propósito es este: "El éxito se produce cuando la preparación se cruza con la oportunidad". La preparación es un paso necesario para vivir el propósito de Dios. Te da la capacidad de aprovechar las oportunidades cuando se presentan a lo largo del día, o de la vida.

Siempre que enseño acerca de planificación y preparación, muestro a Jesús como el ejemplo supremo. Él pasó casi 30 años preparándose para el día en que empezó su ministerio. Lo mismo sucedió en la vida del primo de Jesús, Juan el Bautista, quien se preparó durante 30 años para el ministerio de un año durante el cual anunció la venida del Mesías. Los caminos de estos dos hombres se cruzaron en el río Jordán, donde Juan bautizaba y Jesús apareció para que lo bautizara. Justo después de su bautismo, Jesús empezó su ministerio terrenal de tres años: "Jesús mismo al comenzar su ministerio era como de treinta años" (Lc. 3:23).

Los 30 años marcaron el inicio formal del ministerio de Jesús cuyo propósito era cumplir su misión. Sin embargo, Él no esperó hasta cumplir 30 años para prepararse para el ministerio. Lo hizo por tres décadas. Y no esperó 30 años para bendecir y servir a otros porque sabemos que sirvió a su familia en su casa. Tú y yo tampoco debemos esperar para servir a otros. Durante nuestra preparación, ganando conocimiento y habilidades, y desarrollando nuestros dones espirituales, podemos servir de múltiples maneras, empezando por nuestra propia casa.

Eso fue lo que sucedió en mi vida, y así empezó mi ministerio. Necesité siete años de crecimiento espiritual y estudio dirigido, siete años de preparación antes de enseñar mi primer estudio bíblico. Durante esos siete años me consagré a criar a mis hijas, a apoyar a mi esposo que esaba siempre muy ocupado, y a procurar crecer en mi vida cristiana. Entonces un día, cuando mis hijas ya eran mayores y estaban en la escuela, me invitaron a dictar un taller a un grupo pequeño de mujeres. Oré y luego, un poco indecisa, acepté. Bueno, para resumir mi anécdota, enseñé durante más de 20 años en diversos estudios bíblicos para mujeres en mi iglesia y, en el tiempo de Dios, ese ministerio de enseñanza se convirtió en un ministerio como escritora.

Quisiera añadir brevemente que esto es lo que sucedió en *mi* vida. Dios obra de diferentes maneras por medio de su pueblo. Podría llenar páginas acerca de lo que ha sucedido en la vida de mis amigas y de otras mujeres de mi iglesia, y de otras a quienes he conocido a lo largo de décadas. No quiero decir que debas enseñar, o que esa deba ser tu meta. ¡Lo importante es que debes prepararte! A medida que lees la Palabra, creces espiritualmente, buscas la dirección de Dios en oración, y sirves al pueblo de Dios, determinados dones o servicios encabezarán la lista. Quizá te descubras dando consejo a otros, abriendo tus puertas ofreciendo tu hospitalidad, organizando conferencias o liderando un comité, ofrendando tu tiempo y dinero para un ministerio o una misión valiosos, o llevando a los ancianos a citas médicas y cocinando para ellos. Como dice la Biblia: "hay diversidad de dones... diversidad de ministerios... diversidad de operaciones" (1 Co. 12:4-6). A medida que te preparas mediante el crecimiento espiritual, te preparas para tu aporte singular al Cuerpo de Cristo.

Examina tu corazón

Vivir con un propósito significa enfocar tu corazón, tu tiempo, tus energías y tus prioridades. Esto exige aprovechar cada día, no solo para ayudar a otros, sino para prepararte para el ministerio futuro. Luego, cuando surjan oportunidades para servir, estarás lista. ¿Qué puedes hacer hoy para estar lista para las oportunidades que te esperan? Escríbelo y ora al respecto. Luego, hazlo. Si te centras a diario en tu preparación, gozarás de fuerza renovada y progresarás en tu día.

Mientras oraba

Jesús oró. Cuando Jesús empezó su ministerio, lo vemos orando. A veces se pasa por alto la oración que elevó justo después de su bautismo. Lucas es el único evangelista que relata lo que pasó: "Aconteció que cuando todo el pueblo se bautizaba, también Jesús fue bautizado; y orando, el cielo se abrió" (Lc. 3:21).

Nunca se recalca demasiado la importancia de la oración y del propósito tal como Jesús lo demostró. Jesús vivió en comunión permanente con el Padre. En este libro lo vemos orando antes de que ocurran los acontecimientos (antes de escoger a los 12 discípulos, en Lucas 6:12), en medio de los acontecimientos (en la última cena, ver Juan 17), y por acontecimientos futuros (su juicio y muerte, ver Lc. 22:40-46).

Examina tu corazón

¿Está el propósito de Dios firmemente anclado en tu corazón y en tu mente? Asegúrate de mirar a Jesús y que Él sea tu modelo perfecto de cómo conocer el plan de Dios, centrarse en él, y cumplirlo. Cuando conviertas la oración en un hábito cotidiano, descubrirás poco a poco el plan y la dirección de Dios para tu vida. Cuando ores, tus días serán más claros en vez de no confusos, más llenos que vacíos, más alentadores que descorazonadores, emocionantes en lugar de aburridos.

Él nos escogió en Él

Jesús planificó. En tanto que miembro de la Deidad, el Hijo, junto con el Padre, trazó este plan desde la eternidad: "nos escogió en él antes de la fundación del mundo, para que fuésemos santos y sin mancha delante de él, en amor habiéndonos predestinado para ser adoptados hijos suyos por medio de Jesucristo, según el puro afecto de su voluntad" (Ef. 1:4-5).

Es obvio que tú y yo nos hemos beneficiado del plan de Dios. ¿No te alegra que haya existido un plan? Y nosotras también debemos planificar si queremos enfocarnos en cumplir los propósitos de Dios y bendecir a otros. Su propósito para ti tomará toda tu vida. Si intentas mirar en un instante hacia adelante, hasta el final de tu vida, quizá te sientas abrumada. Pero si divides tus metas y deseos en partes más pequeñas, y te centras en ellos, te parecerán más manejables. Ahí es cuando una agenda resulta útil. Cuando anotas en tu agenda diariamente, puedes avanzar uno o dos pasos más adelante en tus metas. Con un plan y una agenda en tu mano y en tu corazón, puedes avanzar a la siguiente etapa del cumplimiento del propósito de Dios: ¡puedes triunfar!

Él afirmó su rostro para ir a Jerusalén

Jesús llevó a cabo su propósito. Aunque hagamos planes todo el día, si no nos movemos y actuamos para que estos planes se hagan realidad, no pasarán de ser más que sueños y palabras. Llegó el día en que Jesús supo que su tiempo sobre la tierra estaba a punto de terminar. Pronto moriría y volvería al cielo. Por lo tanto, era hora de proceder y de llevar a cabo el propósito de su venida a la tierra: "Cuando se cumplió el tiempo en que él había de ser recibido arriba, afirmó su rostro para ir a Jerusalén" (Lc. 9:51). Había llegado el momento para que Jesús muriera y diera "su vida en rescate por muchos" (Mt. 20:28).

Aunque Jesús sabía que enfrentaría la humillación y la muerte a manos de impíos pecadores al llegar a Jerusalén, estaba decidido a ir allí. Conocer su propósito le permitió seguir adelante y completar la tarea que había recibido del Padre.

Examina tu corazón

Un propósito y un enfoque claro es todo lo que necesitamos para hacer la voluntad de Dios. Jesús estaba determinado a ir a Jerusalén a pesar de que sabía lo que le esperaba. Él nos da ejemplo del tipo de resolución que también debería caracterizar nuestra vida. ¿Eres una persona centrada, o te desvías fácilmente del propósito de Dios para ti? Las distracciones abundan cuando el plan de Dios no está fijo en tu mente. Dios, en su soberanía, te ha dado un plan. La idea es que puedas tenerlo fijo en tu mente, en tu corazón y en tu agenda, y que procedas con determinación hacia él, hacia el cumplimiento del propósito de Dios, sin importar qué obstáculos se presenten en tu camino.

Los ángeles le servían

El Padre proveyó. ¿Me permites añadir una posdata a mi última frase? No necesita explicación, pero he aquí un recordatorio: El propósito de Dios para tu vida no vendrá sin su provisión en por lo menos dos áreas. Esto también fue cierto para Jesús.

La provisión del Padre en la tentación

Siendo Dios, Jesús era incapaz de pecar, pero la intensidad de cada tentación que enfrentó fue muy grande. En esos momentos, cuando Jesús estaba bajo una presión física extrema, el Padre dispuso que los ángeles le sirvieran.

La primera ayuda vino durante los 40 días en que fue tentado por Satanás, en los cuales Jesús se abstuvo de alimento y de agua. "Y estuvo allí en el desierto cuarenta días, y era tentado por Satanás, y estaba con las fieras; y los ángeles le servían" (Mr. 1:13).

La segunda ocasión fue en el Huerto de Getsemaní, donde Jesús luchó con su propósito: "Y se le apareció un ángel del cielo para fortalecerle. Y estando en agonía, oraba más intensamente; y era su sudor como grandes gotas de sangre que caían hasta la tierra" (Lc. 22:43-44).

En medio de la agonía de estas dos tentaciones para renunciar a la confianza en el Padre, el Padre envió su provisión para su Hijo. Envió ángeles para servir a Jesús y fortalecerlo.

Dios ha dispuesto también una provisión para ti y para mí cuando somos tentadas. Él tiene un plan para ti, y Él sabe que el pecado puede frenar el cumplimiento de ese plan. Así que, como explica el apóstol Pablo: "fiel es Dios, que no os dejará ser tentados más de lo que podéis resistir, sino que dará también juntamente con la tentación la salida, para que podáis soportar" (1 Co. 10:13).

Examina tu corazón

"Fiel es Dios". ¡Que esta verdad refresque tu corazón! Dios no siempre quitará las tentaciones de tu camino, porque ellas fortalecen tu fe cuando resistes. Sin embargo, Él sí promete que no permitirá una tentación tan fuerte que no puedas resistirla. En todo caso, no trates de enfrentar sola tu tentación. Por medio de la oración, la Palabra de Dios y el apoyo de otros, Dios provee una vía para que permanezcas fiel cuando eres tentada. ¡Cuenta con eso!

La provisión del Padre para todas las necesidades de la vida

Pablo tenía una "conexión" con Dios, una relación personal con su Hijo, el Señor Jesús. Por esto pudo darnos una promesa de la provisión de Dios. Él escribió: "Mi Dios, pues, suplirá todo lo que os falta conforme a sus riquezas en gloria en Cristo Jesús" (Fil. 4:19). Si Jesús es tu Salvador personal, esta promesa de provisión para todas tus necesidades reales te pertenece a ti, y a todos los creyentes. Siempre puedes contar con que Dios proveerá todo lo necesario para tu sustento.

Examina tu corazón

Piensa en esto: Dios ha provisto para todas tus necesidades. ¡Qué magnífica promesa! Él tiene un propósito para ti, y tú puedes avanzar hacia su cumplimiento sin temor ni ansiedad gracias a su provisión garantizada. Sea cual sea tu necesidad hoy, financiera, física, emocional o espiritual, no dudes en presentar tu necesidad al Señor. Luego, espera y observa cómo el Padre te ayuda a cumplir tu propósito supliendo tus necesidades conforme a sus riquezas en gloria por su Hijo, Jesús.

La Palabra de Dios nos muestra el camino

Como mujeres cristianas nos resulta difícil conocer nuestro propósito. Hay muchas voces que nos gritan, sugiriéndonos toda clase de metas para nuestra vida. Pero la Palabra de Dios establece claramente nuestro propósito. Su voz se alza majestuosa por encima del clamor de las opiniones y del consejo de otros para nosotras, y todo el que esté dispuesto la oirá. La buena noticia es que Dios no pide mil cosas, ni tan solo cien, de sus hijas. Él solamente nos pide que nos centremos en diez cosas, diez tareas esenciales que nos ayudan a cumplir su gran propósito para nosotras como mujeres que le aman, que aman y sirven a otros, y que son reflejo de Él al mundo. Su lista, que se encuentra en Tito 2:3-5, contiene estas tareas esenciales en las cuales debemos enfocar e invertir nuestro tiempo y nuestra energía:

1. Tener un comportamiento piadoso
2. Hablar la verdad y con amor
3. Ser disciplinada y tener control de ti misma

4. Enseñar y animar a otros a hacer lo bueno
5. Amar a tu esposo
6. Amar a tus hijos
7. Ser discreta y sabia en tus acciones
8. Ser casta y pura por dentro y por fuera
9. Enfocarte en tu hogar
10. Ser amable y buena con todos

Una mujer conforme al corazón de Jesús

Es profundamente liberador conocer tu propósito en la vida. Vagar sin un objetivo a lo largo de tus días es algo agotador, frustrante e infructuoso. Sería muy lamentable despertarte un día y darte cuenta de todo lo que habrías podido lograr de haber tenido un enfoque claro en unas metas que valieran la pena. Puede que tú ya conozcas tu propósito. Si es así, enfoca tu tiempo y tu energía en él. Pero si estás un poco indecisa o desubicada, pasa tiempo estudiando la vida de Jesús. Presta especial atención a su enfoque y su confianza cuando vivió el propósito de Dios a diario. ¡Y anímate! Puesto que eres una mujer en busca del plan de Dios, ya tienes un propósito. Vives conforme al corazón de Jesús cuando obedeces su mandato: "Mas buscad primeramente el reino de Dios y su justicia, y todas estas cosas os serán añadidas" (Mt. 6:33).

~ Oración ~

Bendito Jesús, tengo tanto por hacer... y tanto que deseo hacer. Y tengo muchos opciones hoy respecto a cómo invertir mi tiempo y en qué centrarme. Mi corazón te anhela y ansía vivir tu plan para mí. Conoce mi corazón y guíame en el camino. ¡Quiero seguirte! Amén.

Día 9

Perdonador

"Te perdono". Son dos palabras. Dos palabras fáciles de decir, en cierto modo. Dos palabras que son extremadamente difíciles de expresar con sinceridad, y de vivir.

Desde el día en el que Adán y Eva cayeron en las tretas del diablo en Génesis 3 y desobedecieron a Dios, el pecado ha sido el pan de cada día de todo ser humano. Es imposible vivir un solo día sin que alguien te lastime. Te pueden desairar, ignorar, pasar por alto o desatender. Te pueden regañar, menospreciar o reprender. Te pueden traicionar y decepcionar. Pueden murmurar de ti y calumniarte. Puedes ser engañada, burlada, timada. Te pueden mentir, maltratar, desechar como amiga, participante, compañera o empleada. Y las mismas ofensas pueden venir contra tu familia y tus amigos.

Esta lista de injusticias puede alargarse mucho más, y de hecho es mucho más extensa. No obstante, cuando meditamos en el corazón de Jesús, nuestra pregunta ha de ser: Ya que el maltrato es un suceso común, predecible y seguro, ¿qué podemos hacer al respecto? ¿Qué debemos hacer frente al sufrimiento que otros nos infligen a nosotras o a nuestros seres queridos? ¿Cómo podemos tolerar las ofensas y perdonar a aquellos que las han causado? Sabes a qué me refiero, a cómo Jesús obró y nos enseñó a hacerlo. O, dicho de otra manera, ¿cómo podemos mostrar el asombroso perdón de Cristo?

Jesús nos muestra el camino

Antes de empezar hoy nuestra mirada a Jesús y a su capacidad divina para perdonar, echemos un vistazo en retrospectiva al origen mismo del perdón para la raza humana. Visitemos la escena que acabo de mencionar, que tuvo lugar en el Huerto del Edén. ¿Qué sucedió después de que Adán y Eva se rebelaron contra Dios? Es evidente que hubo consecuencias. Primero, la pareja fue sentenciada a una vida de dolor y arduo trabajo, cosas que jamás habían experimentado en la perfección sin pecado del Edén. Después de esto fueron expulsados de aquel paraíso conocido, y lanzados a un mundo lleno de pecado donde debían arreglárselas por sí mismos y trabajar por su sustento. Esas son las malas noticias.

Sin embargo, la buena noticia es que Dios perdonó a la pareja pecadora que había creado para que gozara de una comunión íntima, tierna y perfecta con Él. Y no solo eso, sino que los vistió (Gn. 3:21) y los envió a tener una vida nueva, y no a la muerte que merecía su pecado. Aunque su nuevo hogar en el mundo no fue tan hermoso y perfecto como lo que habían experimentado en el huerto (vv. 17-19), Dios suplió sus necesidades.

En esa ocasión, el perdón empezó con Dios, y todavía es así hoy día. Dios tomó la iniciativa de perdonar el pecado de Adán y Eva. Su primer acto de perdón y limpieza hacia ellos fue vestirlos con pieles de animales sacrificados. La muerte física que padecieron los animales les correspondía a ellos, pero fueron los animales quienes murieron, como figura precursora de la muerte expiatoria de Jesús por nuestros pecados.

Al proveer estas pieles de animales para cubrir la desnudez del hombre y de la mujer, el Todopoderoso estableció un sistema de perdón de pecados para su pueblo. Según dicho sistema, el sacrificio final para lograr el perdón de los pecados es la muerte de Jesús. A lo largo de la Biblia, Dios Padre se refiere a sí mismo como el Dios del perdón. Y de este perdón nos dio ejemplo Jesús, el Hijo de Dios, con su vida y con su muerte.

Perdonad para que vuestro Padre os perdone

Ya sabes lo que sucede en la vida "normal", ¿no es así? Es la respuesta que brota naturalmente de nosotras cuando alguien nos lastima. Si nos lastiman emocional o físicamente la respuesta natural es siempre tomar represalias. El pensamiento natural es: *Tú me heriste, yo voy a herirte.* Esta clase de respuesta es natural, es la norma del mundo. No es un secreto que el perdón no es la respuesta normal o humana.

Pero Jesús nos muestra el camino. De hecho, Él nos llama a tener la respuesta contraria frente a las ofensas. Debemos imitar a Jesús y actuar conforme a la respuesta *sobre*natural. Devolver mal por mal no es la manera en que Jesús respondió a los maltratos. Él respondió de la forma opuesta, y enseñó que así debemos hacerlo también. Él dijo: "Y cuando estéis orando, perdonad, si tenéis algo contra alguno, para que también vuestro Padre que está en los cielos os perdone a vosotros vuestras ofensas" (Mr. 11:25). Con estas palabras, Jesús mismo nos comunicó lo que espera de nosotras. (Y, dicho sea de paso, estas no son sugerencias, sino mandatos del Maestro mismo).

Jesús nos pide que perdonemos como Él perdonó, que seamos un reflejo de Él. Él quiere que respondamos conforme a una norma más elevada, a una medida divina. Como reza el dicho: "Errar es humano, pero perdonar es divino". Esto significa que, aunque la persona que te lastime o destruya tu vida nunca se arrepienta, nunca reconozca el dolor que te causó, nunca te pida perdón, o nunca diga "lo siento", tienes que estar dispuesta a extender tu perdón. Perdonar a esa persona te liberará de la pesada carga de la amargura.

Examina tu corazón

El perdón no se refiere a "los demás". No se trata de aquellos que te lastiman. Se trata de ti y de tu conexión con Dios. ¿Cómo es tu relación con Él? ¿Has aceptado la muerte expiatoria de Jesús por ti, para el perdón de tus pecados? Perdonar a otros empieza con Dios. Como nos enseña un principio de Jesús, aquellos a quienes mucho se les perdona, mucho aman (Lc. 7:47).

Amaos los unos a los otros

Con el perdón, Jesús estableció un nuevo orden de vida: vivir en amor y no en odio. Él fue la encarnación pura del amor de Dios, y mandó a sus discípulos, y a sus seguidores después de ellos (¡esas somos nosotras!), a manifestar ese mismo amor hacia los demás. Él dijo: "Un mandamiento nuevo os doy: Que os améis unos a otros; como yo os he amado, que también os améis unos a otros. En esto conocerán todos que sois mis discípulos, si tuviereis amor los unos con los otros" (Jn. 13:34-35).

Lo que nuestro Salvador nos pidió siglos atrás, fue imitar su corazón perdonador. Como Él señaló, nuestro amor y nuestro perdón serían, y son, una señal ante los ojos del mundo de que andamos al ritmo de otro son. Seguimos al Señor Jesucristo, no nuestras emociones, ni lo que vemos o leemos, ni lo que observamos a nuestro alrededor o se nos dice que hagamos. Cuando amamos y perdonamos a otros como Jesús, gritamos al mundo que somos hijos de Dios. El perdón es verdaderamente una señal del amor cristiano.

Haced bien a los que os aborrecen

Nadie te puede obligar a perdonar a otra persona. El perdón debe venir de adentro, y manifestarse en el exterior. Jesús conoce tu corazón, y también sabe que a veces es difícil perdonar en tu corazón a quienes te han lastimado. Así pues, como un acto de tu voluntad, trata de reaccionar con acciones bondadosas. Muchas veces descubrirás que las acciones correctas producen emociones correctas. Nuestro Señor te dice...

> "Pero a vosotros los que oís, os digo: Amad a vuestros enemigos, haced bien a los que os aborrecen; bendecid a los que os maldicen, y orad por los que os calumnian. Al que te hiera en una mejilla, preséntale también la otra; y al que te quite la capa, ni aun la túnica le niegues. A cualquiera que te pida, dale; y al que tome lo que es tuyo, no pidas que te lo devuelva. Y como queréis que hagan los hombres con vosotros, así también haced vosotros con ellos" (Lc. 6:27-31).

Examina tu corazón

Un corazón puro y lleno del amor de Dios te ayudará a mostrar amor y perdón a alguien que te ha ofendido. ¿Cómo puedes hacerlo? Tú puedes manifestar amabilidad y bondad, puedes echar una mano, enviar un regalo, sonreír a esa persona. Muchas veces notarás que tu primera iniciativa derrite toda su frialdad hacia ti. Pero sin importar lo que pase, tú habrás activado, o descongelado, toda frialdad en tu corazón. Te acercarás hacia el objetivo de perdonar a la persona que te ha lastimado. Verás que tu corazón se suaviza de manera que puedes perdonar libremente tal como Dios te ha perdonado en Cristo (Ef. 4:32).

Si perdonáis a los hombres sus ofensas

Hace un rato mencioné que Dios nos ordena perdonar a otros. Eso significa que el perdón no es opcional. Así lo comunica Jesús en lo que llamamos el Padre Nuestro, que debemos perdonar "a nuestros deudores" (Mt. 6:12).[3] Perdonar a otros no es un tema sujeto a debate. No, es la señal misma de un cristiano. Jesús presenta una sorprendente advertencia acerca del perdón: "Porque si perdonáis a los hombres sus ofensas, os perdonará también a vosotros vuestro Padre celestial; mas si no perdonáis a los hombres sus ofensas, tampoco vuestro Padre os perdonará vuestras ofensas" (Mt. 6:14-15). Si esperamos ser perdonados, tenemos que practicar el perdón.

El perdón de pecado que ofrece Dios no se basa en el perdón al prójimo. El perdón de un cristiano *se basa* en el conocimiento de que ha sido perdonado (Ef. 4:32). La comunión diaria y permanente con Dios es lo que está en juego en estos versículos (no la salvación del pecado). Nadie puede gozar de comunión con Dios si rehúsa perdonar a otros.

¿Cuántas veces debo perdonar?

Un día, mientras Jesús enseñaba en la región aledaña al Mar de Galilea, su discípulo Pedro hizo una pregunta que tal vez había meditado durante un tiempo: "¿cuántas veces perdonaré a mi hermano que peque contra mí? ¿Hasta siete?" (Mt. 18:21). Pedro se creía generoso al sugerir que perdonaría a alguien siete veces, ya que la enseñanza rabínica tradicional establecía que una persona ofendida debía perdonar a un hermano solamente tres veces. Pedro había estado junto a Jesús lo suficiente para saber que perdonar al prójimo era importante para el Señor. Pero quizá se preguntaba: *¿cuánto es realmente suficiente?* Y Pedro tenía razón al pensar que tal vez Jesús desearía que sus seguidores perdonaran más de lo requerido por la tradición de los rabinos.

Sin embargo, la respuesta de Jesús reveló que debemos practicar el perdón a una escala mucho mayor. "No te digo hasta siete, sino aun hasta setenta veces siete" (v. 22). Puedes hacer tus cálculos: eso significa que debemos perdonar 490 veces a un individuo que peca contra nosotras, una y otra vez. Al decir 70 veces 7, Jesús enseñaba que el perdón debe extenderse 490 veces... más. En otras palabras, que el perdón no tiene límites. Debemos perdonar sin importar cuántos pecados se hayan cometido. Jesús no estableció un límite para nuestro perdón hacia un individuo que ha cometido un sinnúmero de ofensas contra nosotros.

Luego Jesús, el Maestro de Maestros y el Maestro Perdonador, contó una parábola que ilustró el concepto de perdón ilimitado (vv. 23-35). Habló acerca de un rey que quería arreglar sus cuentas con sus siervos. Un siervo le debía una suma enorme: 10.000 talentos. Esto equivale a un millón de dólares en la economía actual. Pues bien, es evidente que el siervo no podía pagar. De manera que, según la costumbre de la época, el rey ordenó que el siervo y su familia fueran vendidos como esclavos para recuperar parte de la deuda. Pero cuando el siervo rogó a su amo que le diera tiempo para pagar la deuda, el rey se compadeció del siervo, canceló la deuda, y lo dejó libre.

¿Qué hizo entonces el deudor? Salió y encontró a otro siervo que le debía una cantidad muy inferior: 100 denarios. Un denario equivalía a un día de salario. El primer siervo exigió el pago y no quiso compadecerse de su deudor. De hecho, mandó encarcelar al segundo siervo hasta que le pagara la deuda.

¿Cómo termina la parábola? Otros siervos se presentaron ante el rey y le contaron lo sucedido, lo que su siervo perdonado había hecho a otro siervo. Cuando el amo oyó esto, mandó llamar al primer siervo y lo encarceló por no haberse compadecido del otro siervo, cuando a él se le había perdonado una deuda mucho mayor.

Sirviéndose de esta parábola, Jesús enseñó que el perdón debe darse en proporción directa a la dimensión en la cual se ha recibido. Al primer siervo se le había perdonado todo, y él a su vez debió perdonarlo todo. Si eres hija de Dios, todos tus pecados han sido perdonados por medio de la fe en Jesucristo. Por lo tanto, cuando alguien peca contra ti, debes perdonarle completamente y de corazón, sin importar cuántas veces te ofenda.

Padre perdónalos

¿Te gustaría saber si *hay algo demasiado grave que no pueda ser perdonado*? Una vez más, la vida de Jesús, llena de perdón, gracia y amor, nos muestra la respuesta y el camino. Nuestro amado Salvador demostró el perdón más grande. Sucedió en el día más oscuro y sombrío de toda la historia, el día en que Jesús fue crucificado. Imagina al Cordero de Dios, sin pecado, que anduvo haciendo bien por más de tres años de ministerio terrenal. Gracias a su bondad, los sordos pudieron oír, los ciegos pudieron ver, los muertos resucitaron y los pecadores recibieron perdón. Con todo, terminamos la lectura de cada uno de los Evangelios con lágrimas en los ojos tratando de imaginar a nuestro Jesús, Dios encarnado, colgando en una cruz y sufriendo la muerte más atroz.

¿Cómo respondió Jesús a la crueldad con que lo maltrataron? Él dijo: "Padre, perdónalos, porque no saben lo que hacen" (Lc. 23:34). Estas palabras, casi imposibles de creer, fueron una expresión de la compasión ilimitada de la gracia divina.

Volvamos a la cuestión de si hay algo demasiado grave que no pueda ser perdonado. Nuestro Señor nos da la respuesta, ¿no es así? Ni siquiera tenemos que plantearnos la pregunta. Únicamente necesitamos mirar a Jesús. Su expresión máxima de perdón no solo es la instrucción, sino el ejemplo que debemos seguir para extender esa misma gracia y compasión a aquellos que nos infligen mucho menos dolor y sufrimiento que el que Él soportó. Jesús nunca nos pide algo que Él mismo no haría. Él nos pide perdonar. Él espera que perdonemos. Y Él nos facilita el poder y la capacidad para perdonar. Por su gracia, que es suficiente para todo, ¡tú puedes perdonar!

Una mujer conforme al corazón de Jesús

¡Qué confianza gozas al saber que eres perdonada en Cristo! Ese perdón de pecado produce vida eterna, la cual empiezas a disfrutar desde el momento de la salvación. Cuando Cristo es tu Salvador, el Espíritu de Dios viene a morar en ti. Eso significa que tú puedes conducirte como Cristo (Gá. 5:22-23).

Funciona de la siguiente manera. La presencia de Cristo en ti te permite reflejar su carácter. Por ejemplo, te permite ser "sufrida" o demostrar "paciencia". Esto se refiere a tu capacidad para soportar las ofensas causadas por otros y a tu disposición para aceptar situaciones molestas o dolorosas. En Cristo eres capaz no solo de soportar el gran dolor y sufrimiento que otros te causen, sino que posees también la fortaleza y el poder de Cristo para perdonar, con su amor, a quienes te lastiman.

~ Oración ~

Señor Jesús, gracias por perdonar mi pecado. Ayúdame a perdonar también a otros. Escudriña mi corazón y muéstrame si no he perdonado completamente alguna ofensa. Cada vez que recuerde el daño, el dolor o la ofensa, permite que la belleza de tu perdón me limpie. Dame el amor para perdonar setenta veces siete. Amén.

Día 10

Generoso

Aunque no lo creas, por mucho que Jim y yo viajamos, no soy muy aficionada a hacerlo, especialmente en vuelos internacionales. No tengo muy buenos recuerdos de vuelos maratonianos. Recuerdo las preocupaciones que teníamos Jim y yo cuando aterrizábamos en São Paulo, Bangkok o en otra ciudad para cumplir con un compromiso ministerial, y no sabíamos si el equipaje había llegado con nosotros o había terminado en otro vuelo a Berlín o Pekín.

En uno de esos viajes, los dos llegamos a un país caribeño para una conferencia ministerial, y descubrimos que nuestras maletas habían terminado en un país completamente diferente, en la misma región del Caribe. Sin embargo, lo que parecía un desastre fue el comienzo de una demostración maravillosa de generosidad cristiana. Tan pronto como aterrizamos se nos informó que la esposa del presidente de ese país nos había invitado al palacio presidencial para reunirnos con ella. A partir de ese momento nuestros anfitriones empezaron a darnos con gran generosidad. Literalmente, nos dieron las camisas que llevaban puestas, y sus zapatos también. Nos dieron todo lo que necesitábamos para estar listos para una audiencia ante la esposa de un poderoso líder. Como dije, este fue solo el comienzo de un fin de semana repleto de generosidad.

Hasta el día de hoy, cada vez que pienso en generosidad, recuerdo a estas queridas personas. Cuando recuerdo su gracia al darnos tanto, me detengo y pienso: *Es como Jesús, nuestro Salvador, quien fue generoso más allá de lo que se puede concebir.* Un corazón dadivoso como el que mostraron nuestros amados amigos en un país extranjero debería ser la norma pero, por desgracia, muchas veces no es el caso. Tal vez por eso la generosidad cristiana cause tanto revuelo cuando alguien la ofrece.

Jesús nos muestra el camino

Es un nuevo día en nuestro recorrido por el carácter de Jesús. Y, una vez más, tenemos el privilegio de contemplar su vida ejemplar. Sin duda, Él es el modelo supremo de generosidad, porque nos dio el mayor regalo al sacrificarse a sí mismo en su muerte, para perdonar nuestros pecados y asegurar nuestra vida eterna. Su desprendimiento fue de proporciones infinitas, pues ofreció un sacrificio inconmensurable. Él vino "para dar su vida en rescate por muchos" (Mt. 20:28). ¿Y cómo no? ¡La generosidad es parte de su naturaleza divina!

Cuando piensas en todo lo que Dios Padre entregó, la generosidad de Jesús resulta lógica. A lo largo del Antiguo Testamento, desde Génesis hasta Malaquías, Dios aparece como un Dios generoso, amoroso y dadivoso. Por ejemplo, Dios:

- Dio vida a Adán y a Eva.
- Dio seguridad y salvación a Noé y a su familia durante el diluvio.
- Dio maná para sustentar a los israelitas en el desierto.
- Dio la tierra prometida a su pueblo escogido.
- Dio protección a su pueblo cuando le servía.
- Dio a David la promesa de un futuro rey, un Salvador que redimiría a los hombres del pecado.
- Dio a sus profetas visiones de un Salvador venidero, su propio Hijo amado.
- Entregó a su Hijo unigénito.

Cuando leía y meditaba en esta lista de lo que Dios ha dado (¡especialmente el último punto!), tuve que preguntarme: *¿Qué puedo dar yo... y qué más puedo dar?* Como hijas del Rey, tú y yo tenemos el privilegio y la responsabilidad de continuar el ejemplo dadivoso de nuestro Padre, que va más allá de todo lo que podemos pedir o pensar. Hay un Nombre que debemos dejar en alto. Nuestro carácter como cristianas está en juego. ¿Te consideran los demás una persona dadivosa? A medida que lees más del ejemplo de Jesús y de lo que significa ser caritativo, asegúrate de pensar y orar acerca de lo que puedes hacer para cultivar un espíritu más generoso.

Por vosotros se hizo pobre

Nuestro Jesús es un modelo extraordinario de generosidad y entrega. Para empezar la lista, piensa que renunció a su lugar de exaltación en el cielo para convertirse en humano. Esto no significa que haya renunciado a sus poderes eternos, sino que más bien escogió vivir en obediencia a la voluntad del Padre. "Se hizo pobre" al hacerse hombre porque sacrificó mucho (2 Co. 8:9). De hecho, Él explicó que "las zorras tienen guaridas, y las aves del cielo nidos; mas el Hijo del Hombre no tiene dónde recostar su cabeza" (Mt. 8:20). Aún así, su sacrificio y su generosidad al renunciar a todo, incluyendo las comodidades de un hogar, fueron tales "que vosotros con su pobreza fueseis enriquecidos" al recibir su don gratuito de la salvación y vida eterna (2 Co. 8:9).

La generosidad, tal como quedó definida por la vida y el carácter de Jesús, significa una entrega sacrificial. A fin de reflejar apropiadamente la vida de Jesús, puede que debas hacer igual que yo, elevando el nivel de generosidad hasta que alcance el punto del sacrificio. La oración y la determinación son un buen punto de partida... por supuesto, seguidas de la práctica.

La viuda dio todo lo que tenía

He aquí algo en lo cual meditar: la generosidad nada tiene que ver con cuánto se tenga, sino con cuánto se da en proporción a lo que se tiene. Jesús nos enseñó esta verdad por medio de las acciones de una mujer maravillosa (a quien volverás a ver en este libro). Jesús puso a una mujer pobre como ejemplo de la definición divina de generosidad, que es diferente a la del mundo. Jesús vio a la mujer cuando estaba con sus discípulos en el templo y observaba cómo las personas depositaban sus ofrendas en el arca. Esto fue lo que sucedió:

> "Estando Jesús sentado delante del arca de la ofrenda, miraba cómo el pueblo echaba dinero en el arca; y muchos ricos echaban mucho. Y vino una viuda pobre, y echó dos blancas... Entonces llamando a sus discípulos, les dijo: De cierto os digo que esta viuda pobre echó más que todos los que han echado en el arca; porque todos han echado de lo que les sobra; pero ésta, de su pobreza echó todo lo que tenía, todo su sustento" (Mr. 12:41-44).

Jesús explicó que la viuda dio más que todos los demás. ¿Por qué? Porque los otros dieron de su riqueza material con un mínimo sacrificio y entrega. En cambio la viuda dio a pesar de su pobreza. Proporcionalmente, ella había dado más que todos, ¡todo su sustento! Una dádiva tan generosa y sacrificada revelaba su confianza absoluta en Dios para la provisión de todas sus necesidades.

Examina tu corazón

El mensaje de Jesús para tu corazón es este: tu generosidad no se mide por el tamaño de tu ofrenda, sino por la cantidad que queda después de lo que das. Obviamente Jesús no te pide dar todo lo que tú y tu familia tienen. Pero *sí* que debes dar de manera proporcional a la bendición de Dios, y confiar en que Él suplirá lo que falte, y aún más si es necesario (2 Co. 9:7-8). No tienes que preocuparte. El Señor es tu pastor; por lo tanto, nunca te faltará lo que verdaderamente necesitas. Él lo promete en el Salmo 23.

¿Qué puedes hacer para seguir el ejemplo de esta dama, y el de Jesús? Para empezar, ora para ser más generosa. Si tienes una familia, habla acerca de esta maravillosa virtud de la generosidad que Jesús demostró y que busca en nosotros. ¿Qué proyecto dadivoso pueden emprender tú y tu familia? Esto será una gran enseñanza para tus hijos, y también nutrirá esta cualidad extraordinaria en sus corazones.

Donde está tu tesoro, ahí está tu corazón

Este libro trata acerca de cómo podemos ser mujeres conformes al corazón de Jesús. Como todas las virtudes de Jesús, la generosidad es un asunto del corazón. Los fariseos, que eran una secta de líderes religiosos de la época de Jesús, exhibían un gran espectáculo cuando daban limosnas a los necesitados, tanto en las sinagogas como en las calles. Ellos pensaban que esto demostraba cuán piadosos y espirituales eran.

Sin embargo, Jesús enseñó todo lo contrario acerca de la generosidad. Él dijo que dar limosnas debería hacerse en secreto. Él nos enseñó a cuidarnos de "hacer (nuestra) justicia delante de los hombres, para ser vistos de ellos". Antes bien, no debes siquiera dejar que sepa "tu izquierda lo que hace tu derecha". ¿Para qué? "Para que sea tu limosna en secreto; y tu Padre que ve en lo secreto te recompensará en público" (Mt. 6:1-4).

Dar conforme a la enseñanza divina es una demostración de verdadera justicia delante de Dios, no delante de los demás. Y ¿cuál es el resultado? Dios a su vez recompensa al dador. En otras palabras, no puedes buscar tus bendiciones y recompensas de Dios y a la vez de los hombres.

Examina tu corazón

Dar es un asunto entre tú y Dios, y no entre tú y otra persona o causa, sin importar cuán importante sea. Es un asunto del corazón. Dar es un acto de adoración. Tal como te preparas para adorar y ministrar, debes prepararte para los actos de generosidad (2 Co. 9:7). ¿Dónde está tu corazón? Una verdad que sirve como referente nos enseña: "Donde esté vuestro tesoro, allí estará también vuestro corazón" (Mt. 6:21).

Haced bien a los que os aborrecen

Es natural gozarse en ser generoso con los amigos y con aquellos que son generosos con nosotros, o incluso con aquellos que están en gran necesidad. Sin embargo, nuestras actitudes cambian cuando se trata de dar a aquellos que nos lastiman. Por regla general, nuestra naturaleza humana quiere tomar represalias cuando nos hacen daño. Pero Jesús llevó el concepto del amor y la generosidad a una nueva dimensión. Enseñó que la generosidad también se aplica a nuestros enemigos. Debemos tratar a los demás, y en especial a nuestros enemigos, de una manera diferente. En lugar de buscar vengarnos o tomar represalias, o negar la ayuda, el mandato es: "Al que te pida, dale; y al que quiera tomar de ti prestado, no se lo rehúses" (Mt. 5:42), incluso si esa persona es un enemigo.

Jesús nunca hizo una declaración apresurada. Cuando agonizaba en la cruz no pidió justicia o venganza. Antes bien, pidió que sus enemigos, aquellos que lo habían condenado y ejecutado, fueran perdonados. Él oró: "Padre, perdónalos, porque no saben lo que hacen" (Lc. 23:34).

Mi enseñanza predilecta acerca de cómo tratar a mis enemigos nos presenta la estrategia infalible de Jesús, en tres pasos, para amar a nuestros enemigos. Él dijo: "amad a vuestros enemigos". ¿Cómo se logra esto? "Bendecid a los que os maldicen, haced bien a los que os aborrecen, y orad por los que os ultrajan y os persiguen" (Mt. 5:44). ¡Alista pues tu corazón, tu boca y tu espíritu para amar! Los necesitarás para bendecir, hacer bien, y orar por tus enemigos.

Pon a prueba tu naturaleza generosa buscando a alguien que te haya hecho algo malo. Elige a una persona que te haya insultado o herido a ti o a tu familia. Pide a Dios que te dé la fortaleza para demostrar el amor y la bondad de Jesús. Luego, bendícela verbalmente hablando de ella de manera positiva. Dale algo que tenga un valor personal para ti, como un perdón sincero. Y ora por ella, por su éxito, por su relación con Dios. Cuando haces esto con un corazón de amor, Dios es glorificado, y tú reflejas el corazón generoso de Jesús.

Da a los pobres, y sigue a Jesús

¿Te das cuenta de que el grado de generosidad de una persona revela su nivel de compromiso con Cristo? En Mateo 19:16-22, Jesús se encuentra con dos hombres hacia el final de su ministerio de más de tres años. El primero era un joven gobernante rico, el cual manifestó su deseo de seguir a Jesús y le preguntó cómo podía hacerlo. ¿Qué le respondió Jesús? "Anda, vende lo que tienes, y dalo a los pobres, y tendrás tesoro en el cielo; y ven y sígueme" (v. 21). El encuentro termina cuando el joven se aleja desilusionado "porque tenía muchas posesiones" (v. 22).

El segundo hombre que conoció Jesús fue Zaqueo (ver Lc. 19:1-9). Al igual que el joven rico, Zaqueo quería ver a Jesús. Cuando Jesús reconoció a Zaqueo y se hizo invitar a casa de él para cenar, Zaqueo declaró: "He aquí, Señor, la mitad de mis bienes doy a los pobres; y si en algo he defraudado a alguno, se lo devuelvo cuadruplicado" (v. 8). Él ofreció voluntariamente entregar la mitad de sus posesiones y riquezas a los pobres. Y, si en algo había defraudado a alguien, ¡le devolvería el 400% de la cantidad!

Los dos hombres buscaban a Jesús y querían seguirle. Jesús respondió al primer hombre con un pequeño examen para medir la verdadera motivación de su corazón. ¿Y qué pasó? El joven no estuvo dispuesto a dejar su dinero. Pero el segundo hombre respondió con una sobreabundancia de generosidad sin pedírselo siquiera, y con esto demostró su verdadero compromiso de seguir a Jesús.

Ambas sabemos que la generosidad no es necesariamente un indicador de una relación con Jesús. En el mundo hay muchas personas caritativas que no son cristianas. Sin embargo, quienes tienen un corazón para Jesús y desean seguirle sinceramente, son generosos, ¡tal como Él lo es! Jesús nos enseñó: "Mas buscad primeramente el reino de Dios y su justicia, y todas estas cosas os serán añadidas" (Mt. 6:33). Desgraciadamente, nuestra tendencia es comprender esto al revés. Buscamos las "cosas" primero y luego añadimos a Jesús en el último momento.

Examina tu corazón

Si sientes la necesidad de replantear tus prioridades, un vistazo a tu libreta de cheques o a tu balance mensual de la tarjeta de crédito pondrá en evidencia lo que buscas: cosas, o las cosas de Dios. Echa un vistazo. Se parece un poco a medir tu temperatura. Mira lo que revela acerca de tu nivel de compromiso con las cosas, en oposición a aquello que Jesús valora. ¿Qué revela esto acerca de tu actitud de corazón hacia el dinero, las posesiones y la generosidad?

Haceos tesoros en los cielos

Cuando Jesús predicó su famoso sermón del monte, Él habló a sus discípulos y a la multitud reunida, comparando la vida del reino y la vida del mundo. Dijo que el mundo se obsesiona con amasar con egoísmo riquezas terrenales. Pero Él enseñó a sus seguidores una filosofía completamente diferente, la cual permanece hasta hoy. Él señaló: "No os hagáis tesoros en la tierra, donde la polilla y el orín corrompen, y donde ladrones minan y hurtan; sino haceos tesoros en el cielo, donde ni la polilla ni el orín corrompen, y donde ladrones no minan ni hurtan. Porque donde esté vuestro tesoro, allí estará también vuestro corazón" (Mt. 6:19-21).

Jesús comparó los valores celestiales con los terrenales. Explicó que nuestra lealtad debe ser ante todo con las cosas que no se corrompen y que nadie puede hurtar. ¿Cómo podemos asegurar que nuestras inversiones estarán a salvo? Jesús dijo que debemos invertir en las cosas de Dios. Lo que se da a Dios y a sus propósitos es una inversión en el cielo, en las cosas cuyo valor está dado en una escala eterna. No importa lo que pase con el mercado de valores, o el mercado inmobiliario, o el supermercado. ¡Todo lo que se invierta en Dios tendrá un valor eterno! Esa es la mejor inversión posible. Tu generosidad es un remedio contra el egoísmo. Es la estocada final contra la tentación de atesorar para uno mismo dinero que no sirve a nadie, que puede ser robado, o que puede desaparecer durante las caídas del mercado de valores y del mercado inmobiliario.

La declaración final de Jesús en el versículo 21 es un principio clave que debemos recordar y memorizar: "Porque donde esté vuestro tesoro, allí estará también vuestro corazón".

Es probable que estas enseñanzas de Jesús estén resonando en tu corazón y en tu mente, y que este sea un buen momento para evaluar cuánto amas las riquezas de este mundo: tu dinero, tu casa, tu auto, tus posesiones. ¿Dónde está tu tesoro? ¿Hasta dónde te aferras a tus riquezas? ¿Puedes vivir sin ellas? Si no puedes soltar alguno de esos tesoros, no son ellos posesión tuya, sino tú de ellos. Pide a Dios su ayuda. Pídele que te revele áreas de tu vida que son mundanas. ¿Qué puedes regalar o poner al servicio de alguien más y al mismo tiempo demostrarte a ti misma y ante Dios que tu corazón, y tu tesoro, está en los cielos?

Una mujer conforme al corazón de Jesús

¿Puedes imaginar cómo sería tenerlo todo y aún así estar dispuesta a entregarlo todo? Bueno, ese es el modelo que Dios ha establecido para nosotras con su vida. Si deseas ser conforme al corazón de Jesús e imitar su carácter, entonces la generosidad es un imperativo. Es cierto que nadie puede dar más que Dios, pero si eres una hija de Dios, debes anhelar dar sin cesar y con generosidad a otros. Como dijo Jesús a sus discípulos: "de gracia recibisteis, dad de gracia" (Mt. 10:8).

Piensa en todas las bendiciones que Dios ha derramado sobre ti: la salvación, el perdón de los pecados, la promesa de la vida eterna. Según la enseñanza de Jesús a los doce, tú debes dar de gracia, no solo de tus posesiones y dinero, sino de tu tiempo, tu ayuda, tu ministerio, tu misericordia y, por encima de todo, tu amor.

⌢ Oración ⌢

Señor Jesús, gracias por el regalo supremo que me diste al sacrificarte para pagar por mis pecados. Que yo también pueda ser un dador generoso sin otro motivo ni inquietud alguna, aparte de mi deseo de seguirte y bendecir a otros. Amén.

Día 11

Manso

Cuando a las compañías de tabaco todavía les permitían hacer anuncios de televisión, una de ellas sacó una invitación para las mujeres con esta frase publicitaria: "¡Mira cuánto has progresado, querida!". Con estas palabras, la compañía sugería que las mujeres estaban listas para "ponerse a la moda" en cuanto al hábito de fumar. Pues bien, las investigaciones demuestran ahora lo que podría suceder físicamente a las mujeres que sucumbieron a esos anuncios. ¡Lee nada más la advertencia de la Dirección General de Salud Pública impresa en cada paquete de cigarrillos!

Desafortunadamente, las mujeres también han creído la frase publicitaria respecto a otras áreas de la vida. Algunas han asumido una actitud desafiante y rebelde. Y otras se han vuelto más enérgicas, agresivas, francas, autosuficientes y egocéntricas. Puesto que vivimos en un mundo que alienta la arrogancia orgullosa y el ensimismamiento, debemos ser extremadamente cuidadosas para no abandonar la mansedumbre que Dios desea en nosotras. Tenemos que estar vigilantes para no perder la hermosura de un espíritu manso por cuenta de una rudeza mezquina que nada tiene de hermosa.

Jesús nos muestra el camino

Antes de mirar a Jesús, definamos lo que es la mansedumbre. Para empezar, no se trata en absoluto de una cualidad femenina. Es una virtud que todos los cristianos deben manifestar. Y es un fruto del Espíritu que evidencia que un creyente anda en sintonía con Dios. El mundo considera la mansedumbre como un signo de debilidad. Pero en realidad, la mansedumbre es una moneda de dos caras. Una cara comunica la idea de delicadeza, humildad o sencillez; posee paciencia, una actitud serena que espera tranquilamente y evalúa con aplomo los hechos de cada situación. Pero si le damos vuelta a la moneda, nos damos cuenta de que la mansedumbre exige la firmeza del dominio propio, de una fuerza bajo control. Precisa de una autodisciplina a toda prueba. Tiene el poder de soportar la provocación y el sufrimiento. En pocas palabras, la mansedumbre todo lo soporta, sea lo que sea. Es el antónimo poderoso de la arrogancia autosuficiente o de la presunción descarada.

No nos sorprende que Jesús sea el ejemplo supremo de mansedumbre, la nueva cualidad que nos disponemos a estudiar hoy. Ahora, echa un vistazo a su mansedumbre.

Tomad mi yugo sobre vosotros

Durante sus años de ministerio, Jesús vio de primera mano las cargas religiosas que los líderes judíos imponían sobre el pueblo. Movido por su condición, Jesús ofreció aliviarlos de estas cargas si acudían a Él. A diferencia de las exigencias severas de un sistema religioso que se regía por las obras, Jesús se describió como alguien manso. Invitó a las multitudes desanimadas: "Venid a mí todos los que estáis trabajados y cargados, y yo os haré descansar. Llevad mi yugo sobre vosotros, y aprended de mí, que soy manso y humilde de corazón; y hallaréis descanso para vuestras almas; porque mi yugo es fácil, y ligera mi carga" (Mt. 11:28-30).

Examina tu corazón

¿Estás cansada de llevar a cuestas la pesada carga de intentar hacer todo con solo tus propias fuerzas, de seguir los dictámenes y el consejo de otros? ¿Ha traído tu confianza en ti misma resultados poco satisfactorios? ¿Ha sido contraproducente aplicar tus propios métodos para manejar tu vida y tus relaciones? Sea cual sea la carga, Jesús ofrece alivio si abandonas tus métodos de administrar tu vida por el descanso que viene al sujetarte a Él. Si tomas su yugo disfrutarás de la paz mental que viene como resultado de confiar en Él. Cuando haces este intercambio y tomas el yugo de Jesús, encontrarás descanso para tu alma y alivio de las cargas de la vida. Andar por esta vida con Jesús, amarlo y servirlo, no es una carga, porque Él es manso, y su carga es ligera.

Tu Rey viene

Jesús pasó tres años ministrando humildemente a los pueblos en y alrededor de Palestina. A su tiempo, llegó el día en que empezó a dirigirse a Jerusalén, y hacia su muerte. Cuando el Rey de reyes y Señor de señores entró en Jerusalén, Mateo escribió (citando una profecía del Antiguo Testamento): "He aquí, tu Rey viene a ti, manso, y sentado sobre una asna" (Mt. 21:5).

Medita en esto. Cristo apareció en Jerusalén, la ciudad de Sion, no en su gloria, sino en mansedumbre. No en majestad, sino en misericordia. No para conquistar, sino para traer salvación a los pecadores. La mansedumbre y la pobreza exterior fueron las señales del Rey de Sion y las que caracterizaron su ministerio. Jesús pudo haber confiado en sí mismo, en cualquier momento. Pudo haber aparecido estrepitosamente en la ciudad como un rey y conquistador triunfante, en un carruaje dorado con ejércitos marchando tras Él. Pero Jesús escogió hacer su entrada a Jerusalén en mansedumbre, en un asno prestado.

Examina tu corazón

A diferencia de las multitudes que dieron la bienvenida a Jesús en Jerusalén, las cuales le consideraron como un héroe popular más que el Mesías y Salvador, tú sí conoces al Jesús verdadero. Y esto debe moverte a un nivel mayor de alabanza y adoración fervientes. Si tienes una relación auténtica con Jesús, cerciórate de que tus tiempos de adoración, en privado o en público, comuniquen de manera adecuada y respetuosa tu amor y devoción a tu Salvador. Asiste fielmente a la iglesia, y cuida tus tiempos de meditación. Dale la bienvenida a tu tiempo de adoración. Trátalo con toda la pompa, con alabanza, adoración y celebración. Recíbelo con gozo, y gózate en tu Rey.

Otros nos muestran el camino

Se postró sobre su rostro

Moisés, el siervo de Dios. Cuando piensas en Moisés, tal vez lo primero que viene a tu mente no es la mansedumbre. Eso se debe a que Moisés fue un gran líder y estuvo a cargo de más de dos millones de personas. Esta multitud no cesó de murmurar, quejarse y refunfuñar. Aunque habían tenido una vida desdichada y oprimida como esclavos en Egipto, decidieron que estar en Egipto era mucho mejor que seguir a Moisés y caminar por el desierto. A pesar de su actitud rebelde, Moisés los guió hasta la frontera de la tierra prometida. ¿Cómo llevó a cabo esta tarea casi imposible al tiempo que una multitud obstinada le desafió, acusó, calumnió y despreció durante 40 años? En cuatro ocasiones diferentes, cuando su liderazgo fue puesto en entredicho, vemos que:

- Moisés "clamó a Jehová" (Éx. 15:25).
- Moisés clamó al Señor (Éx. 17:1-4).
- "Moisés y Aarón se postraron sobre sus rostros" (Nm. 14:5).
- "Cuando oyó esto Moisés [de la rebelión contra él], se postró sobre su rostro" (Nm. 16:3-4).

Aunque el pueblo se quejó, se rebeló o le acusó injustamente, Moisés no discutió, no peleó, ni trató de defenderse. No. Él mostró mansedumbre cuando le atacaron. Soportó con paciencia. Toleró en silencio sus ofensas y clamó al Señor. Moisés lo soportó, y luego lo entregó al Señor, apeló a Él y esperó a que Él viniera en su ayuda.

En Moisés vemos la gracia de la mansedumbre. Él tomó las

acusaciones y las críticas, y calló, confiando todo al cuidado de Dios. Cuando Dios evaluó el corazón de Moisés, este fue su testimonio: "Y aquel varón Moisés era muy manso, más que todos los hombres que había sobre la tierra" (Nm. 12:3). Hay una importantísima lección que podemos aprender de Moisés: cuando te ofenden o malinterpretan, sométete en mansa humildad a las poderosas manos de Dios "para que él os exalte cuando fuere tiempo" (1 P. 5:6).

Que sea conforme a tu Palabra

María, la sierva del Señor. En María, la madre de Jesús, encontramos otro ejemplo inspirador de mansedumbre. Cuando el ángel Gabriel le dijo a María que iba a tener un bebé que sería el Mesías, ¿cuál fue su respuesta? Ella se sometió al plan de Dios, diciendo: "He aquí la sierva del Señor; hágase conmigo conforme a tu palabra. Y el ángel se fue de su presencia" (Lc. 1:38). En los siguientes 33 años que Jesús anduvo sobre la tierra, María soportó en silencio la sombra de duda que había costado a su reputación su obediencia a Dios (Jn. 8:41). Y no fue hasta que el Hijo de Dios resucitó que se quitó esa sombra de la vida de María.

La mansedumbre y tu vida con Jesús

¿Empiezas a comprender cuán importante es la mansedumbre? Es un elemento esencial de tu andar con Cristo. Si observas detenidamente lo que dice la Biblia acerca de la mansedumbre, creo que estarás de acuerdo en que cuando manifiestas esta virtud, reflejas a Jesús.

> *La mansedumbre es clave para una vida abundante.* "Bienaventurados los mansos, porque ellos recibirán la tierra por heredad" (Mt. 5:5).
>
> *La mansedumbre puede traer paz en lugar de contienda.* Observa este contraste: "La blanda [mansa] respuesta quita la ira; mas la palabra áspera hace subir el furor" (Pr. 15:1) y "el hombre iracundo promueve contiendas; mas el que tarda en airarse apacigua la

contienda" (v. 18). Una actitud mansa calma una situación y facilita la búsqueda pacífica de una solución.

La mansedumbre es considerada con otros incluso cuando se requiere la confrontación. "Si alguno fuere sorprendido en alguna falta, vosotros que sois espirituales, restauradle con espíritu de mansedumbre" (Gá. 6:1). La mansedumbre busca la restauración en vez de arremeter contra el hermano o la hermana en Cristo que peca.

La mansedumbre es un reflejo del amor. "Con toda humildad y mansedumbre, soportándoos con paciencia los unos a los otros en amor" (Ef. 4:2). Un espíritu manso es indispensable para preservar la unidad en el Cuerpo de Cristo.

La mansedumbre es una de las características esenciales del cristiano. "Vestíos, pues, como escogidos de Dios, santos y amados, de entrañable misericordia, de benignidad, de humildad, de mansedumbre, de paciencia" (Col. 3:12).

La mansedumbre es paciente con los que se oponen. "Porque el siervo del Señor no debe ser contencioso, sino amable para con todos, apto para enseñar, sufrido; que con mansedumbre corrija a los que se oponen" (2 Ti. 2:24-25).

La mansedumbre es confiada y a la vez respetuosa. "Estad siempre preparados para presentar defensa con mansedumbre y reverencia ante todo el que os demande razón de la esperanza que hay en vosotros" (1 P. 3:15).

La mansedumbre caracteriza a la persona sometida a la Palabra de Dios. "Desechando toda inmundicia y abundancia de malicia, recibid con mansedumbre la palabra implantada" (Stg. 1:21).

La mansedumbre en una mujer es preciosa ante Dios. "Vuestro atavío no sea el externo de peinados

> ostentosos, de adornos de oro o de vestidos lujosos, sino el interno, el del corazón, en el incorruptible ornato de un espíritu afable y apacible, que es de grande estima delante de Dios" (1 P. 3:3-4).

La mansedumbre es como un adorno que llevas puesto. No es algo visible, como un vestido, sino un adorno del corazón. Cuando se lleva puesta, la mansedumbre no causa revuelo. Y cuando va acompañada de un "espíritu afable y apacible", significa que la mujer de Dios no hace alboroto ni reacciona al alboroto creado por otros.

Una mujer conforme al corazón de Jesús

No importa lo que la sociedad o aquellos que te rodean piensen de la mansedumbre. Es una actitud preciosa, poderosa y noble, semejante a la de Cristo. Para reflejar esta cualidad preciosa a los ojos de Dios, primero debes desearla con todo tu corazón. Luego, aprovecha cada oportunidad para soportar el maltrato o la incomprensión con tranquilidad. Al igual que Moisés, póstrate sobre tu rostro delante de Dios, y espera su intervención a favor tuyo. En oración, busca su sabiduría para cada paso que das. Confía en que el Señor te protegerá y te guiará, te dará el poder en su gracia para responder a las tribulaciones con la mansedumbre de Jesús.

~ Oración ~

Señor Jesús, permíteme por tu gracia aceptar lo que ocurra en mi vida como parte de tu propósito. Que pueda someterme con mansedumbre a cada situación, sin quejarme. No quiero tratar de manipular las soluciones a mis problemas. Ayúdame a recordar que puedo confiar en ti y contar con tu amor. Te agradezco porque cada dificultad que enfrento con mansedumbre me hace parecer más a ti. Amén.

Día 12

Bueno

"Son gente buena", es el comentario que oyes con frecuencia acerca de muchas personas, ¿no es así? La bondad, como la mayoría de las cualidades que admiramos de nuestro amado Salvador, parece menos importante en nuestra sociedad cuya tendencia es centrarse en la prioridad número uno: nosotros mismos. Tristemente, las noticias son en su gran mayoría historias acerca de lo que la Biblia describe como "las obras de la carne" (ver Gá. 5:19-21). ¡Tal vez por eso el canal meteorológico es lo que más me gusta ver en televisión!

Pero no todo está perdido. Todavía hay gente buena en este mundo, que anda por ahí ocupada haciendo el bien. Ya que lees este libro acerca del carácter cristiano, es probable que estés interesada en la bondad. Como las otras cualidades que hemos admirado a lo largo de este libro, la bondad es contagiosa. Cada cosa buena que tú y yo hacemos sirve de ejemplo para otros. Cada buena obra es como una piedra lanzada en un estanque tranquilo. Las ondas creadas por una sola piedra se expanden en todas direcciones y cubren toda la superficie del agua. ¡Lanza tu bondad en el estanque de la vida y mira cómo se expanden sus ondas!

Dios nos muestra el camino

Dios es un Dios grande. Pero si la grandeza fuera su único atributo, podría pensarse que es un ser inmoral o amoral, que ejerce su poder y su conocimiento en una forma impulsiva y cruel. Han existido muchos reyes y gobernantes a lo largo de los siglos que han sido grandes, pero también despiadados y vengativos. Pero cuando entendemos que Dios es también un Dios bueno, queda claro su carácter moral. Sea lo que sea lo que Dios haga, solamente puede ser bueno, porque eso es Él. Esa es su naturaleza.

Cuando Moisés, el siervo de Dios, quiso saber más acerca del Dios a quien representaría ante el pueblo, este pidió a Dios: "Te ruego que me muestres tu gloria" (Éx. 33:18). Antes de que Dios pasara junto a Moisés, Él hizo esta declaración: "Yo haré pasar todo mi bien delante de tu rostro" (v. 19). Luego, mientras pasaba, Dios proclamaba: "¡Jehová! ¡Jehová! fuerte, misericordioso y piadoso; tardo para la ira, y grande en misericordia y verdad" (34:6).

Dios es grande en bondad. Su actividad misma es solo bondad. Por lo tanto, cualquier suceso que Él permita en nuestra vida puede ser considerado solamente como bueno. Siendo Dios, no podría permitir que esto fuera de otra manera. El apóstol Pablo entendió este concepto de la bondad de Dios cuando escribió que los creyentes en el Hijo de Dios pueden saber "que a los que aman a Dios, todas las cosas les ayudan a bien, esto es, a los que conforme a su propósito son llamados" (Ro. 8:28).

Jesús nos muestra el camino

Puesto que Dios Padre es moralmente bueno y solamente puede hacer lo bueno, sabemos que Jesús, su Hijo unigénito, también es bueno y únicamente puede hacer el bien. Aprende lo que Él nos enseña acerca de la bondad.

Maestro bueno, ¿qué bien haré?

Ya nos hemos cruzado antes con este joven, cuando habló con Jesús. Pero esta vez observamos cómo el joven gobernante rico se acercó y se refirió a Jesús. Al acercarse al Señor, dijo: "Maestro bueno, ¿qué bien haré para tener la vida eterna?" (Mt. 19:16). El joven gobernante quiso saber qué buena obra podía demostrar que él era un hombre justo y un buen candidato para la vida eterna. Jesús respondió: "¿Por qué me llamas bueno? Ninguno hay bueno sino uno: Dios" (v. 17).

Tal vez Jesús esperaba una respuesta del joven que revelara si creía que Jesús era Dios. Por desdicha, al joven le preocupaba saber si sus propias "buenas obras" lo llevarían al cielo, y pasó por alto la verdadera fuente de bondad: la salvación por medio de Jesucristo.

Señor, ¿quieres que mandemos fuego?

Antes de meditar en esta escena, debes saber que a diferencia de nuestra naturaleza carnal, Dios no es cruel ni vengativo. Y, como su Padre, Jesús solamente es capaz de hacer lo bueno. En Él no hay maldad. La bondad de Jesús y la maldad del hombre están ilustradas en Lucas 9:51-56. Esto fue lo que sucedió: Jesús y sus discípulos se dirigían hacia Jerusalén, donde le aguardaban la cruz y la muerte. Estaban de camino porque Jesús "afirmó su rostro para ir a Jerusalén" (v. 51). Jesús envió primero a algunos de sus discípulos para que organizaran su llegada a una aldea samaritana. Sin embargo, dado que la comitiva (de judíos) viajaba hacia Jerusalén, la gente de la aldea (que no eran judíos) se negó a brindarles hospitalidad.

Pues bien, los discípulos se tomaron muy en serio el desaire contra el Señor. En especial Jacobo y su hermano Juan. Ya los hemos visto en este episodio del Evangelio, pero aquí notamos el sentido del apellido que dio Jesús a estos dos hermanos: "Boanerges, esto es, Hijos del trueno" (Mr. 3:17). El maltrato contra Jesús les pareció tan grave que reaccionaron preguntándole: "Señor, ¿quieres que mandemos que descienda fuego del cielo, como hizo Elías, y los consuma?" (Lc. 9:54).

Pero ¿qué les respondió Jesús? "Entonces volviéndose él, los reprendió, diciendo: Vosotros no sabéis de qué espíritu sois; porque el Hijo del Hombre no ha venido para perder las almas de los hombres, sino para salvarlas. Y se fueron a otra aldea" (vv. 55-56).

En Jesús vemos la bondad que contrasta con el espíritu agresivo y acusador. Jesús demostró en qué consiste la bondad: no en destruir a otros, sin importar cuánto nos maltraten, sino más bien en ayudarlos y amarlos. Piensa en esto: fue a Jesús a quien habían rechazado, no a los discípulos. Además, Él tenía el poder de vengarse por sí mismo. De hecho, ¡hubiera podido mandar fuego del cielo! Pero Él escogió no tomar represalias. En lugar de eso, mostró bondad. Él quería lo mejor para esa aldea samaritana, a pesar de la forma en que le habían tratado a Él o a sus discípulos.

Meditemos también en lo siguiente: la bondad de Jesús le llevó a seguir su camino a Jerusalén a morir precisamente por esas personas, los samaritanos, que le habían rechazado.

Examina tu corazón

¿Has reaccionado alguna vez, o has pensado reaccionar igual que los orgullosos discípulos? Cuando te rechazan, desairan o ignoran, ¿lo tomas como algo personal y te sientes ofendida? ¿Arremetes contra tus ofensores? ¿Imaginas o inventas estrategias creativas para tomar represalias contra los que te faltan al respeto, desprecian o lastiman? Es algo natural y sencillo responder de esa manera, ¿no es así? Pero ¿qué debes hacer en realidad cuando te ofenden o maltratan? Una manera de reaccionar es seguir el ejemplo de Jesús y no hacer nada. Luego, en tanto que esperas, puedes orar. Dedica tiempo a meditar en cómo quiere Dios que trates a aquellos que te afligen. La clase de bondad de Dios no paga con mal, sino que busca maneras de demostrar bondad. Piensa nada más: cada maldad o crueldad cometida contra ti es una oportunidad para reflejar a Jesús, para demostrar con esplendor una respuesta al estilo de Dios, y para ofrecer la bondad de Dios.

Cuando hagáis una buena obra

¿No te parece que se siente bien cuando haces algo que vale la pena? Cuando eres parte de una buena obra, ¿no te parece que tu día es más hermoso? Por lo general, no deberíamos desear ni esperar reconocimiento por hacer una buena obra. Sin embargo, de vez en cuando es realmente alentador recibir el crédito por algún acto de bondad. Después de todo, las palabras de aliento y una palmadita en la espalda motivan a seguir adelante ayudando a otros. No obstante, presta atención a las palabras de advertencia de Jesús.

Los líderes judíos de la época de Jesús hacían muchas buenas obras. Solo había un problema: la mayoría de sus buenas obras eran hechas con el deseo de llamar la atención sobre ellos y recibir elogios. Ellos querían oír cuán grandiosos eran y cuán admirables eran sus obras. Pero en su afán por buscar la recompensa en los elogios de los demás, se perdieron la verdadera recompensa, aquella que solo viene de Dios. Jesús llamó a este tipo de persona un hipócrita, e instruyó a sus seguidores, como a nosotras, acerca de la forma correcta de hacer buenas obras. ¿Cuál fue su consejo? "Mas cuando tú des limosna, no sepa tu izquierda lo que hace tu derecha, para que sea tu limosna en secreto; y tu Padre que ve en lo secreto te recompensará en público" (Mt. 6:3-4). ¡Y esa es una promesa!

Examina tu corazón

Hacer el bien es un objetivo admirable. Cuando hagas una buena obra, alaba a Dios por los sentimientos agradables que esto trae a tu alma. Si recibes la alabanza de otros, tómala como una bendición adicional. Pero céntrate en las personas a las que ayudas, no en la ganancia que podrías obtener para ti misma. Guarda tu corazón para la alabanza que te aguarda en el cielo. Esta es la recompensa eterna que esperas: "Bien, buen siervo y fiel" (Mt. 25:23).

La bondad y las buenas obras

Cuando nos consagramos a ayudar a otros a tener una vida mejor, la bondad de Jesús se activa. Entonces, con cada oportunidad para ayudar a otros, su bondad entra en acción. Dios quiere que vivamos de esta forma tan hermosa. Él nos llama como sus hijas a la bondad y a hacer el bien.

- Las ancianas deben ser ejemplo de bondad en su conducta, forma de hablar, y costumbres, siendo "reverentes en su porte; no calumniadoras, no esclavas del vino" (Tit. 2:3).

- Las ancianas deben ser "maestras del bien" (v. 3).
- Las mujeres jóvenes deben aprender acerca de la bondad, a fin de que sean capaces de "amar a sus maridos y a sus hijos, a ser prudentes, castas, cuidadosas de su casa, buenas, sujetas a sus maridos" (vv. 4-5).
- La mujer debe dedicarse a la bondad y a las buenas obras, de tal manera "que tenga testimonio de buenas obras; si ha criado hijos; si ha practicado la hospitalidad; si ha lavado los pies de los santos; si ha socorrido a los afligidos; si ha practicado toda buena obra" (1 Ti. 5:10).
- Las mujeres deben revestirse de bondad. Se les exhorta a que "se atavíen... con buenas obras" (1 Ti. 2:9-10).

Esfuérzate en hacer lo bueno

Más allá del deseo de Dios de que seamos buenas mujeres, esposas, y madres, Dios llama a todos sus hijos a una vida de bondad y al ministerio de hacer el bien.

- Esfuérzate en hacer el bien. Dios recompensará con "gloria y honra y paz a todo el que hace lo bueno" (Ro. 2:10).
- Comprueba lo que es bueno. "No os conforméis a este siglo, sino transformaos por medio de la renovación de vuestro entendimiento, para que comprobéis cuál sea la buena voluntad de Dios, agradable y perfecta" (Ro. 12:2).
- Vence el mal con el bien. "No seas vencido de lo malo, sino vence con el bien el mal" (Ro. 12:21).
- Busca hacer lo bueno. "Porque los magistrados no están para infundir temor al que hace el bien, sino al malo. ¿Quieres, pues, no temer la autoridad? Haz lo bueno, y tendrás alabanza de ella" (Ro. 13:3).
- Sigue lo bueno. "Mirad que ninguno pague a otro mal por mal; antes seguid siempre lo bueno unos para con otros, y para con todos" (1 Ts. 5:15).
- Demuestra celo haciendo el bien. "¿Y quién es aquel que os podrá hacer daño, si vosotros seguís el bien?" (1 P. 3:13).

Una mujer conforme al corazón de Jesús

"Jesús... anduvo haciendo bienes" (Hch. 10:38). Estas cuatro palabras me inspiran día tras día. Las rememoro, las grabo en mi corazón, y dejo que guíen mis actos cada día. ¡Jesús logró mucho en su vida, y todo fue fruto de su bondad!

La Biblia dice que Jesús es la clave de tu bondad (Ro. 3:12). Esto significa que la única manera posible de reflejar la bondad de Jesús es acercarse a Él, y dejar que su carácter te contagie. ¡Permanece junto a Él en todo tiempo, hasta que no sepas otra manera de andar y de vivir aparte de hacer lo bueno!

Por eso, ora para que la bondad de Cristo fluya de ti hacia los demás. Busca constantemente oportunidades para manifestar su bondad en actos de amabilidad. Y apenas encuentres una, o se te ocurra una forma de alegrar el día de alguien, ¡no te detengas! Pon por obra tus observaciones y pensamientos de amabilidad. Haz todo lo que Jesús traiga a tu mente para mejorar las vidas de otros, para ayudar a aligerar la carga que otros tienen que llevar, para animar corazones abatidos y quitar sus penas. Refleja el corazón de Jesús obrando con bondad.

⁓ Oración ⁓

Maestro Bueno, llena mi mente con pensamientos amables hacia los demás. Ayúdame a no pensar tanto en mí misma para que no pase por alto a aquellos que están necesitados o abatidos. Dame la gracia para derramar las riquezas de tu bondad con la misma generosidad con que Tú lo has hecho. Amén.

Día 13

Afable

Yo crecí en Oklahoma, donde la hospitalidad y la vida sureña eran todo un estilo de vida. La mayoría de las madres en mi círculo de amistades mostraban, en lo social, una apariencia y un trato afables. Sus reuniones y cenas eran símbolos de elegancia. Y créeme, mis amigas y yo recibimos el mismo entrenamiento cuidadoso, por parte de nuestras madres, de cortesía y etiqueta, especialmente en público. Nuestra gentileza fue aprendida, era un comportamiento apropiado. Y puesto que estaba incentivada externamente por nuestros padres, podía encenderse y apagarse como una bombilla. La afabilidad se convirtió en una forma de actuar que adquiríamos cuando era preciso, necesario o provechoso para obtener algo que deseábamos.

Al igual que lo fui yo, cualquier persona puede ser entrenada para ser afable. Pero cuando me hice cristiana, me di cuenta de que la verdadera gentileza es una actitud del corazón. No es algo que activamos o desactivamos a nuestro antojo, sino algo que deseamos vivir, algo que está arraigado en lo profundo de nuestro ser.

Jesús nos muestra el camino

Jesús. Basta oír su nombre para que la palabra *gracia* surja en mi mente, y quizás en la tuya también. Jesús fue afable, generoso, entregado, y extendió la maravillosa gracia de su salvación a los pecadores. Ahora que comenzamos a estudiar esta maravillosa virtud en nuestro recorrido por la vida y el carácter de Jesús, no nos sorprende que la encontremos plena y perfectamente manifestada en nuestro Señor.

En nuestra cultura, una persona afable es alguien que muestra respeto, honra y amabilidad hacia otros. En los tiempos bíblicos una persona afable (o benigna) era por lo general alguien en una posición superior o con un poder especial, que mostraba su favor y misericordia hacia alguien en una posición inferior, que tenía poco o ningún poder. Por ejemplo, en el Antiguo Testamento, Potifar, el oficial egipcio, trató con benignidad a su siervo José. También la indigente Rut halló gracia a los ojos de Booz, y la joven judía Ester recibió un trato afable por parte del rey Asuero.[4] Y Dios, que fue benigno hacia la humanidad, se describe a sí mismo como "misericordioso y piadoso; tardo para la ira, y grande en misericordia y verdad" (Éx. 34:6).

En el Nuevo Testamento, la gracia de Dios es una manifestación de su amor. La gracia es el medio que Dios usa para tratar a su pueblo, no conforme a sus méritos, dignidad, o conducta, sino en virtud de su generosidad y bondad. La gracia define todo lo que Dios ha hecho por ti y por mí por medio de Cristo.[5]

Cuando estudiamos a Jesús, vemos que el Hijo de Dios, la imagen misma del Padre, era afable y se condujo de una manera cortés todo el tiempo que estuvo en la tierra. Los siguientes episodios de su vida muestran su trato afable con las personas. Verás a unos cuantos personajes que ya se han mencionado en este libro, pero por el momento examinaremos la gracia de nuestro Señor hacia personas como tú y como yo.

Asombrados de las palabras de gracia

Jesús era un maestro, y un maestro debe enseñar. La Biblia relata que en una ocasión "en el día de reposo entró en la sinagoga, como era su costumbre, y se levantó a leer las Escrituras" (Lc. 4:16). Después de leer un pasaje de las Escrituras, Jesús se sentó a enseñar a sus oyentes acerca del significado de la lectura. ¿Cuál fue la respuesta de aquellos que le oyeron ese día? "Todos daban buen testimonio de él, y estaban maravillados de las palabras de gracia que salían de su boca" (v. 22).

El ministerio de Jesús se caracterizaba por la gracia. Sus palabras eran amables y sabias a la vez. Él no practicaba la adulación, ni la exageración. Y sus palabras no eran simplemente agradables, sino que hablaba la verdad con autoridad porque hablaba de parte de Dios.

Examina tu corazón

Para ti, que eres una mujer cristiana embajadora de Jesús ante otros, la fuente de tu discurso es tu propio corazón. Así que, si andas por el Espíritu de Dios, tendrás en tu vida su amor, su paciencia, su bondad, su amabilidad, su mansedumbre y su dominio propio. Entonces las palabras que escojas para hablar serán la evidencia de estas cualidades cristianas. Una clave para ser afable en la manera de hablar es seguir la pauta de Pablo: "Ninguna palabra corrompida salga de vuestra boca, sino la que sea buena para la necesaria edificación, a fin de dar gracia a los oyentes" (Ef. 4:29).

Estás afanada por muchas cosas

¡Pobre Marta! Cuando lees Lucas 10:38-42 descubres que Marta definitivamente había perdido el control. Según este breve relato, ella dispuso afablemente su casa para Jesús y sus doce discípulos. ¡Servir y hospedar a este grupo numeroso era mucho trabajo! Al principio su hermana María le ayudó. Pero cuando Jesús empezó a enseñar, María se sentó a los pies de Él para dedicarse a escucharlo. Pues bien, Marta perdió la paciencia, y los modales. Irrumpió en la habitación, interrumpió al Maestro, calumnió a María, y la emprendió contra Jesús diciéndole que no le importaba.

¡Vaya! ¿No te da pena por ella? ¿Cómo respondió Jesús a su impaciencia, frustración, actitud y lenguaje acusador? Jesús respondió: "Marta, Marta, afanada y turbada estás con muchas cosas. Pero sólo una cosa es necesaria; y María ha escogido la buena parte, la cual no le será quitada" (Lc. 10:41-42).

Jesús pudo haber tratado a Marta con aspereza. Ella sin duda merecía una reprensión. Pero ese no era el estilo de Jesús. Él la llamó con benignidad dos veces por su nombre, reconoció su afán con la preparación de la comida y su interés en acoger y atenderlo a Él y a sus discípulos. Pero también le comunicó que había pasado por alto el punto principal de su servicio y ofrenda. Jesús quería mostrarle amablemente las verdaderas prioridades, la "buena parte" que ella estaba descuidando: conocerlo, escucharlo, y adorarlo a Él.

Examina tu corazón

¿Cuál es tu límite de paciencia cuando alguien pasa por alto algo que tú dices, alguna necesidad tuya, o simplemente no entiende algo? ¿Cuán afable eres con esas personas? Y ¿qué de tus hijos, cuando parece que no te escuchan ni atienden tus instrucciones? Puedes enojarte o irritarte. Puedes regañar y despotricar. Puedes darles su merecido con una buena reprimenda. Y puedes justificar tus acciones todo lo que quieras. Pero debes manejar este tipo de situaciones cotidianas como lo haría Cristo: con benignidad. Muestra paciencia y bondad hacia aquellos que no están en tu mismo nivel, o que no logran tener una visión más amplia de la situación. Sigue el ejemplo de Jesús y la exhortación de Pablo: "Que a nadie difamen, que no sean pendencieros, sino amables, mostrando toda mansedumbre para con todos los hombres" (Tit. 3:2). Sé afable.

¿Qué queréis que os haga?

La compasión y la misericordia son actitudes similares a la benignidad. Una persona benigna es por lo general una persona compasiva, y viceversa. Jesús mostró ambas actitudes cuando pasaba por Jericó de camino a Jerusalén y en su entrada triunfal en la ciudad. Cuando salía de Jericó, dos mendigos ciegos clamaron a Él.

> "Y la gente les reprendió para que callasen; pero ellos clamaban más, diciendo: ¡Señor, Hijo de David, ten misericordia de nosotros! Y la gente les reprendió para que callasen; pero ellos clamaban más, diciendo:

¡Señor, Hijo de David, ten misericordia de nosotros! Y deteniéndose Jesús, los llamó, y les dijo: ¿Qué queréis que os haga? Ellos le dijeron: Señor, que sean abiertos nuestros ojos. Entonces Jesús, compadecido, les tocó los ojos, y en seguida recibieron la vista; y le siguieron" (Mt. 20:31-34).

Jesús sanó a muchos ciegos durante su ministerio de tres años. Los ciegos y los enfermos lo buscaban sin cesar, y en ninguna parte se dice que Él rehusara ayudar a aquellos que acudían a Él. Pero observa bien la benignidad de Jesús en este pasaje. A estos hombres necesitados los había reprendido la multitud para que se callaran, para que dejaran de llamar a Jesús cuando pasaba por ahí. Pero Jesús los oyó, se detuvo, les preguntó lo que pedían de Él, y luego accedió a ayudarlos. A diferencia de estas personas, Jesús los trató con benignidad y con respeto. Él estaba lleno de misericordia y de compasión, y extendió con benignidad la gracia de Dios devolviéndoles la vista.

Examina tu corazón

La gracia bíblica se define como el favor inmerecido de Dios, el cual ofrece a aquellos que no lo merecen. Jesús preguntó a estos hombres: "¿Qué queréis que os haga?" ¿Te consideras una persona benigna o afable? ¡Espero que lo seas! Si es así, te mueves por la creación de Dios demostrando su gracia, junto con su compasión y su misericordia. Reflejas el corazón grande y benigno de Jesús. Si necesitas una inyección de gracia, dale la máxima prioridad en tu lista de oración como recordatorio de que debes pedir a Dios ayuda para no olvidar ser afable. Luego, cuando estés fuera en tus quehaceres, puedes preguntar a otros: "¿En qué te puedo ayudar hoy?". O puedes preguntarte a ti misma, cuando encuentras a otros: "¿Qué favor puedo mostrar hacia esta persona en este momento?". Mirar a los demás con ojos de amor producirá palabras y actos afables.

He orado por ti

Pedro fue siempre considerado como el líder de los discípulos. En las Escrituras, encabeza la lista de discípulos. Él era el portavoz del grupo. Jesús se refirió incluso a él como una "roca" (Mt. 16:17-18). Con razón Jesús contaba con Pedro para que sirviera como líder del grupo después de su ascensión al cielo.

La víspera de su traición, Jesús sabía exactamente lo que iba a pasar cuando Él y los doce salieran del aposento alto. Él sabía que Pedro lo iba a negar. De hecho, Jesús había profetizado a Pedro lo que iba a suceder. Él miró a Pedro con benignidad y dijo: "Simón, Simón, he aquí Satanás os ha pedido para zarandearos como a trigo" (Lc. 22:31). Esto suena parecido a la observación que hizo Jesús a Marta. Pero luego Jesús añadió: "pero yo he rogado por ti, que tu fe no falte; y tú, una vez vuelto, confirma a tus hermanos" (v. 32).

Jesús nunca se dio por vencido con Pedro, sin importar cuán descarado o necio se portara. Jesús, omnisciente, sabía todo acerca de los defectos de Pedro. En vez de lavarse las manos y desechar a un discípulo imperfecto, Jesús siguió creyendo en Pedro, y ya había orado para que pudiera salir adelante después de esa serie de fracasos.

Examina tu corazón

Siempre es bueno tener personas en quienes puedes confiar. Están ahí cuando las necesitas. Y cuanto más confías en ellas, mayores expectativas tienes de ellas. Cuentas con ellas para todo. Pero a veces fallan. ¿Cómo actúas o reaccionas cuando alguien te decepciona? No sigas las respuestas naturales de ventilar el enojo, reprender o humillar al ofensor. Sigue el ejemplo de Jesús y trata de comprender con benignidad qué pudo haber causado que esta persona te decepcionara. Así como Jesús vio el potencial de Pedro, mira más allá del fracaso y recuerda las razones que te han llevado a confiar en esta persona en el pasado. Y, como Jesús, busca con benignidad restaurar a esta persona en una relación productiva.

La mujer de Proverbios 31 nos muestra el camino

El escritor de un pasaje al final del libro de Proverbios habló acerca de una mujer afable y piadosa, conocida comúnmente como la mujer de Proverbios 31. Él la describió con una pregunta: "¿Quién la hallará? Porque su estima sobrepasa largamente a la de las piedras preciosas" (Pr. 31:10). La mujer virtuosa, esté casada o soltera, tiene impresa la benignidad en cada parte de su ser.

> ¿Qué ve la gente cuando esta mujer afable entra en un recinto? ¿Cuál es su comportamiento? "Fuerza y honor son su vestidura" (v. 25).
>
> ¿Cuál es su actitud hacia los demás, especialmente hacia los más necesitados? "Alarga su mano al pobre, y extiende sus manos al menesteroso" (v. 20).
>
> ¿Cómo es su manera de hablar? "Abre su boca con sabiduría, y la ley de clemencia está en su lengua" (v. 26).
>
> ¿Cuál es el secreto de su carácter? "Engañosa es la gracia, y vana la hermosura; la mujer que teme a Jehová, ésa será alabada" (v. 30).

Una mujer conforme al corazón de Jesús

Jesús era intachable en su benignidad. Debido a su amor, era cálido, cortés, y amable. Él no solo expresó benignidad cuando era necesario para luego desactivarla a su acomodo. No. Era benigno por naturaleza. Fue afable todo el tiempo. De igual modo, tú puedes reflejar también el corazón de Jesús. Tú eres reflejo de Él cuando tu corazón está lleno de amor y tus labios destilan con palabras llenas de gracia. Cuando extiendes el espíritu afable del Señor, las personas se sentirán amadas y protegidas cuando estén contigo. Y lo mejor de todo es que tu benignidad atraerá a otros hacia Jesús cuando lo vean a Él reflejado en ti.

~ Oración ~

Señor de toda gracia, te agradezco por la gracia maravillosa e inigualable que me has manifestado. Tu amor es completamente inmerecido, y por tanto lleno de gracia. Te pido que me ayudes a amarte más y más. Y por favor, dame el poder para extender tu gracia amorosa y verdadera a otros. Amén.

Día 14

Humilde

Con frecuencia enseño sobre el libro de Ester y, al igual que muchas mujeres, me encanta la historia de esta hermosa y valiente reina del Antiguo Testamento. Ella no tenía padres, y la sacaron de su casa cuando buscaban a las mujeres más hermosas del imperio persa. Allí fue mantenida como parte del harén del rey para embellecerse y presentarse ante él como candidata a nueva esposa y reina, según él decidiera.

Un recurso que encontré mientras preparaba mis clases es un libro muy valioso escrito por Charles R. Swindoll acerca de la vida de Ester. En su comentario del libro de Ester, él escribe acerca de la humildad:

> En ningún caso Dios nos manda "parecer" humildes. La humildad es una actitud. Es una actitud del corazón. Una actitud de la mente. Es saber cuál es el lugar que te corresponde. Es saber tu papel y cumplirlo para la gloria y la alabanza de Dios.[6]

Jesús nos muestra el camino

Medita en esto por un minuto. Jesús era Dios encarnado, todopoderoso y omnipotente. Esto significa que Él poseía la fuerza creativa y todo el poder del Padre. Él podía realizar milagros, y los hizo. Y un día futuro Él usará su poder incomparable para gobernar como Rey de reyes y Señor de señores.

Con todo, es el mismo Jesús que sigue siendo el ejemplo supremo de humildad. Su camino de servicio humilde desde su nacimiento hasta la cruz es el modelo que debemos seguir, y la virtud que debemos reflejar. Las Escrituras nos dicen:

> "Haya, pues, en vosotros este sentir que hubo también en Cristo Jesús, el cual, siendo en forma de Dios, no estimó el ser igual a Dios como cosa a que aferrarse, sino que se despojó a sí mismo, tomando forma de siervo, hecho semejante a los hombres; y estando en la condición de hombre, se humilló a sí mismo, haciéndose obediente hasta la muerte, y muerte de cruz" (Fil. 2:5-8).

Después de humillarse a sí mismo para volverse hombre, Jesús se humilló aún más renunciando a ciertos derechos humanos en su vida terrenal. Y en cambio se sometió a persecución y sufrimiento a manos de gente cruel e incrédula. Además de ser perseguido, Jesús se humilló hasta lo sumo al morir como un criminal, para seguir en obediencia el plan de Dios para Él.

Mientras meditamos en la humildad de Jesús, pensemos cómo su actitud piadosa debe ser una cualidad importante en nuestra vida diaria. Como leí en mi investigación: "Si decimos que seguimos a Cristo, debemos decir también que queremos vivir como Él vivió".[7] Sé por experiencia que la humildad es contraria a nuestra naturaleza humana. Somos por naturaleza criaturas egoístas y egocéntricas que pensamos primero, y ante todo, en nosotras mismas. Pero, como dice el pasaje anterior, nosotras debemos "tener este mismo sentir que hubo también en Cristo Jesús". A continuación, presentaré algunas estrategias para cultivar la humildad. Algunas son positivas, otras negativas. Todas han sido extraídas de la bella vida de humildad de nuestro Señor y de quienes lo rodeaban.

Debo menguar

Imagínate esto. Durante el tiempo de Jesús en esta tierra, Juan el Bautista llegó a ser una figura prominente en Israel. Por más de 400 años no había habido en Israel un verdadero profeta enviado por Dios. Entonces, cuando Juan salió del desierto predicando vehementes sermones y ofreciendo un bautismo de arrepentimiento, la gente común y los marginados sociales se agolpaban para buscarlo y ser bautizados. De hecho, Juan bautizó a Jesús. Con todo, fue Juan quien pregonó acerca de Jesús y su ministerio: "Es necesario que él crezca, pero que yo mengüe" (Jn. 3:30).

Juan demostró el enfoque fundamental de una vida y un ministerio cristianos: tú y yo no estamos aquí solo para reflejar a Cristo, sino para exaltarlo y llevar a otros a Él. No estamos llamados a exaltar orgullosamente nuestro ministerio, ni aferrarnos a un ministerio o posición eclesial, y mucho menos a expensas de la reputación o del servicio de otra persona. Con todo, debemos estar muy alerta para no permitir en nuestra vida una actitud altiva o ambiciosa hacia alguien en la iglesia o en el ministerio.

Los celos o la amarga rivalidad son pecaminosos y causan divisiones. Debilitan la unidad de la iglesia y producen ministerios personales carentes de eficacia. Por consiguiente, no alimentes un espíritu competitivo. Cuando alguien nuevo aparezca con una idea constructiva y útil, sigue el ejemplo de Juan el Bautista. Hazte a un lado. Muévete. Ayuda si es posible. Pero dirige a otros hacia un líder, o hacia una idea mejor o más fuerte. Acógela, y piensa en tu corazón: Ella debe crecer, pero yo debo menguar. No tienes que dejar de servir, pero debes resistir el impulso de competir para aferrarte a algo que quizás otra persona hará mejor que tú.

Bienaventurados los que buscan la paz

Es una verdadera tragedia cuando los miembros de la iglesia se pelean. Este comportamiento pecaminoso fue condenado para siempre en una carta que el apóstol Pablo envió a la iglesia de Filipos. Tristemente, citó a dos mujeres que tenían este problema. Pablo escribió: "Ruego a Evodia y a Síntique, que sean de un mismo sentir en el Señor... te ruego también a ti... que ayudes a éstas" (Fil. 4:2-3). Al parecer, estas mujeres lideraban dos facciones opuestas de la iglesia. Es probable que su conflicto fuese personal (¡quizás algo tan absurdo e insignificante como qué color usar para pintar la oficina del pastor o el baño de las mujeres!). En cualquier caso, no sigas el ejemplo de estas dos mujeres.

Examina tu corazón

Es algo hermoso seguir a Jesús, el cual dijo: "Bienaventurados los pacificadores, porque ellos serán llamados hijos de Dios" (Mt. 5:9). Tu llamado es mantener tus ojos puestos en Jesús, no en aquellos a tu alrededor. Tu enfoque y tu propósito es seguir humildemente a Cristo y representarlo fielmente en cada oportunidad. Él es el único que debe destacarse en cualquier ministerio en el que participes. Busca ser un reflejo de Él y de su humildad. Permanece enfocada en Él y en su humildad. Permanece centrada en lo que es verdaderamente importante: las almas, el ministerio espiritual, la obra del reino. El fruto de dicho ministerio será positivo y traerá gloria a Dios. No estará enredado en contiendas y conflictos.

El que se humilla será enaltecido

Jesús hacía con frecuencia aseveraciones que parecían contradictorias o paradójicas.[8] En una ocasión, mientras almorzaba en la casa de un líder religioso, Jesús notó cómo los invitados buscaban los mejores lugares en la mesa. En esa cultura, cuanto más cerca del anfitrión estuviera una persona, mayor era su posición de honor. La parábola que contó Jesús a raíz de lo que vio, estaba pensada para motivar a los invitados a fijarse menos en su condición física o social, y a pensar más en las realidades espirituales (Lc. 14:7-10).

En la historia que Jesús relató, aquellos que saltaron al frente, con la esperanza de ser exaltados, fueron humillados cuando el anfitrión les pidió ocupar un lugar menos destacado para dar lugar a otros invitados más importantes. El mensaje de Jesús fue: "Porque cualquiera que se enaltece, será humillado; y el que se humilla, será enaltecido" (v. 11).

Una mujer verdaderamente humilde no tiene un concepto demasiado elevado de sí misma, y tampoco demasiado bajo. Simplemente no piensa en ella en absoluto, aparte de ser cuidadosa en reflejar adecuadamente a su Salvador. Su única preocupación es cómo ser útil a los demás.

De modo que la próxima vez que asistas a un almuerzo, una cena, una reunión social o una fiesta de bodas, no pienses en ti misma. Piensa más bien en Cristo y en cómo actuaría Él. Medita en el hecho de que tú eres suya, su discípula humilde. Hazte el propósito de ayudar, servir y animar a tantas personas como puedas... ¡y disfruta del evento desde la retaguardia!

El Señor mira el corazón

Como acabamos de notar, Jesús era un agudo observador de las personas. Le gustaba especialmente sentarse y observar a las personas mientras adoraban en el templo. Estas mismas personas se convertían en el tema de sus historias o parábolas. Una de mis favoritas nos muestra cómo es la verdadera humildad. Escucha cómo Jesús relata la escena:

> "Dos hombres subieron al templo a orar: uno era fariseo, y el otro publicano. El fariseo, puesto en pie, oraba consigo mismo de esta manera: Dios, te doy gracias porque no soy como los otros hombres, ladrones, injustos, adúlteros, ni aun como este publicano; ayuno dos veces a la semana, doy diezmos de todo lo que gano. Mas el publicano, estando lejos, no quería ni aun alzar los ojos al cielo, sino que se golpeaba el pecho, diciendo: Dios, sé propicio a mí, pecador. Os digo que éste descendió a su casa justificado antes que el otro; porque cualquiera que se enaltece, será humillado; y el que se humilla será enaltecido" (Lc. 18:10-14).

En esta parábola, Jesús comparó a dos hombres. Uno tenía una apariencia muy religiosa. Parecía un hombre humilde y temeroso de Dios. Hacía todo lo que era correcto, pero su humildad no era más que una apariencia externa que buscaba llamar la atención. Por dentro, era presumido y menospreciaba a los demás, lo cual revelaba su falsa humildad. Por el contrario, el publicano, inferior y despreciado, poseía y demostró un verdadero corazón humilde. Jesús dijo que este hombre despreciado y marginado de la sociedad se había humillado realmente y, como resultado, sería exaltado.

Desgraciadamente, "el hombre mira lo que está delante de sus ojos, pero Jehová mira el corazón" (1 S. 16:7). Según la escala de valores divina, no es el poderoso y el orgulloso quien recibe la bendición y la aprobación, sino el humilde en su manera de pensar. Pedro, uno de los discípulos que había acompañado durante varios años a Jesús, el ejemplo supremo de humildad, describió esta aparente contradicción de la siguiente forma: "estad... sumisos unos a otros, revestíos de humildad; porque: Dios resiste a los soberbios, y da gracia a los humildes. Humillaos, pues, bajo la poderosa mano de Dios, para que él os exalte cuando fuere tiempo" (1 P. 5:5-6).

Dios no le dice a su pueblo que se sienta humilde. Ni siquiera dice que debemos orar pidiendo humildad, ¡aunque no estaría de más! Lo que nos pide es ser humildes, actuar con humildad, expresar humildad. Jesús puso por obra su actitud humilde. Él estuvo dispuesto a servir y ayudar a otros. Y Él nos invita a unirnos al club de "la orden de la toalla". Sigue leyendo para que sepas de qué se trata.

Les he dado ejemplo

Tal vez ya sepas que la tierra de Palestina es actualmente un lugar seco y polvoriento, y que era igual en los tiempos de Jesús. Por esta razón, cuando los viajeros llegaban a su destino, eran recibidos en la puerta por un siervo que estaba listo para lavar y secar sus pies al entrar en una casa.

En sus últimas horas antes de la crucifixión, Jesús apartó a sus discípulos de las multitudes. Él quería ofrecerles una cena y unas palabras de despedida, comunicarles algunos consejos y aliento, y compartir con ellos un tiempo de oración antes de su traición y arresto. Cuando los discípulos entraron en el aposento estaban tan ocupados discutiendo acerca de quién sería el mayor en el reino de Dios, que ninguno de ellos estuvo dispuesto a inclinarse y lavar los pies de los otros (Lc. 22:24).

Para gran sorpresa de todos, Jesús, sin decir nada, se ató una toalla a la cintura, tomó una vasija con agua, se arrodilló, y empezó a lavar los pies de cada uno de los discípulos (Jn. 13:1-7). Con sus acciones, Jesús dio ejemplo de humildad cristiana y empezó a enseñar a sus discípulos el significado del servicio desinteresado, una lección que completaría con su muerte en la cruz. Él enseñó a sus seguidores a unirse a "la orden de la toalla", cuando dijo: "Pues si yo, el Señor y el Maestro, he lavado vuestros pies, vosotros también debéis lavaros los pies los unos a los otros. Porque ejemplo os he dado, para que como yo os he hecho, vosotros también hagáis" (vv. 14-15).

Todo este episodio empezó con la pretenciosa discusión entre los discípulos, acerca de quién tendría el lugar preeminente en el nuevo reino de Jesús. El servicio humilde de Jesús contrastó por completo con su deseo arrogante de una posición superior. El amor y el servicio desinteresado fueron una señal del carácter de Jesús, que sus verdaderos discípulos están llamados a imitar (vv. 34-35).

Cada vez que te sientas tentada a pensar y actuar con orgullo, o cuando te descubras deseando una posición de honra, detente. Reviste tu mente y tu corazón de humildad. En un sentido espiritual, ata una toalla a tu cintura, toma una vasija con agua, y sirve a alguien. Ora a fin de llegar a ser una sierva humilde para todos. Ora por el éxito de otros, en especial el de aquellos por quienes sientes envidia o menosprecio. Y ora diariamente por tener una actitud generosa hacia aquellos que Dios ponga en tu camino.

Una mujer conforme al corazón de Jesús

¿Cómo puedes reflejar un corazón humilde? ¿Menospreciándote o pensando que careces de valor? No. La humildad no es una resignación pasiva. No es el arte de denigrar de ti misma o de los demás. La humildad nace de conocer a Cristo y tu valor en Él. Se cultiva en la mente y en el corazón, y se evidencia "estimando cada uno a los demás como superiores a él mismo" (Fil. 2:3). Puede y debe ser cultivada y nutrida, y puede ser reflejada en tu vida.

Una estudiante universitaria me preguntó cómo podía ser más humilde. Créeme, la pregunta me dejó pensando un rato. Pero estas son algunas respuestas que le di.

Comienza cada día meditando en el gran sacrificio de Cristo

por tu salvación, y en tu propia pecaminosidad. Cuando hagas esto sentirás tu pequeñez frente a la gracia que Dios te ha ofrecido. Luego, en humildad y como respuesta, da gracias a Jesús por su ejemplo de humildad.

Además, toma decisiones que te permitan expresar la humildad de manera práctica. Por ejemplo, habla menos y escucha más. (Y definitivamente ¡habla menos acerca de ti misma!). Busca a aquellos que sufren o están solos, y ofrece tu ayuda. Dondequiera que tengas que ir en tu jornada, ve, entrega, sirve, a tantos como puedas. Ofrécete como voluntaria para ayudar a limpiar y organizar, ¡y lavar pies! Dedícate a un ministerio que nadie vea, como cocinar, hornear para otros en casa, visitar presos, enfermos en hospitales, llevar comida a una víctima de cáncer, limpiar un hogar de ancianos.

Y ahora, lo más importante: sé una mujer de oración. Todo lo relacionado con la oración alimenta la humildad. La oración nos obliga a postrarnos. Hablar con Dios nos hace humildes. Él es santo. Adorarlo y alabarlo nos obliga a humillarnos, pues Él es más grande que nosotras. Pedir la ayuda de Dios para tus problemas y tu familia expresa humildad, porque demuestras que necesitas su ayuda. Ayunar también desarrolla un conocimiento de la humildad. Incluso el sencillo hecho de pasar tiempo sin comer o saltarse una comida te debilita físicamente, sin mencionar el tiempo adicional de oración que suele acompañar el ayuno.

Medita de nuevo en las palabras de Pedro: "Humillaos, pues, bajo la poderosa mano de Dios" (1 P. 5:6). ¿De cuántas maneras puedes humillarte? Cada día, cada acto, y cada palabra que sale de tu boca son una oportunidad nueva para cultivar la humildad de Jesús como una cualidad del carácter.

Oración

Señor, he leído acerca de tu humildad y me siento profundamente conmovida. Ayúdame por favor a tomar la decisión de ceñirme con vestiduras de humildad, a no centrarme en mí misma sino en los demás, a considerar a otros como superiores a mí misma. Amén.

Día 15

Gozoso

¿Cómo describirías tu actitud ante la vida? ¿Eres la clase de persona que se fija en el vaso y lo ve medio lleno o medio vacío? Por supuesto, ya sabes que las dos son ciertas respecto al vaso de agua. Es solo tu perspectiva la que determina lo que es.

Sin duda, he tenido mi parte de problemas, desafíos y sustos en esta vida. También tengo muchos familiares, amigos y conocidos que han sufrido o que sufren actualmente dolores extremos o crónicos, o penas. Algunos de ellos durante muchos años e incluso décadas. Desafortunadamente, algunos de ellos han quedado marcados por la lucha, han cambiado, se han vuelto amargados, o se han endurecido por sus pruebas. Pero algunos tienen vidas gozosas y productivas a pesar del dolor crónico, las dolencias, la incapacidad o el sufrimiento.

¿Qué los hace diferentes? Los últimos pertenecen al grupo de personas que ven el "vaso" de las circunstancias de su vida no solo medio lleno, sino completamente lleno. Es más, ¡lleno y rebosante! Según ellos, las cosas buenas de su vida superan con creces sus enfermedades y las condiciones de su vida. Y el hecho positivo más importante de su lista, y del que gozan hablar, es su relación con Dios. Esa es la perspectiva que tenía Isaías, el gran profeta del Antiguo Testamento. Él no podía contener su gozo cuando pensaba en todo lo que Dios había hecho a favor de él. Esto escribió:

> "En gran manera me gozaré en Jehová, mi alma se alegrará en mi Dios; porque me vistió con vestiduras

> de salvación, me rodeó de manto de justicia, como a novio me atavió, y como a novia adornada con sus joyas" (Is. 61:10).

Como cristianas, tenemos la mejor razón de todas para regocijarnos. Sin importar lo que haya ocurrido o lo que nos suceda en este momento, tenemos la razón suprema para tener gozo continuo en virtud de nuestra relación con Jesús.

Jesús nos muestra el camino

En esta nueva cualidad del carácter de nuestro estudio de 30 días en los que buscamos ser conformes al corazón de Cristo, vemos a Jesús como el ejemplo perfecto de una actitud gozosa. Él siempre vivió en un estado de perfecto gozo a pesar de las circunstancias. Él nunca permitió que sus emociones interfirieran con su gozo, porque estaba anclado en una relación ininterrumpida con su Padre.

Lo curioso es que en ningún lugar de la historia de la vida de Jesús, de sus días y de sus pruebas registradas en la Biblia, encontrarás la palabra *felicidad* en referencia a su actitud. Y esto es lógico, porque *felicidad* es un término que nunca debería usarse con respecto a Jesús. ¿Por qué? Porque la felicidad es una respuesta a un sentido de bienestar, de buenaventura o de prosperidad. Jesús, siendo Dios encarnado, nunca permitió que las circunstancias dictaminaran su actitud. Él confiaba en que el Padre proveyera todos los recursos necesario para cada momento. El gozo de Jesús era un don del Padre, y trascendía toda y cualquier condición que enfrentó estando en la tierra. Además, es una cualidad que nosotras también podemos tener, y Jesús nos muestra el camino.

Gozo a pesar de todo

El gozo que Jesús ofrece no tiene límites. Él ofreció gozo pleno a sus discípulos la noche anterior a su muerte por crucifixión. Aquella noche Jesús compartió con ellos la cena de la Pascua. Este grupo de hombres había experimentado el rechazo del sistema religioso establecido, amenazas de muerte, la pérdida de sus ingresos, y vivieron sin techo durante los tres años en los que habían seguido a Jesús. Y Jesús, el cual sabía de la traición, el juicio y la sentencia que vendrían la mañana siguiente, quería preparar a sus hombres para estos sucesos traumáticos. Él los confortó diciéndoles que como habían permanecido en Él y en su amor, siempre tendrían una relación especial que incluía la experiencia del gozo. Luego concluyó: "Estas cosas os he hablado, para que mi gozo esté en vosotros, y vuestro gozo sea cumplido" (Jn. 15:11). Jesús quería que sus discípulos (y tú también) conocieran el gozo de la comunión con Él, que es un gozo pleno, sin límites, que no depende de las circunstancias de la vida.

Nadie les quitará su gozo

Durante esta misma cena pascual, Jesús también les dijo claramente a sus confundidos discípulos que en poco tiempo Él los dejaría, haciendo referencia a su muerte en la cruz. Sin embargo, también les tenía estupendas noticias. Lo verían de nuevo, esto es, refiriéndose a su resurrección de los muertos (Jn. 16:16-19). Sí, estarían tristes, pero cuando Él reapareciera ¡tendrían gran gozo!

En este punto, Jesús usó una ilustración que la mayoría de las mujeres conocen bien, y es el alumbramiento. Él explicó que en efecto existe dolor durante el alumbramiento, pero que ese dolor se olvida rápidamente por el gozo del nacimiento de un niño. Jesús aplicó después la ilustración para reconfortar a sus hombres: "También vosotros ahora tenéis tristeza; pero os volveré a ver, y se gozará vuestro corazón, y nadie os quitará vuestro gozo" (Jn. 16:22). Gozo, el gozo auténtico, es duradero y tiene su origen en Jesús. Los discípulos y los creyentes de todos los tiempos, y tú también, pueden tener el gozo de Jesús porque Él estará presente permanentemente por medio del Espíritu Santo.

Pedid, para que vuestro gozo sea cumplido

Después de dar a los discípulos la promesa del gozo que les pertenecería en virtud de la presencia del Espíritu en sus vidas, Jesús les comunicó la promesa final de una vida gozosa: "Hasta ahora nada habéis pedido en mi nombre; pedid, y recibiréis, para que vuestro gozo sea cumplido" (v. 24). Su gozo estaría siempre disponible, conforme oraran y recibieran en oración respuestas acordes con el propósito de Jesús para sus vidas.

Examina tu corazón

El gozo viene de tener una relación significativa con Jesús. Cuando andas "en el Espíritu" (Gá. 5:16), tu vida se conecta de forma vital con Jesús. Entonces, sin importar lo que sufras o soportes, sin importar qué te falte o qué pierdas, el Señor te ayudará a tener gozo cuando atravieses momentos difíciles. Su gozo te guardará de caer en la depresión o sucumbir ante el desánimo. Permanece cerca de Jesús y Él te guardará de caer, sin importar cuán abrumadoras o demoledoras sean tus circunstancias. Como Jesús prometió: "También vosotros ahora tenéis tristeza; pero os volveré a ver, y se gozará vuestro corazón, y nadie os quitará vuestro gozo" (Jn. 16:22).

El gozo puesto delante de Jesús

La crucifixión fue el método de tortura y dolor más espantoso desarrollado por los romanos. Tanto los criminales como la gente que vivía dentro de la ley tenían pavor de la cruz romana. Para los romanos, la cruz fue un símbolo de sufrimiento, pero ahora es un símbolo de salvación, por causa de la muerte de Jesús. En su espantosa muerte en la cruz, Jesús nos dejó el ejemplo supremo de gozo en medio de la más horrenda experiencia. El autor del libro de Hebreos nos invita a mirar a "Jesús, el autor y consumador de la fe, el cual por el gozo puesto delante de él sufrió la cruz, menospreciando el oprobio, y se sentó a la diestra del trono de Dios" (He. 12:2).

Consciente de que su sacrificio y sufrimiento culminarían en un gran gozo, Jesús enfocó su atención en su futuro con el Padre cuando soportaba los dolores de la muerte. Él nunca perdió de vista el gozo que tenía en su relación con el Padre.

Examina tu corazón

¿Cómo afrontas o asumes por lo general tus tiempos de dificultad? ¿Con terror? ¿Con miedo? ¿Con enojo? ¿Con queja? ¿Con lágrimas? ¿Con suspiros? ¿Con resignación? ¿Para qué desgastarte con esas emociones cuando esta maravillosa virtud del gozo que experimentó Jesús en su hora más oscura también está a tu disposición? ¿No buscarás más bien a Jesús para recibir ese gozo? Permítele ayudarte a soportar tus momentos más sombríos y tus días más dolorosos con el gozo puro, pleno e indescriptible.

Ana nos muestra el camino

Es un deleite que Dios nos enseñe la vida de una mujer valiente como Ana. Ella fue perseguida, despreciada, fastidiada... y todo eso al tiempo que su corazón sufría. Ella compartía a su esposo con otra mujer. Y como si eso no fuera suficiente, la otra esposa tenía hijos mientras que Ana era estéril. Y para completar su desdicha, la otra mujer la fastidiaba y se burlaba de ella porque no podía tener hijos.

¿Cómo manejó Ana todo este dolor? Soportó su dolor en silencio, abrió su corazón únicamente a Dios cuando "con amargura de alma oró a Jehová, y lloró abundantemente" (1 S. 1:10). Al final de su oración, ofreció esta alabanza: "Mi corazón se regocija en Jehová... por cuanto me alegré en tu salvación" (1 S. 2:1).

Ana nos enseña algunas estrategias poderosas para enfrentar el sufrimiento. Varias veces en este libro señalo problemas que son parte de la vida. Ana tenía problemas, al igual que tú y casi todos los mortales. Esto sucede porque vivimos en un mundo caído y pecaminoso en el cual otros nos lastiman y nosotros mismos lastimamos a otros. También sufrimos físicamente porque nuestros cuerpos imperfectos se deterioran y caen presa de la enfermedad y el dolor. Pero a pesar de todo, sea cual sea el obstáculo que encontremos, podemos orar pidiendo la gracia para hacer lo mismo que Ana:

- Calló su sufrimiento en lugar de tomar represalias, protestar o quejarse a alguien.
- Encomendó su profundo sufrimiento a la persona correcta: Dios mismo.
- Oró y lloró delante del Señor, y se levantó "y no estuvo más triste" (1 S. 1:18).
- Presentó el problema de su esterilidad a Dios en oración ferviente, y con un voto.
- Alabó al Señor por el gozo que ella tenía tanto en Él como en su salvación.

La Biblia nos muestra el camino

¿No prefieres el gozo en lugar de las otras alternativas agotadoras y negativas? La buena noticia es que tú y yo podemos cultivar esta cualidad del carácter preciosa y optimista. La Biblia nos explica cómo. Medita en estos cambios que puedes hacer para que puedas experimentar el gozo cuando estés bajo la presión del sufrimiento.

- Gózate en tu salvación. "Entonces mi alma se alegrará en Jehová; se regocijará en su salvación" (Sal. 35:9).
- Camina en el Espíritu. "El fruto del Espíritu es… gozo" (Gá. 5:22).
- Elige responder con gozo. "Tened por sumo gozo cuando os halléis en diversas pruebas" (Stg. 1:2).
- Ofrece alabanza a Dios. "Así que, ofrezcamos siempre a Dios, por medio de él, sacrificio de alabanza, es decir, fruto de labios que confiesan su nombre" (He. 13:15).
- Entiende la voluntad de Dios en lo concerniente a la gratitud. "Dad gracias en todo, porque esta es la voluntad de Dios para con vosotros en Cristo Jesús" (1 Ts. 5:18).
- Ora pidiendo gozo para enfrentar tus pruebas. "Hasta ahora nada habéis pedido en mi nombre; pedid, y recibiréis, para que vuestro gozo sea cumplido" (Jn. 16:24).

Una mujer conforme al corazón de Jesús

El propósito de este libro es examinar detenidamente los rasgos de carácter más destacados de la vida de Jesús. El deseo de nuestro corazón es seguir sus pisadas, imitarlo, crecer y ser cada vez más semejantes a Él. Nuestro amado Salvador sufrió más de lo que haya sufrido alguien jamás. Leemos acerca de su dolor y agonía... ¡y aun así leemos de su absoluto gozo! Ahora te propongo un ejercicio que podría ser muy revelador sobre tu coeficiente de gozo. Registra tu estado emocional de los últimos meses en una hoja para gráficos. Etiqueta la parte inferior de la hoja como "depresión" y la superior como "euforia". ¿Cómo se vería tu gráfico? ¿Revelaría profundos picos de vértigo cuando todas las cosas marchan bien? ¿Y profundos abismos de tristeza cuando las cosas no andaban tan bien? ¿A qué se deben los drásticos cambios de humor? Quizá tu respuesta a las dificultades y a los problemas haya sido tan variable e inconstante porque en algunos momentos apartaste tus ojos de Jesús.

Jesús te ofrece su solución a los cambios de ánimo. Él te dará su gozo cuando elijas invertir en una relación más constante con Él. Y tú puedes cultivar esa amistad. Puedes pensar en Él con más frecuencia. Puedes probar sus promesas. Puedes mirar hacia lo alto y pensar en lo espiritual en vez de mirar tu situación con ojos mundanos y negativos. Y puedes orar en lugar de desanimarte (Lc. 18:1).

Si tus respuestas te roban usualmente el gozo de Dios en tus dificultades, toma medidas positivas. Decide que no permitirás que las desgracias o la dicha te muevan hacia arriba o hacia abajo en tu escala de emociones. El gozo de vivir cerca de Jesús y de recibir su fortaleza para cada día, e incluso para cada instante, te guardará en equilibrio, en estabilidad, te dará control sobre tus emociones, y te moverá a estar siempre gozosa sin importar lo que pase a tu alrededor.

~ Oración ~

Querido Jesús, ayúdame a recordar que mi gozo proviene de mi relación y de mi caminar contigo. Tú eres mi gozo y la fuente de mi gozo. Que nada ni nadie me robe mi gozo en ti, y que otros puedan ver tu gozo en mí. Amén.

Día 16

Bondadoso

La bondad como una cualidad del carácter parece una especie en vía de extinción. Claro que vemos gestos esporádicos de bondad. Pero en general (y si miras y oyes las noticias), quizá te des cuenta de que vivimos en un mundo hostil. Sin embargo, hace poco escuché algunas noticias alentadoras. Parece que algunos estudiantes de una escuela cerca de Seattle y que eran víctimas de acoso escolar empezaron un "club de la bondad". Los niños escriben notas de bondad y agradecimiento por actos de bondad que han recibido o que han visto en otros. Luego, toman las notas y con ellas forman una cadena. Lo increíble es que la "cadena de bondad" se ha extendido a lo largo de los pasillos de la escuela, ¡y ha dado una doble vuelta! Eso bastaría para ser una historia asombrosa, pero lo que resulta más notable es que su ejemplo ha inspirado a otras escuelas a iniciar clubes similares.

El ejemplo es una herramienta poderosa para lograr un cambio en el comportamiento. Y no hay mejor ejemplo de bondad que podamos admirar, aparte de Jesús, el Señor.

Dios nos muestra el camino

Con frecuencia, se presenta a Dios como un Dios iracundo y vengativo. A sus detractores les gusta describirlo como una deidad cruel y vengativa. Pero en realidad el carácter de Dios es todo lo contrario. En el Antiguo Testamento, el profeta Jonás sabía que la bondad era una cualidad inherente a la verdadera naturaleza divina. Dios envió a Jonás a una de las naciones más violentas y hostiles de la época, para ofrecerles la salvación de Dios. ¿Cuál fue la respuesta de Jonás a la orden divina? Emprendió un viaje oceánico en la dirección contraria para evitar ir a Asiria y su ciudad capital, Nínive. Después de que lo lanzaran del barco y de pasar tres días en el vientre de un pez, Jonás accedió a regañadientes a ir a Nínive.

Cuando la gente de Nínive oyó las advertencias de juicio de Jonás, hubo un gran avivamiento. ¿No te parece que eso alegraría a Jonás? Pues no. Él quería que Dios juzgara a ese pueblo. Además, explicó a Dios por qué se había negado a ir a Nínive desde el principio: "Por eso me apresuré a huir... porque sabía yo que tú eres Dios clemente y piadoso, tardo en enojarte, y de grande misericordia" (Jon. 4:2).

En el Nuevo Testamento, el apóstol Pablo también dio testimonio de la bondad de Dios. En su carta a los cristianos en Roma, Pablo escribió acerca de "las riquezas de su benignidad, paciencia y longanimidad" para explicar que "su benignidad te guía al arrepentimiento" (Ro. 2:4). ¡Piensa en esto! Tu salvación es un resultado directo de la bondad de Dios.

En la epístola a la iglesia en Éfeso, Pablo también escribió acerca de cómo Dios da vida en Cristo a aquellos que están muertos espiritualmente. Él quería que los creyentes supieran que una razón por la cual Dios salva a los pecadores era "mostrar en los siglos venideros las abundantes riquezas de su gracia en su bondad para con nosotros en Cristo Jesús" (Ef. 2:7).

Examina tu corazón

El gran corazón de Dios es un corazón lleno y rebosante de bondad. Es la bondad de Dios la que le motivó a extenderte su gracia de salvación. ¿Cuál es la respuesta apropiada del corazón frente a esta verdad? La adoración, la alabanza, la gratitud y la bondad. Dios extendió y demostró su bondad hacia ti, y tú debes, asimismo, buscar a otros y demostrarles su bondad. Debes convertirte en un eslabón en su "cadena de bondad" eterna.

Jesús nos muestra el camino

Como puedes ver, la bondad es la cualidad que nos ocupa en esta meditación sobre el carácter cristiano. Como siempre, Jesús estableció la medida, pues Él irradiaba pura bondad. De hecho, Jesús fue "la bondad de Dios" (Tit. 3:4) que apareció en carne humana y se movió en medio de su creación con actos de bondad por doquier y siempre que veía una necesidad. Jesús fue la bondad en acción. La compasión estaba tan ligada a su naturaleza que era incapaz de dar la espalda a un necesitado. La bondad, pues, tal como Jesús demostró, desea actuar frente a la necesidad percibida.

En ningún lugar de la Biblia encontrarás la palabra *simpático* para describir el carácter de Jesús. Aunque alguien puede parecer amable, es posible que esa persona simplemente lo sea en apariencia. Por eso el término *simpático* no califica como una verdadera cualidad del carácter. La bondad, en cambio, se refiere al carácter. Una persona bondadosa se interesa por los demás, es comprensiva, y considerada. Las acciones de una persona bondadosa son sinceras y nacen de su corazón. Cuando leemos sobre la vida de Jesús, resulta imposible ignorar esta cualidad tan evidente en sus obras. A continuación encontrarás algunos episodios en los cuales Jesús actuó con benignidad y de manera afectuosa, con bondad.

Cuán grandes cosas el Señor ha hecho contigo

El hombre endemoniado. Uno de los relatos clásicos de la misericordia de Jesús fue aquella vez en la que echó fuera demonios de un hombre que se llamaba a sí mismo "legión", por el gran número de demonios que lo poseían. ¡Era indudable que este hombre sufría y estaba atormentado! Él...

> "tenía su morada en los sepulcros, y nadie podía atarle, ni aun con cadenas. Porque muchas veces había sido atado con grillos y cadenas, mas las cadenas habían sido hechas pedazos por él, y desmenuzados los grillos; y nadie le podía dominar. Y siempre, de día y de noche, andaba dando voces en los montes y en los sepulcros, e hiriéndose con piedras" (Mr. 5:3-5).

Este hombre torturado era un espectáculo lamentable. Era tan violento que nadie podía siquiera acercarse a él. Pero Jesús echó fuera los demonios, enviándolos a un hato de cerdos. Luego, Jesús envió al hombre de regreso a su casa para contar a otros la gran misericordia que había experimentado. Jesús le dijo: "Vete a tu casa, a los tuyos, y cuéntales cuán grandes cosas el Señor ha hecho contigo, y cómo ha tenido misericordia de ti" (Mr. 5:19).

Examina tu corazón

"Cuéntales cuán grandes cosas el Señor ha hecho contigo". Estas palabras describen la tarea que asignó el Señor al hombre que había vivido sin esperanza y desamparado. Eso fue antes de que Jesús lo liberara. Casi las mismas palabras en forma de alabanza a Dios salieron de los labios de María, la madre de Jesús, en su bella oración conocida como el Magnificat. Ella oró: "Porque me ha hecho grandes cosas el Poderoso; santo es su nombre" (Lc. 1:49). En su oración, María se regocijó en Dios, su Salvador (v. 47). Si Dios es tu Salvador, ya sabes en tu corazón cuán grandes cosas el Señor ha hecho contigo. En su bondad te ha salvado de una vida sin esperanza, y te ha hecho libre. Sigue las instrucciones de Jesús para aquel hombre que estaba endemoniado. Ve a tu familia y a tus amigos, a todo el que quiera escuchar, y cuéntales cuán grandes cosas ha hecho el Señor por ti, y cómo ha tenido misericordia de ti.

Vete, y no peques más

La mujer sorprendida en adulterio. Dios odia el pecado. Sin embargo, tomó la iniciativa de enviar a su Hijo a morir para pagar por el pecado. Jesús nunca aprobó el pecado, aunque amó a los pecadores. En una ocasión, los líderes religiosos trataron de tenderle una trampa trayéndole a una mujer que había sido sorprendida en adulterio. (Puedes leer los detalles en Juan

8:1-11). La ley judía exigía que esta mujer fuese apedreada. Sin embargo, la ley romana había prohibido la lapidación como un delito capital. Lo triste es que estos hombres, en su odio por Jesús, trataron de usar a esta pobre mujer para desacreditarlo.

Sin hablar una palabra, Jesús escribió algo en la arena a la vista de todos los acusadores de la mujer. Tal vez fue una lista de los pecados que estos hombres habían cometido. Nadie lo sabe. Pero fuera lo que fuera, Jesús dijo a los acusadores: "El que de vosotros esté sin pecado sea el primero en arrojar la piedra contra ella" (v. 7). Lentamente, uno por uno, todos los líderes religiosos se marcharon en silencio, dejando a la mujer sola con Jesús. Él preguntó: "Mujer, ¿dónde están los que te acusaban? ¿Ninguno te condenó? Ella dijo: Ninguno, Señor" (vv. 10-11). Jesús dijo amablemente: "Ni yo te condeno; vete, y no peques más" (v. 11).

¡Qué bondadoso Salvador tenemos! El mundo está pronto para juzgar, pero Jesús es pronto para perdonar. No menospreciemos su bondad. Más bien hagamos el esfuerzo de "ir y no pecar más".

Puso sus manos en sus ojos

El ciego. Cuando piensas en una persona bondadosa, ¿cuál acción demuestra el interés de esa persona? Un toque ¿no es así? Un abrazo, una palmadita en la espalda. Jesús sanó a muchos ciegos, pero en una ocasión, la Biblia relata que la atención de Jesús se dirigió hacia un ciego en particular. Puedes imaginar cómo demostró Jesús su bondad cuando "tomando la mano del ciego, le sacó fuera de la aldea... Luego le puso otra vez las manos sobre los ojos, y le hizo que mirase; y fue restablecido, y vio de lejos y claramente a todos" (Mr. 8:23, 25).

¿Has experimentado el "toque" bondadoso de Jesús? Pídelo, ¡está sólo a una oración de distancia!

Los tomó en sus brazos

Los niños. Cuando entras en una clase de niños de tu iglesia, ¿qué imagen cuelga usualmente de la pared? Cuando yo era niña, era una imagen de Jesús que sostenía a uno o dos niñitos en su regazo mientras otros lo rodeaban, se inclinaban sobre su hombro, le tocaban, o se sentaban a sus pies. Todavía puedo verlo en mi mente cuando lo recuerdo.

Ahora imagina lo siguiente: los discípulos de Jesús tratando de alejar de Él a un grupo de niños. ¡Es un hecho! ¿Qué hizo y qué dijo nuestro tierno Salvador?

> "Viéndolo Jesús, se indignó, y les dijo: Dejad a los niños venir a mí, y no se lo impidáis; porque de los tales es el reino de Dios... Y tomándolos en los brazos, poniendo las manos sobre ellos, los bendecía" (Mr. 10:14, 16).

Examina tu corazón

Jesús amó, recibió, disfrutó y bendijo a los niños. Otros los reprendieron y trataron de alejarlos, pero el Señor de bondad los valoraba. Él no consideraba en absoluto su presencia como una intromisión contra Él. Y de ninguna manera Él quería impedirles que se acercaran a Él, el Cristo. Si eres una madre y deseas reflejar la bondad de Jesús, empieza con los pequeños, o los grandes, que viven bajo tu propio techo. Ora y proponte la meta de que tus hijos sepan que son apreciados, que son una prioridad y un motivo de gozo para ti. Y ante todo, consagra tu vida a traerlos a Jesús.

Mujeres de la Biblia que nos muestran el camino

Durante toda mi vida he estudiado a las mujeres de la Biblia. Ellas, y sus múltiples actos de bondad, han quedado catalogados y registrados para siempre en las páginas de las Escrituras. Mi mente revolotea inmediatamente al pensar en los relatos de estas mujeres que demostraron la bondad de Dios hacia otros. Disfruta los siguientes relatos breves, y léelos con un corazón dispuesto, un corazón como el de ellas.

Para que se quede en él

La mujer sunamita (2 R. 4:8-10). En el Antiguo Testamento encontramos el ejemplo de una mujer que vio una necesidad...

y actuó. Notó que el profeta Eliseo pasaba por allí con frecuencia. También observó que al parecer no tenía un lugar dónde comer. ¿Qué hizo esta bondadosa mujer? Actuó y "le invitaba insistentemente a que comiese" con su familia en cualquiera de sus recorridos (v. 8). También se fijó en que Eliseo no tenía un lugar dónde quedarse. Otra vez, ¿cuál fue su acción bondadosa? Le preguntó a su esposo si podían construir "un aposento para el profeta" para que Eliseo tuviera un lugar donde quedarse cada vez que pasara por su casa o viniera a la aldea. Esto sugirió a su esposo, "para que cuando él viniere a nosotros, se quede en él" (v. 10).

Los ojos de esta mujer estuvieron abiertos a las necesidades de otro, y también lo estuvo su corazón. Gracias a la bondad de una mujer, el siervo de Dios tenía dos cosas menos de las cuales preocuparse cuando viajaba y proclamaba la verdad acerca del Señor Dios. Él tenía comida y un lugar en el que descansar su cabeza.

Abundaba en buenas obras

La discípula llamada Dorcas (Hch. 9:36-41). En el Nuevo Testamento, otra mujer llamada Dorcas (traducido también Tabita) se fijaba en las necesidades de otros. Lucas, el autor del libro de Hechos, relata que ella "abundaba en buenas obras y en limosnas que hacía" (v. 36). Una de sus buenas obras era coser túnicas y vestidos para las viudas. Dorcas había notado que las viudas necesitaban prendas de vestir, y actuó. Ella fue un ejemplo de lo que describió Santiago como "la religión pura y sin mácula", al visitar a las viudas en sus tribulaciones y suplir sus necesidades (Stg. 1:27).

Sed benignos unos con otros

Tanto la mujer sunamita como Dorcas nos muestran su bondad. Y el deseo de Dios de que seamos bondadosas ha permanecido a lo largo de los siglos. Como escribió el apóstol Pablo en el Nuevo Testamento, a nosotras y a todos los creyentes: "sed benignos unos con otros, misericordiosos" (Ef. 4:32).

Ser bondadoso no es algo que se pueda inventar. Tú puedes hacer un esfuerzo por ser amable, y eso es muy útil. Pero la bondad brota de una relación profunda y constante con Jesús. Es una actitud del corazón, un estado espiritual. También es un fruto del Espíritu (Gá. 5:22-23). Cuando tú caminas con Jesús también demostrarás bondad. Tu corazón estará lleno de compasión. Y serás sensible a las grandes necesidades de su pueblo que está a tu alrededor. Al igual que Jesús, tú manifestarás bondad no solo al pobre y al necesitado, sino a todo aquel que sufre. Llegarás a ser...

Ojos para el anciano,

Oídos para el que sufre,

Piernas para el cojo,

Manos para el enfermo, y

Hombro para el afligido.

Una mujer conforme al corazón de Jesús

La naturaleza misma de Dios es bondad. Él responde a aquellos que llaman su nombre, y a ti también. Él se compadece de tu situación y es tierno, cariñoso y paciente con tu vida y tus acciones. Como Hijo de Dios, Jesús reflejó al Padre y desea que tú también seas un reflejo de Él.

Para que puedas reflejarlo como Él es realmente, Jesús te llama a abandonar la actitud aceptada socialmente que no pasa de ser una simple simpatía. Él tiene planes mucho más grandes para ti: una vida que abunda "en buenas obras y en limosnas" (Hch. 9:36). Él desea que tu corazón esté lleno de bondad real y sincera que va más allá de la cortesía y el fingimiento. Un acto sencillo de consideración de tu parte se puede convertir en una bendición extraordinaria para aquel que la recibe, y para ti. La bondad es una característica de alguien que pertenece al pueblo de Dios y, cuando tú eres bondadosa, demuestras el carácter de Cristo a un mundo que te observa. De esa manera, permites que otros tengan una idea de cómo es Jesús.

~ Oración ~

Amado Jesús, mi "lista de deseos" es muy larga. Quiero con todo mi corazón vivir una vida de bondad, imitar tu compasión, benignidad y actitud perdonadora. Crea en mí una compasión por aquellos que son menos afortunados, que sufren o tienen necesidad. Que Tú, Señor Jesús, seas exaltado con cada acto de bondad hecho en tu nombre. Amén.

Día 17

Amoroso

¿Puedes señalar algunos de los días más importantes de tu vida? Para los cristianos, el día en que decidimos creer en Jesús es sin duda alguna el día más importante, mucho más que cualquier otro. Nada más en la vida podrá compararse al día en el cual heredas la vida eterna, recibes el perdón de tus pecados, y entras en una relación con Dios. Además de este día crucial, quienes están casados señalan también el día de su boda. Este es un día memorable, que un esposo amoroso y atento siempre recuerda y lo hace especial con una cena especial en un restaurante especial. (Bueno, ¡al menos ese es el sueño!).

¿Puedes creer que hoy es mi aniversario de bodas? Jim y yo nos conocimos en la universidad de Oklahoma en una cita a ciegas, fue amor a primera vista, y nos casamos ocho meses después. Si nos hubieran preguntado qué era el amor en aquel entonces, hubiéramos dado una respuesta completamente diferente a la que daríamos después de todos estos años. ¿Qué marca la diferencia entre la definición de *entonces* y la de *ahora*? El tiempo, las luchas, la adversidad, el crecimiento físico, mental y espiritual. Estas son apenas algunas razones por las cuales nuestra definición de amor es tan diferente en el presente.

El amor es una de las emociones, actitudes y cualidades más malinterpretadas, y una que el ser humano desea y posee. El mundo quiere definir el amor como una atracción física en detrimento de todo lo demás. Pero la Biblia tiene otra perspectiva del amor y de cómo medirlo. Además, nos presenta a la persona perfecta que demostró la definición divina de amor: Jesucristo.

Antes de aprender acerca del amor de Jesús, veamos cómo la

Biblia describe el amor desde la perspectiva de Dios Padre. Al igual que muchas de las cualidades que buscamos y que hemos tratado a lo largo de este libro, el amor es tanto una cualidad divina que forma parte de la naturaleza de la Trinidad, como una actividad que cada persona de la Trinida lleva a cabo. Por ejemplo, estos son algunos hechos acerca del amor de Dios:

- El amor de Dios es parte de su naturaleza: "Dios es amor" (1 Jn. 4:8).
- El amor de Dios por el Hijo es desde la eternidad, desde "antes de la fundación del mundo" (Jn. 17:24).
- El amor de Dios es activo: "ha dado a su Hijo unigénito" (Jn. 3:16).
- El amor de Dios es imperecedero: "ni la muerte... ni ninguna otra cosa nos podrá separar del amor de Dios" (Ro. 8:35-39).
- El amor de Dios alcanza a los que están perdidos: "el Hijo del Hombre vino a buscar y a salvar lo que se había perdido" (Lc. 19:10).
- El amor de Dios se sacrifica: "El que no escatimó ni a su propio Hijo, sino que lo entregó por todos nosotros" (Ro. 8:32).
- El amor de Dios bendice a sus hijos: "Mirad cuál amor nos ha dado el Padre, para que seamos llamados hijos de Dios" (1 Jn. 3:1).
- El amor de Dios es eterno: "Con amor eterno te he amado" (Jer. 31:3).

Jesús nos muestra el camino

En Jesús tenemos el modelo más excelente de amor y, a la vez, la fuente inagotable para amar a otros. Jesús fue amor perfecto en carne mortal. Él amó de manera perfecta, y nos enseña y ordena a hacer lo mismo. ¡Escucha ahora la instrucción del Maestro de maestros acerca del amor!

Las enseñanzas de Jesús acerca del amor

El amor elige poner a Dios en el primer lugar. "Amarás al Señor tu Dios con todo tu corazón, y con toda tu alma, y con toda tu mente. Este es el primero y grande mandamiento" (Mt. 22:37-38).

El amor elige poner a otros en el siguiente lugar. "Y el segundo es semejante: Amarás a tu prójimo como a ti mismo" (v. 39).

El amor elige obedecer a Jesús. "Si me amáis, guardad mis mandamientos" (Jn. 14:15). "El que me ama, mi palabra guardará" (v. 23). "Si guardareis mis mandamientos, permaneceréis en mi amor" (Jn. 15:10).

El amor elige seguir el ejemplo y el mandato de Jesús de amar al prójimo. "Un mandamiento nuevo os doy: Que os améis unos a otros; como yo os he amado, que también os améis unos a otros" (Jn. 13:34).

El amor elige perdonar en lugar de buscar venganza. "Amad a vuestros enemigos, bendecid a los que os maldicen, haced bien a los que os aborrecen, y orad por los que os ultrajan y os persiguen" (Mt. 5:43-44).

Cómo practicó Jesús el amor

Dado que Jesús practicó el amor perfecto, Él nos muestra cómo hacer lo mismo y cumplir su mandamiento de "amarnos los unos a los otros" (Jn. 13:34).

Jesús amó a sus amigos. Marta, María y Lázaro eran tres de los amigos más cercanos de Jesús, y leemos que "amaba Jesús a Marta, a su hermana y a Lázaro" (Jn. 11:5). Lo vemos en su casa cenando en varias ocasiones y cuando llegó a ofrecer su ayuda después de la muerte de Lázaro.[9]

¿Puedes imaginar que tuvieras a Jesús en tu casa como un huésped de honor pero también como alguien que te da muestras visibles de amor? Los amigos son un regalo de Dios y deben ser tratados con amor y respeto. Como amigo, Jesús estuvo presente cuando esta familia lo necesitó en una crisis frente a la muerte. Él acudió a Marta y a María en su hora de necesidad a pesar de que los líderes religiosos judíos lo buscaban para matarlo. Su amor por sus amigos fue más importante para Él que cualquier inquietud por su seguridad.

Examina tu corazón

Es fácil amar a los amigos que también te aman. Las amistades son fáciles de cuidar cuando exigen poco de tu parte. Pero ¿qué pasa en los tiempos de necesidad? ¿Acompañas también a tus amigos cuando te piden ayuda? Y ¿qué pasa si se requiere la ayuda por un buen tiempo, incluso un período largo? La señal de un amigo verdadero es el amor que permanece a pesar de las exigencias que la amistad presente.

Jesús amó a sus compañeros de la obra. Juan, a quien se le considera el discípulo "al cual Jesús amaba" (Jn. 13:23), nos permite ver esta escena en la cual Jesús demuestra su amor por sus 12 colaboradores: "Antes de la fiesta de la pascua, sabiendo Jesús que su hora había llegado para que pasase de este mundo al Padre, como había amado a los suyos que estaban en el mundo, los amó hasta el fin" (Jn. 13:1).

¡Hasta el fin! Amar a tu familia y a tus amigos es una cosa, pero ¿qué de aquellos que ministran contigo en la iglesia cada semana? ¿Cómo son tus relaciones con ellos? A veces son todo un reto, ¿no es así?

A propósito de retos, trata de imaginar al Dios de la creación, al Soberano del mundo, teniendo que cuidar y criar a un grupo en su mayoría pescadores comunes y oriundos de un país diminuto (en comparación con la inmensidad del mundo). ¡Sin duda tenía que haber personas más interesantes, más educadas, más "en la onda" con las cuales pasar el tiempo que esos hombres! Si esta hubiera sido tu tarea, ¿qué actitudes crees que habrías tenido hacia estos hombres? ¿Impaciencia? ¿Asco? ¿Falta de respeto? ¿Irritación? Estos hombres nunca entendieron realmente la misión de Jesús hasta que Él resucitó del sepulcro. Con todo, la Biblia dice que Él "los amó hasta el fin" (Jn. 13:1), a pesar de que sabía que dudarían de Él, le abandonarían, le negarían, y le traicionarían.

Examina tu corazón

¡Qué hermoso ejemplo a seguir! La próxima vez que estés a punto de reaccionar con impaciencia, irritación o asco acerca de algo que un colega tuyo, un conocido o un colaborador de la iglesia haya hecho, o tal vez algo acerca de ellos que te saca de quicio, recuerda a Jesús. Enfócate en comprender y apreciar a esta persona y su perspectiva de las cosas. Por encima de todo, ámala con el amor de Cristo. Y recuerda que "el amor cubrirá multitud de pecados" (1 P. 4:8).

Jesús amó al perdido. La misión de Jesús en la tierra está descrita en este versículo: "Porque el Hijo del Hombre vino a buscar y a salvar lo que se había perdido" (Lc. 19:10). No es de extrañar, pues, ver a Jesús atendiendo a los perdidos. En el capítulo sobre la generosidad conocimos a un joven que se acercó a Jesús. Si lo recuerdas, era un hombre joven y rico, y un gobernante. Este vino a Jesús para preguntarle cómo "heredar la vida eterna".[10]

¿Cuántas personas crees que se cruzaron diariamente con Jesús con una pregunta, una necesidad, una queja? Podríamos pensar que, al cabo de un tiempo, Jesús podría haberse vuelto insensible o haberse hastiado de esto, anhelando un descanso de las multitudes que lo buscaban. Entonces recordamos: "¡Pero era Jesús! ¡Por supuesto que iba a responder al 100% con el amor puro y divino!". En efecto, en medio de su conversación con este joven rico, la Biblia dice: "Entonces Jesús, mirándole, le amó" (v. 21). ¡Qué palabras más tiernas, sinceras, conmovedoras y comprensibles: Jesús le amó! Jesús sabía que el hombre no estaba dispuesto a seguirlo, de modo que le puso una última prueba: "anda, vende todo lo que tienes, y dalo a los pobres… y ven, sígueme, tomando tu cruz" (v. 21).

Examina tu corazón

Puede ser que estés rodeada de incrédulos, de personas como el joven rico. También es fácil verlos como "el enemigo". Son personas que no comparten tus valores, que tampoco aspiran a ellos ni los respetan. No hablan ni actúan como tú, ¡y de ninguna manera quieren que así sea! Quizá tu respuesta natural sea sentirte incómoda entre los no creyentes, hasta el punto que evitarías cualquier contacto con ellos. Pero Jesús nos muestra un camino mejor, su camino. Jesús aceptó al joven tal cual era. Sí, le pidió hacer un compromiso, pero en ningún momento le habló ni lo trató con aspereza. Él demostró perfectamente cuál debe ser tu actitud hacia los perdidos. Ellos no pueden actuar de otra manera, porque "el hombre natural no percibe las cosas que son del Espíritu de Dios" (1 Co. 2:14). Puesto que no son cristianos, recuerda que no son el enemigo. Nada más son víctimas del enemigo. Sigue el ejemplo de Jesús. Míralos… y ámalos.

Jesús tuvo un amor sacrificado

Jesús llevó el amor hasta sus últimas consecuencias cuando estuvo dispuesto a ir a la cruz para obtener nuestra salvación. Él nos dio el más grande ejemplo de amor entregado que se sacrifica por otros. Jesús se refería a sí mismo cuando dijo: "Nadie tiene mayor amor que este, que uno ponga su vida por sus amigos" (Jn. 15:13).

El amor es costoso. El amor exige algo de tu parte. Espero que nunca tengas que morir por alguien. Sin embargo, el amor de Cristo te pide un amor que se sacrifica en un sentido muy práctico: escuchar, ayudar, servir, animar, dar de tu tiempo y dinero.

¿Dónde empieza el amor que se sacrifica? En una relación con Dios por medio de Jesucristo. Cuando eres hija de Dios, pasar tiempo con Él en su Palabra y en oración despertará y renovará el amor cada día. A partir de esto el amor se proyecta en actitudes y acciones amorosas hacia tu familia primero, y luego hacia otros creyentes, y finalmente hacia el mundo, a todo el que se cruce en tu camino. Gracias a la presencia del Espíritu Santo en ti, ¡tienes amor de Dios para dar! Sólo cerciórate de seguir el mandato de Jesús de amar a Dios primero y luego al prójimo: "Y nosotros tenemos este mandamiento de él: El que ama a Dios, ame también a su hermano" (1 Jn. 4:21).

Una mujer conforme al corazón de Jesús

¿Has pensado alguna vez por qué Jesús te ordenó amar? El amor exige algo de ti. Requiere esfuerzo. Y, por desgracia, el amor no es siempre una respuesta normal, a menos de que tal vez seas madre. Pero aparte de este lazo filial, el amor debe ser cultivado. Necesita un empujoncito, especialmente si te sientes indecisa en el momento de amar a alguien, quizá porque hayas sido lastimada alguna vez cuando trataste de hacerlo.

Si por alguna razón te sientes insegura para obedecer el mandato divino de amar, debes recordar cuán profundamente te ha amado Jesús a pesar de tus pecados y faltas. Su amor incondicional debe moverte a amar a otros. Te mostrará cómo puedes amar. Recordar cuánto te ama Dios empezará a despejar tus dudas respecto al amor hacia otros. Luego, a medida que practicas el amor al prójimo, el sentimiento de amor fluirá naturalmente. Te descubrirás reflejando el corazón de Jesús cuando amas a los demás, tal como Él amó.

~ Oración ~

Mi precioso Jesús, gracias por el regalo del amor que me has dado con mi salvación. Es un regalo que nunca podría merecer ni pagar. Gracias Espíritu Santo por enseñarme acerca del amor y porque me mueves y me animas para poder amar a otros. Y gracias, Padre, porque puedo amarte debido a que Tú me amaste primero. Amén.

Día 18

Paciente

"La paciencia es una virtud". "Quiero paciencia, ¡y la quiero ya!". "La paciencia es una planta amarga que produce fruto dulce". Tal vez ya hayas escuchado algunas de estas máximas. Y tal vez desees, y necesites, el "fruto dulce" de la paciencia como parte de tu vida diaria.

Como mujer, necesitas paciencia en tus relaciones y en tu vida. Si estás casada, necesitas paciencia con tu esposo. Tú y tu esposo son diferentes, y aún así deben convivir diariamente bajo el mismo techo. Conozco a muchas esposas de militares que deben vivir pacientemente el día a día durante meses o incluso un año o más, sin su esposo. ¡Y si tienes hijos, tal vez necesites paciencia cada minuto de tu vida! Y luego están los colegas de trabajo, los vecinos, y tu familia extendida. ¡La lista de relaciones que requieren paciencia es muy larga!

Entonces, si tus últimas 24 horas se parecen a las mías, has tenido pruebas, situaciones diversas e incluso algunas personas exasperantes en la jornada que has puesto a los pies de Dios desde temprano en la mañana. En tu oración ferviente has pedido a Dios ayuda para vivir este día para Él, por Él, y gracias a Él. Así, quieres enfrentar los sucesos cotidianos con gracia, como Él lo haría, y ser un reflejo de Él para otros.

Pues bien, ciertamente deberíamos empezar nuestros días con una oración así, con tal anhelo del corazón. No hay nada malo, y es gran cosa desear vivir para Jesús y como Él. ¡Esa es la meta de nuestra vida diaria!

Jesús nos muestra el camino

Seguimos admirando las magníficas cualidades que poseía Jesús, cualidades que también queremos imitar, y podemos buscar paciencia en Él. Sin embargo, es difícil ser paciente cuando tenemos encuentros desagradables y enfrentamos situaciones y personas que pondrían a prueba la paciencia de cualquiera. Entonces, ¿qué nos enseñó y demostró Jesús acerca de la paciencia frente a situaciones y personas difíciles? Tenemos que saberlo, ¡y tenemos que saberlo ya!

¿Cuántas veces perdonaré?

Este es un pequeño examen: ¿cuán paciente eres frente a las faltas de otros? Quizás alguien te deba dinero. O su falta puede ser su comportamiento, como una mentira, un lenguaje inapropiado, o la costumbre de menospreciarte. Y tal vez vengan a ti y te rueguen que seas paciente, prometan que te pagarán, que cambiarán su comportamiento, o que arreglarán las cosas. ¡Y tal vez esto se repita una y otra vez!

¿Cuál es tu coeficiente de paciencia cuando alguien te ofende repetidamente? ¿Podrías perdonar y aceptar con paciencia a una persona después de la primera ofensa? ¿Y después de la segunda? ¿Y una vez tras otra? Ya hemos visto este ejemplo en el libro, pero veamos de nuevo la sesión de preguntas y respuestas de Jesús con su discípulo Pedro. Esta vez, veamos la escena desde la óptica de la paciencia. ¿Qué dice Jesús que debemos hacer cuando alguien nos ofende? En la Biblia leemos: "Entonces se le acercó Pedro y le dijo: Señor, ¿cuántas veces perdonaré a mi hermano que peque contra mí? ¿Hasta siete? Jesús le dijo: No te digo hasta siete, sino aun hasta setenta veces siete" (Mt. 18:21-23).

El perdón es una demostración de paciencia frente a las faltas de los demás. Jesús nos pide ser pacientes con aquellos que han pecado contra nosotros. A fin de estar dispuestos a perdonar a quienes nos han ofendido, debemos aprender a tratarlos "con espíritu de mansedumbre" (Gá. 6:1).

La respuesta correcta frente al maltrato

¡Es duro recibir maltrato verbal! Las personas pueden usar el lenguaje de manera hiriente y cruel. Las palabras pueden hacer mucho daño y despertar emociones muy fuertes. Tu respuesta natural y carnal podría ser lanzar tu propio discurso incontrolado de palabras hirientes. Es fácil abrir tu boca y arrojar una horrible verborrea como represalia. Incluso podrías intentar justificar ese comportamiento culpando al otro por haber comenzado. Puedes tratar de convencerte a ti misma de que te sentirás mejor aireando tus sentimientos o expresándole a la otra persona cómo te sientes o qué piensas. Incluso puedes sentirte tentada a hacer algo peor, como arremeter a golpes contra ella. Pero tú y yo sabemos que maltratar física o verbalmente a alguien no es la respuesta que Jesús quiere de nosotras. Él nos muestra otro camino, el mejor camino: su camino, uno conforme a su corazón que representa fielmente cómo es Él.

En las primeras horas de la mañana de su crucifixión, Jesús, perfecto y completamente libre de pecado, fue sometido al escrutinio de varios grupos religiosos y políticos. Su primer encuentro fue con el grupo religioso que incluía el sumo sacerdote, los escribas, y los ancianos. Ellos trataron de lanzar falsas acusaciones contra Jesús. Al final, en su desesperación, consiguieron varios testigos falsos que dieron un testimonio falso o al menos distorsionado contra Jesús. A lo largo de sus procedimientos, Jesús guardó silencio (Mt. 26:57-63).

¿Cuál fue la fuente de paciencia de Jesús mientras era maltratado y vituperado? Pedro describió la respuesta del Señor de esta manera: Él "no hizo pecado, ni se halló engaño en su boca", y "cuando le maldecían, no respondía con maldición; cuando padecía, no amenazaba, sino encomendaba la causa al que juzga justamente" (1 P. 2:22-23). En vez de tomar represalias, Jesús se encomendó al Padre.

Examina tu corazón

Buscar a Dios en oración es siempre la mejor respuesta a cualquier situación difícil. Este primer paso te da tiempo para discernir la forma correcta de manejar un problema, y te ayuda a practicar la paciencia mientras oras y buscas la dirección de Dios. Esto te impide ceder ante el impulso natural de venganza. Es imposible orar por una persona y arremeter contra ella al mismo tiempo. La oración te permitirá encomendarte a ti misma y tu situación en las manos de Dios.

Tu respuesta silenciosa y tu paciencia frente a la crítica injusta, la acusación o los malentendidos, lleva mucho fruto. Además, glorifica y honra a Dios. Como explica Pedro: "Mas si haciendo lo bueno sufrís, y lo soportáis, esto ciertamente es aprobado delante de Dios. Pues para esto fuisteis llamados; porque también Cristo padeció por nosotros, dejándonos ejemplo, para que sigáis sus pisadas" (vv. 20-21).

Amad a vuestros enemigos

Jesús, el Maestro de maestros, también nos enseña acerca de la paciencia en las relaciones, en especial con las personas problemáticas, incluso aquellas a quienes Él cataloga como nuestros enemigos. Él dice que debes "amar a tus enemigos". En seguida explica cómo has de lograrlo: "orad por los que os calumnian" (Lc. 6:27-28).

Está claro que como cristianas tú y yo no debemos devolver "mal por mal, ni maldición por maldición, sino por el contrario, bendiciendo" (1 P. 3:9). Más bien, lo que Jesús espera de nosotras es la respuesta piadosa de la paciencia, y la oración es la imagen perfecta de la paciencia en acción. Él quiere que nos abstengamos por completo de respuestas carnales hacia nuestros enemigos, hacia aquellos que nos maltratan de alguna manera. Debemos más bien bendecir y orar. ¿No es precisamente eso lo que hizo Jesús cuando oró por quienes lo clavaron a una cruz? "Padre, perdónalos, porque no saben lo que hacen" (Lc. 23:34). Ora entonces por las personas difíciles que hay en tu vida. Pide a Dios que te llene de su paciencia. Pon tu corazón al servicio de la oración, no del odio.

Una cosa es necesaria

Al igual que me sucede a mí, estoy segura de que has sido culpable de perder la paciencia con algunas personas debido a una situación de presión. Cuando yo estoy bajo presión, puedo ser impaciente conmigo misma, con mi agenda, con mis compromisos, ¡y con cualquiera que se atreva a acercarse a mí! Y sé que no soy la única, porque hay una mujer en la Biblia a quien le pasó lo mismo. Por fortuna, mi impaciencia nunca ha quedado documentada, como lo fue el episodio de la vida de Marta (ver Lc. 10:38-42).

Jesús y sus discípulos habían "llegado" a la casa de María con la expectativa de disfrutar una agradable y tranquila cena, según creo yo, y un tiempo de descanso y reposo para renovarse en cuerpo y mente. Pero esto no fue así, porque en plenos preparativos de la comida, Marta notó la ausencia de su hermana María.

Al asomarse por la esquina de la cocina, Marta descubre a María sentada (!) a los pies de Jesús, escuchando sus enseñanzas. Pues bien, Marta estalló e irrumpió en la sala llena de huéspedes y prácticamente exigió a Jesús que reprendiera a María por no ayudarla en la cocina. La impaciencia de Marta la llevó a arremeter contra su hermana y a acusar a Jesús por no pensar en ella y en su servicio en la cocina.

Sin embargo, en lugar de reprender a María, Jesús explicó pacientemente a Marta lo verdaderamente importante: atender las necesidades espirituales antes que las físicas. Jesús le dijo: "afanada y turbada estás con muchas cosas. Pero sólo una cosa es necesaria; y María ha escogido la buena parte, la cual no le será quitada" (vv. 41-42).

Examina tu corazón

Con mucha frecuencia, la impaciencia resulta de la decisión de hacer las cosas en la carne, con tus propias fuerzas. Te vuelves impaciente o te sientes frustrada contigo misma o con alguien más porque tu plan para el día, o para cierto evento, o la rutina de tu vida se desbaratan. Tus sueños no se cumplen, otros te fallan, y te encuentras sola tratando de recoger los pedazos de un proyecto o una meta. Jesús te dice, como le dijo a Marta, que cambies tu enfoque a lo verdaderamente importante: tu relación con Él. ¡Sé paciente! ¡Cálmate! ¡Detente! ¡Deja dc pelear! Dedica tiempo a parar todas tus ocupaciones y siéntate. Mira a Jesús, tu maravilloso, paciente, amable y sabio Señor. Escucha su voz. Céntrate en Él. Recuerda su vida y las Escrituras que revelan quién es Él. Y ora.

El juez está a la puerta

Una noche, mientras un grupo de mujeres estudiábamos acerca de la paciencia, encontramos un pasaje alentador escrito por Santiago a un grupo de cristianos pobres y maltratados. ¿Qué aconsejarías a un grupo de personas agobiadas? Santiago dijo a estos lectores oprimidos: "tened paciencia hasta la venida del Señor. Mirad cómo el labrador espera el precioso fruto de la tierra, aguardando con paciencia hasta que reciba la lluvia temprana y la tardía. Tened también vosotros paciencia, y afirmad vuestros corazones; porque la venida del Señor se acerca" (Stg. 5:7-8).

A primera vista, mi grupo no entendía completamente lo que esto significaba. Entonces leímos el versículo 9: "el juez está delante de la puerta". Después de un breve análisis, llegamos a comprender la relación: el Señor viene, y el Señor es el juez. Cuando Él venga, juzgará todas las cosas y todas las personas, incluso aquellas que nos oprimen y persiguen. Ese es su papel y su trabajo. Hasta el maravilloso suceso de la venida del Señor, nuestro papel y nuestro trabajo consiste en ser pacientes con nuestra vida, e invertir nuestra energía cultivando la confianza en el Señor.

¿Clama tu corazón "ven pronto, Señor Jesús"? Si es así, no hay problema. Cuando el Señor y Juez aparezca, Él lo arreglará todo. La opresión se acabará. Nuestro sufrimiento terminará y podremos disfrutar para siempre de la presencia de Jesús. No solo eso, sino que el Señor nos recompensará por la paciencia que hayamos tenido con las personas difíciles. También castigará a nuestros enemigos, juzgándoles como es debido y enmendando todo daño. De modo que tenemos que soportar con paciencia cualquier sufrimiento que enfrentemos, porque el Señor, el Juez, ha prometido volver y arreglar todas las cosas.

Examina tu corazón

Pregúntate: "¿Puedo esperar?". La Biblia dice que puedes, y debes. Piensa en una persona que te haya causado o que te causa gran sufrimiento en este momento, alguien que es hostil, malintencionado, ingrato, o que te ignora, te insulta, te calumnia, o impide tu crecimiento. Delante del Señor, el Juez, ora pidiendo la gracia y la ayuda de Dios para resistir todo apremio de vengarte o de castigar a esa persona. Y todo lo contrario, con paciencia, quédate quieta, espera. Espera en el Señor, ¡espera al Juez!

Andad en el Espíritu

La vida no es sencilla, y más bien esa afirmación se queda corta. No hay un solo día de mi vida (y me imagino que lo mismo te ocurre a ti) que esté exento de problemas que exijan paciencia de mi parte. ¿Cuál es tu grado de paciencia cuando estás atrapada en un embotellamiento? ¿Cómo manejas la espera prolongada de algo anhelado (como concebir un hijo muy deseado)? ¿Cómo aguantas cuando esperas algo doloroso (como la muerte inevitable de un padre o un ser querido que agoniza)? La paciencia es la capacidad de tolerar la demora, la dificultad o el sufrimiento, sin enojarse, alterarse ni desesperarse. Cuando enfrentamos desafíos, la paciencia no suele ser nuestra respuesta automática. ¿Cómo podemos cambiar esto?

La respuesta es el Espíritu Santo. Jesús prometió enviar a un ayudador, el Espíritu Santo, que nos acompañe y more en todos aquellos que creen en Él (Jn. 14:15-17). El Espíritu es quien nos capacita para demostrar paciencia incluso en nuestros momentos más difíciles. Cuando hacemos lo que Él nos manda, cuando andamos "en el Espíritu", demostraremos y viviremos en paciencia (Gá. 5:16, 22).

Una mujer conforme al corazón de Jesús

De Génesis a Apocalipsis vemos la constante manifestación de la paciencia de Dios. En una ocasión, Dios Padre fue paciente con su creación pecadora. Él esperó 120 años antes de enviar el juicio mediante un diluvio universal que destruyó a toda la humanidad de la faz de la tierra, excepto Noé y su familia (Gn. 6:3).

Jesús, como Dios encarnado, también reflejó este mismo corazón paciente. Él fue paciente con sus discípulos y su incredulidad. Fue paciente con todos aquellos que eran sinceros en su deseo de conocerle y creer en Él. ¿Puedes imaginar la paciencia que tuvo el Creador del universo para trabajar con un grupo de personas que eran creación suya e incluso familiares, cuando en realidad no entendían lo que Él les decía acerca de sí mismo? Esta misma paciencia es la que Jesús te ofrece a ti. Él sabe que tú eres una obra inacabada.

Esta es la misma paciencia divina que Jesús quiere que tú tengas y demuestres a los demás. Entrénate en la paciencia. Alarga tu mecha. ¿Cuánto vas a poder esperar antes de estallar? Trata de alargar tu paciencia un poco más la próxima vez. ¿Cuántas veces puedes soportar la presión antes de derrumbarte? Trata de hacerlo unas cuantas veces más la próxima vez que enfrentes dificultades. Ahí es cuando la oración sale al rescate. Tu Dios paciente, el Señor Jesús, está dispuesto a darte su paciencia. Como Él dijo: "Pedid, y se os dará" (Mt. 7:7).

Oración

Señor Jesús, gracias porque has sido paciente conmigo. Siento como si avanzara un paso y retrocediera dos. Ayúdame a tratar a los demás con la paciencia que Tú me has manifestado, tanto en mi casa como en la iglesia y en el trabajo. Dame un corazón paciente que refleje tu corazón. Amén.

Día 19

Pacífico

¿Qué tan difícil es encontrar un lugar de paz en estos días? Ciertamente no es Los Ángeles, o por lo menos no lo fue para mí y para mi familia. Durante los más de 35 años que vivimos ahí, entraron a robar en nuestra casa, alguien se estrelló contra nuestro auto y huyó, un incendio en las montañas que rodeaban nuestro valle obligó a mi esposo a permanecer sobre el tejado con una manguera para impedir que la madera se incendiara, por no hablar de dos terremotos de más de 6.0 en la escala de Richter, uno de los cuales casi destruye nuestro hogar.

¡Pero qué más da! Esa era nuestra ciudad, y en esa época yo no me daba cuenta de lo que podría faltar en mi vida. Ni siquiera estoy segura de haber podido describir correctamente un lugar de paz. Solo hasta que nos mudamos a la Península Olímpica en el estado de Washington, experimentamos por fin un verdadero lugar de paz… ¡a cinco millas de la nada!

Cabe añadir rápidamente que para mis dos hijas ha sido también difícil encontrar un lugar de paz. Una vivía en Nueva York el 11-S cuando las torres gemelas del World Trade Center fueron destruidas en un ataque terrorista, y la otra ha sido evacuada dos veces de la zona donde vivía por alerta de huracanes, y una por un tsunami.

En esta nueva jornada que emprendemos hacia la semejanza del carácter de Cristo, llegamos a una cualidad y una actitud realmente difícil de alcanzar: la paz. Ahora bien, permíteme aclarar que un *lugar* de paz no es lo mismo que una *actitud* de paz, es decir, paz en tu corazón y en tu mente. Si quieres un lugar de paz, considera mudarte a algún lugar tranquilo a cinco millas de la nada. Pero si quieres experimentar una actitud de paz dondequiera que estés y cualesquiera sean tus circunstancias, múdate más cerca de Jesús.

Antes de examinar el ejemplo de Aquel que es conocido como el "Príncipe de paz" (Is. 9:6), meditemos en algunas verdades acerca de la actitud de paz:

- Nuestra paz nada tiene que ver con nuestra situación, y todo que ver con saber que tenemos una relación con Jesús.
- Nuestra paz nada tiene que ver con los sucesos cotidianos, las crisis o el último desastre, y todo que ver con saber que Dios tiene todo bajo control y nada sucede por error.
- Nuestra paz nada tiene que ver con lo que tenemos o no tenemos, y todo que ver con saber que Dios proveerá.
- Nuestra paz es una actitud interior de tranquilidad y serenidad que demuestra un corazón descansado, el cual se tiene cuando, sin importar las circunstancias a nuestro alrededor, ponemos toda nuestra confianza en Jesús.

Jesús nos muestra el camino

Setecientos años antes del nacimiento de Jesús, el profeta Isaías predijo en el Antiguo Testamento la venida de Aquel que ostentaría el título de "Príncipe de paz" (Is. 9:6). Esa persona fue Jesús. Para empezar a comprender la paz tal como Jesús la demostró, adelantémonos al final de su vida aquí en la tierra.

El ejemplo de paz de Jesús

La forma en que Jesús respondió al estrés y a la agitación nos enseña muchísimo a crecer en la semejanza de Cristo. En la víspera de morir crucificado, Jesús experimentó una gran lucha. La batalla fue tal que dijo a algunos de sus discípulos: "Mi alma está muy triste, hasta la muerte; quedaos aquí y velad" (Mr. 14:34). En su humanidad, Jesús, que experimentó la tentación como todos nosotros, tenía un problema, una tentación, con la paz interior. Él era consciente de que debía padecer y morir, pero aún así tuvo que lidiar con el estrés de experimentar la realidad del dolor y la muerte.

¿Cómo encontró Jesús la paz cuando se dirigía hacia una muerte espantosa? Él "se postró en tierra, y oró que si fuese posible, pasase de él aquella hora. Y decía: Abba, Padre, todas las cosas son posibles para ti; aparta de mí esta copa; mas no lo que yo quiero, sino lo que tú" (vv. 35-36).

Nada había cambiado. Jesús aún debía ir a la cruz. Pero ahora estaba listo para hacer la voluntad de Dios. Todo había sido establecido y confirmado con el Padre en oración. Como resultado, con absoluta confianza y paz mental, Jesús pudo decir a sus discípulos: "Levantaos, vamos; he aquí, se acerca el que me entrega" (v. 42).

Encomendar tus temores en una confianza plena en el Señor no es la confianza ni la fe del momento de la salvación. Es el fruto de tu salvación. Es la confianza que viene cuando enfrentas una situación dolorosa o angustiosa y, en vez de sentir pánico o desmoronarte, eliges creer que Jesús está contigo en ese momento dispuesto a ayudarte, sostenerte y sacarte adelante.

Examina tu corazón

Jesús te permite elegir. Puedes elegir ceder a los sentimientos de pánico o terror, o puedes poner tu confianza en Él y ser llena de su paz. Entonces, cuando se avecinen las nubes de tormenta y las cosas parezcan salirse de control, confía en el Todopoderoso Hijo de Dios. Si lo haces, experimentarás la paz de Dios. Empieza con algo pequeño (como "Señor, ayúdame con este discurso", o "Señor, dame paciencia durante una hora más hasta que los niños estén acostados", o "Señor, ayúdame a sacar adelante esta reunión familiar"). Entonces, cuando se asomen en el horizonte nubes realmente oscuras, cruces que debas llevar, pruebas que pongan en riesgo la vida, tu confianza será fuerte y tu paz glorificará a Dios.

Jesús te ofrece su paz

Jesús pone a tu disposición su paz perfecta de la siguiente manera y en los siguientes lugares:

El lugar de la paz

¿Qué es más reconfortante que un dulce hogar en paz? ¿Un lugar donde estás rodeado de familiares y amigos? Antes de su muerte, Jesús dijo a sus discípulos que pronto los dejaría. Ellos seguirían adelante sin Él, sin su presencia física. Ellos necesitaban saber que algún día habría un lugar para ellos, un lugar donde estarían con Jesús en persona. Para consolarlos y apaciguar sus inquietudes, Jesús les dijo: "No se turbe vuestro corazón; creéis en Dios, creed también en mí. En la casa de mi Padre muchas moradas hay; si así no fuera, yo os lo hubiera dicho; voy, pues, a preparar lugar para vosotros. Y si me fuere y os preparare lugar, vendré otra vez, y os tomaré a mí mismo, para que donde yo estoy, vosotros también estéis" (Jn. 14:1-3).

La persona de la paz

Durante su ministerio terrenal, siempre que Jesús enviaba a sus discípulos y que surgían problemas o preguntas, ellos podían acudir a Jesús. Él estaba siempre disponible para ayudarlos. Por tanto, mientras Jesús estuvo con los discípulos, ellos pudieron mantenerse unidos sin problema. Ahora que Jesús se iba, quería prometerles que no los abandonaría. Él iba a enviar a alguien que sería su Ayudador. ¡Cuán reconfortante debió ser! Ellos podían tener paz mental sabiendo que Jesús estaría con ellos por medio del Espíritu Santo. Él explicó: "Y yo rogaré al Padre, y os dará otro Consolador, para que esté con vosotros para siempre" (v. 16).

El Espíritu Santo es nuestro Ayudador, Maestro y Consolador personal (Jn. 14:26). En la medida en que somos obedientes para recibir la instrucción, la dirección y la guía, el Espíritu Santo nos capacita para experimentar paz interior. Cuando permanecemos en Cristo y andamos en su Espíritu, manifestamos el fruto de su presencia: su paz (Gá. 5:22).

La promesa de la paz

Hemos visto con qué amor preparó Jesús a sus discípulos para su muerte y su partida. Durante los últimos meses de Jesús en la tierra, sus discípulos fueron su mayor ocupación. Atrás habían quedado los días de ministerio y el clamor de las multitudes. Durante sus últimos días y horas, Jesús centró su atención en estos hombres, confundidos y frágiles.

A medida que se acercaba el fin, Jesús sabía que pronto dejaría a sus amados amigos. Era hora de despedirse. Hasta ese momento, sin usar la palabra *paz*, Jesús había prometido a sus discípulos un lugar de paz (el cielo) y una Persona de paz (el Espíritu de paz, el Espíritu Santo).

Por último, Jesús los reconfortó con estas palabras inolvidables y tranquilizadoras: "La paz os dejo, mi paz os doy; yo no os la doy como el mundo la da. No se turbe vuestro corazón, ni tenga miedo" (Jn. 14:27). En tiempos del Nuevo Testamento la palabra para despedirse era "paz", o más específicamente, el término hebreo "Shalom". Aunque Jesús se separaba de sus discípulos, les dejaba también un legado: "Mi paz os doy". Cuando Jesús ya no estuvo físicamente presente, sus seguidores tendrían "paz para con Dios" (Ro. 5:1) por el perdón de sus pecados. También tendrían "la paz de Dios" (Fil. 4:7) que guardaría sus mentes y sus corazones. El mundo no puede dar esta clase de paz, ¡pero Jesús sí puede y nos la ofrece!

Examina tu corazón

¿Qué es lo único que puede apaciguar tus temores y quitar tus preocupaciones? Obviamente no es alguna forma de escapismo, ni estar exento de distracciones. Las diversiones, los pasatiempos, y los viajes tampoco son la respuesta. Como reemplazo, el mundo ofrece ese tipo de entretenimiento. En realidad, solo una cosa, o Persona, puede ofrecerte paz. Y ya sabes quién es: Jesús. Y la paz que Él te ofrece es diferente. Así como Jesús tuvo paz por su relación con el Padre, Él te ofrece su paz mediante una relación con Él.

¿Es tu vida estresante? ¿Necesitas paz? Permite al Espíritu Santo llenarte con la paz de Cristo. En oración, entrega todos tus temores y ansiedades a Jesús. "Por nada estéis afanosos, sino sean conocidas vuestras peticiones delante de Dios en toda oración y ruego, con acción de gracias. Y la paz de Dios, que sobrepasa todo entendimiento, guardará vuestros corazones y vuestros pensamientos en Cristo Jesús" (Fil. 4:6-7).

Una mujer conforme al corazón de Jesús

Estoy segura de que ya sabes que una actitud de paz no suele ser tu reacción automática en la mayoría de situaciones o escenarios. Quizá te inquiete la integridad física de tu familia, en especial la de tus hijos, ya que están expuestos a un mundo de maldad. O tal vez se te haga un nudo en el estómago imaginando un accidente de tráfico en una autopista a 120 kilómetros por hora con autos que zumban en los cuatro carriles pasando en ambas direcciones. Puede que tengas momentos de pánico, terror o susto en diversas situaciones. Pero recuerda, cuando Jesús ofreció paz a los discípulos, también te la ofreció a ti. ¿Cómo puedes experimentarla?

Ora. Tú puedes tener la paz de Jesús por medio de la oración. Sigue el ejemplo de Jesús en el huerto de Getsemaní. Cuando Él estaba angustiado, oró. La oración es un acto de fe. La oración revela que buscas la ayuda de Jesús. Le pides que supla lo que falta para que puedas superar tu problema o arreglar una situación, ya sea un asunto doméstico o del corazón.

Obedece. Experimentarás paz cuando sigas la dirección del Espíritu Santo. Jesús fue obediente a la voluntad del Padre y tomó el camino más difícil: el camino de la cruz. Su paz radicaba en su obediencia al Padre. Tu obediencia traerá la misma paz a tu mente y a tu corazón.

Confía. "Fíate de Jehová de todo tu corazón, y no te apoyes en tu propia prudencia" (Pr. 3:5). Tú experimentarás la paz de Dios cuando...

... elijas confiar en la presencia de Jesús y no asustarte.

... confíes en la sabiduría y en las disposiciones de Jesús y rehúses confiar en tu propio entendimiento y sabiduría.

... confíes que Jesús sabe lo que más conviene y estés dispuesta a dejarle guiar tu vida.

Cuando oras, obedeces y confías en el Señor, reflejarás la paz que solo Jesús da. Jesús anduvo en esta tierra en perfecta paz, porque confió en el Padre en todo, y para todo. Al seguir su ejemplo, tú reflejarás a Jesús y serás un testimonio vivo de su gracia salvadora, y de la paz de Dios que sobrepasa todo entendimiento.

~ Oración ~

Amado Señor, gracias porque tu misión fue traer paz a la tierra por medio de tu muerte y resurrección. Ayúdame a confiar en ti en cada área de mi vida, a fin de que yo pueda experimentar tu paz, una paz que sobrepasa todo entendimiento, una paz que guardará mi corazón y mi mente de todo temor y ansiedad, en toda circunstancia. Amén.

Día 20

Consagrado a la oración

Con frecuencia, en las conferencias de mujeres en las que participo hablo acerca del origen de mis libros. *Una mujer conforme al corazón de Dios®* nació de un regalo de un librito con las páginas en blanco que me había obsequiado mi hija Katherine en un día de la madre. Después de tenerla durante semanas sobre la mesita de la sala, y después de una vigorosa jornada de limpieza, lo puse entre dos libros más grandes en una estantería. Después de todo, pensé, ¿qué podría hacer con un libro lleno de páginas en blanco?

Varios años después, en mi décimo aniversario espiritual, me senté en mi sala para agradecer a Dios su gracia salvadora. Después de ese tiempo de oración le pregunté a Dios qué podía faltar en mi vida cristiana. Antes de terminar de formular la pregunta, ya sabía con exactitud lo que faltaba: ¡oración! De inmediato, salté y busqué el hermoso librito que me había regalado mi hija, la cual entonces tenía 12 años, y decidí que empezaría mi disciplina de oración usando el libro como diario de oración. Pues bien, desde entonces aquel librito se ha convertido en archivos completos, he llenado cajones enteros de diarios que registran peticiones y respuestas a las oraciones. El libro *Una mujer conforme al corazón de Dios®* vino como resultado de aprender a orar acerca de mis prioridades y mis funciones como mujer, esposa y madre cristiana.

Jesús nos muestra el camino

Creo que estarías de acuerdo conmigo si digo que la oración es difícil. Por supuesto, es una bendición y una hermosa experiencia espiritual. Pero tal vez por nuestras múltiples ocupaciones, o la falta de fe en el poder de la oración, o por la razón que sea, nosotras (o por lo menos yo) no oramos con tanta frecuencia ni con tanto fervor como deberíamos. Y una vez más, como siempre y en todo, al estudiar la virtud de hoy, encontramos en Jesús el modelo perfecto de una vida de oración. Cuando meditamos en la fidelidad de Jesús en un capítulo anterior, aprendimos que vivió en un espíritu de oración fiel. Él oró a solas con el Padre en un lugar apartado, y oró en medio de una multitud apabullante. La oración era su vida, su hábito. Él oró en cada situación, en cada emergencia, en cada oportunidad, y por cada cosa. Nada era tan pequeño que no mereciera sus oraciones.

Si estás insatisfecha con tu vida de oración (¿y quién no lo está?), entonces haz una pausa para aprender acerca del hábito de oración de Jesús, el cual te servirá de gran inspiración y te dará ideas para desarrollar una vida de oración más fiel y constante.

Orar por la voluntad de Dios

Leer los Evangelios nos permite ver varios episodios de Jesús orando. No puedes pasar por alto el hecho de que para Jesús era costumbre orar antes de los acontecimientos importantes y respecto a las decisiones importantes de su vida. Por ejemplo...

Jesús oró cuando empezó su ministerio. El bautismo de Jesús fue un suceso determinante de su vida. Fue el anuncio del principio de su ministerio público. ¿Cómo vivió Él este momento crucial? Lo descubrimos elevando su primera oración registrada: "Aconteció que cuando todo el pueblo se bautizaba, también Jesús fue bautizado; y orando, el cielo se abrió, y descendió el Espíritu Santo sobre él" (Lc. 3:21-22).

Sea cual sea tu ministerio, palidece comparado con el que tuvo Jesús. No obstante, es tu ministerio, y tu ministerio merece y exige tus oraciones, pues es la obra que Dios te ha confiado, conforme a su voluntad, que es agradable a Él y es bendición para su pueblo (1 Co. 12:7, 11, 18).

Jesús oró cuando escogió a sus discípulos. Jesús tenía muchos seguidores, pero quiso elegir a 12 como líderes, como apóstoles, como "los enviados". Estos hombres recibirían una autoridad especial para transmitir su mensaje al mundo. Su elección marcaría el comienzo de un entrenamiento centrado en 12 hombres que llevarían el evangelio hasta los confines de la tierra. Este fue sin duda un suceso histórico. De nuevo, la oración fue la respuesta de Jesús: "En aquellos días él fue al monte a orar, y pasó la noche orando a Dios. Y cuando era de día... escogió a doce de ellos, a los cuales también llamó apóstoles" (Lc. 6:12-13).

Examina tu corazón

Como mujer cristiana, Dios desea que tú hagas discípulos, aconsejes, y entrenes a las "jóvenes" en tu familia, en tu iglesia, y en tus círculos cristianos, enseñando fielmente "el bien" (Tit. 2:3-4). Es también un llamado de Dios a orar. Entonces fíjate la meta de orar cuando te dispongas para cumplir esta tarea que Dios te ha asignado. Ora para que seas amigable y te sientas dispuesta para ayudar a mujeres más jóvenes. Ora para saber con cuántas amigas puedes invertir tu tiempo. Y, al igual que Jesús, ora para saber con quiénes debes hacerlo.

Jesús oró antes de ir a la cruz. En este último episodio, el tiempo de Jesús sobre la tierra se acercaba a su fin. De hecho, Él y los doce habían disfrutado de la última cena. Él sabía que le esperaba la cruz, y conocía sus implicaciones para toda la humanidad. De modo que se apartó para orar al huerto de Getsemaní con sus discípulos, un lugar habitual de oración. Su inminente crucifixión sería espantosamente dolorosa y difícil, y su alma estaba muy angustiada. Por lo tanto, oró.

La angustia del Señor tenía poco que ver con el miedo al tormento físico de la cruz o incluso de su muerte. Antes bien, estaba angustiado porque tendría que beber toda la copa del juicio de Dios contra el pecado. ¿Cómo soportó Jesús esta horrenda situación? Él... "se postró sobre su rostro, orando y diciendo: Padre mío, si es posible, pase de mí esta copa" (Mt. 26:39). Y después de orar una segunda y tercera vez, sus oraciones cambiaron para reflejar la poderosa fuerza de su determinación: "Padre mío, si no puede pasar de mí esta copa sin que yo la beba, hágase tu voluntad" (v. 42).

Nosotras nunca experimentaremos nada parecido a lo que Jesús tuvo que enfrentar y soportar, llegando a morir en una cruz. Pero sí sufrimos, a veces dolor físico, emocional, o carencias en nuestra vida, dificultades, relaciones complicadas, y mucho más. Para estar preparada para esto, enfrentarlo y soportarlo, ya sabes lo que hay que hacer: ¡orar!

Jesús nos demuestra a todos los cristianos la importancia de orar cuando necesitas tomar decisiones y recibir dirección para tu vida. Él oró cuando tuvo que tomar una decisión importante o cuando se presentó una situación especial o complicada. Su hábito de orar también nos enseña cómo tener acceso al poder y la gracia de Dios. El deseo de Jesús era seguir fielmente la voluntad del Padre, y la oración era una parte vital de su toma de decisiones. Lo mismo es cierto para ti en tu búsqueda de la voluntad de Dios.

Examina tu corazón

Si meditas acerca de tu vida y de los días venideros, ¿qué suceso importante está a punto de acontecer? ¿Qué dirección necesitas para tu futuro, o para el futuro de un hijo? ¿Qué fortaleza te hace falta para tomar una decisión difícil pero inevitable? Sigue el ejemplo del Señor y, al igual que Él, ora. Dios te ha dado un recurso inagotable que es la oración. Como dice una de mis citas predilectas acerca de la oración: "Acerquémonos, pues, confiadamente al trono de la gracia, para alcanzar misericordia y hallar gracia para el oportuno socorro" (He. 4:16).

Orad los unos por los otros

El libro de Hebreos contiene una declaración asombrosa acerca del ministerio presente de Jesús. Allí aprendemos que

Él "puede también salvar perpetuamente a los que por él se acercan a Dios, viviendo siempre para interceder por ellos" (He. 7:25). El ministerio intercesor de Jesús empezó cuando estaba en la tierra. La intercesión por otros, como mediador de ellos ante el Padre, fue un aspecto predominante de las oraciones de Jesús durante su vida en la tierra, ¡y todavía lo es!

Por ejemplo, en la víspera de su crucifixión, Jesús le dijo a su discípulo Pedro que el diablo había pedido permiso para zarandearlo como al trigo, haciendo referencia a un grave prueba que se avecinaba. Con todo, Jesús confortó a Pedro diciéndole que Él, el Señor mismo, había orado para que la fe de Pedro no fallara. Jesús había intercedido e intervenido a favor de Pedro (Lc. 22:31-32).

Más tarde, aquella misma noche horrible, horas antes de su muerte, Jesús pronunció su gran oración intercesora de Juan 17. Observa el contenido general de esta célebre oración intercesora, que nos incluye a ti y a mí. Primero, nuestro Señor oró por Él mismo, para que pudiera glorificar al Padre (vv. 1-5). Luego, intercedió por sus discípulos (vv. 6-19). Él oró para que el Padre los guardara del maligno y los santificara por medio de la verdad de la Palabra de Dios. Entonces Jesús miró hacia el futuro, y oró por todos aquellos que llegarían a ser creyentes, lo cual nos incluye a ti y a mí (vv. 20-26). Él pidió nuestra unidad, la plenitud del Espíritu Santo, y que un día todos los creyentes estuvieran con Él en el cielo.

¿No te parece conmovedor? ¡Pensar que hace tantos siglos Jesús haya pensado en nosotras y orado por nosotras! La intercesión fue fundamental para Él. Una cosa es cuando se enfocó en sí mismo, especialmente cuando estaba de cara a la cruz. Pero otra, cuando vemos que dedicó el tiempo, el interés y el amor para presentar a sus 12 discípulos, y a nosotras, ante Dios Padre. A partir del ministerio de intercesión de Jesús podemos concluir que si dicha intervención era importante para Él, también es fundamental para nosotros que oremos "unos por otros" (Stg. 5:16).

Estos breves ejemplos de las oraciones de Jesús a favor de otros (¡y de ti!) constituyen un recordatorio de que estás en medio de una feroz batalla espiritual. Las oraciones del Hijo de Dios deben volverte más consciente del hecho de que Satanás y sus fuerzas sostienen un feroz combate contra Dios por los corazones y las almas de los hombres. Por esta razón Jesús intercedió por sus discípulos, y continúa intercediendo por todos los cristianos hoy, e incluso por ti. Él ora para que el Padre te consagre, te guarde santa, pura y a salvo del poder del enemigo. Jesús también ora por la unidad de tu iglesia y entre sus miembros.

Examina tu corazón

Para reflejar el corazón que tenía Jesús consagrado a la oración, sigue su ejemplo y ora por otros, para que sean protegidos del maligno. Ora por su santidad. Ora por la unidad entre los miembros de tu iglesia y en el Cuerpo de Cristo. Saber que Jesús está intercediendo por ti debe llenarte de confianza cuando tú también oras diciendo: "Hágase tu voluntad, como en el cielo, así también en la tierra" (Mt. 6:10).

Ora a tu Padre

Cuando Jesús predicó su sermón del monte, describió lo que significa la vida del reino. Subrayó una práctica común que algunas personas tenían, en especial los líderes religiosos que querían ser vistos como "santos". Estos farsantes usaban la oración pública como una manera de llamar la atención. Jesús los llamó "hipócritas" (Mt. 6:5), y previno a sus oyentes, y a nosotras también, acerca de que las oraciones no son un espectáculo. Jesús dijo a sus seguidores: "Mas tú, cuando ores, entra en tu aposento, y cerrada la puerta, ora a tu Padre que está en secreto; y tu Padre que ve en lo secreto te recompensará en público" (v. 6).

Tus oraciones sirven para tener una comunión privada con Dios. Él, y solo Él, es el espectador de tus oraciones, sean privadas o públicas, y el único a quien debes dirigirlas. Esto no significa que sea inaceptable que ores en público. Pero sí que antes de orar en público debes examinar tu corazón. Cuando oras, piensa que Dios es tu espectador, tu verdadero público. No son quienes oyen tus oraciones los que importan, sino Dios mismo.

Señor, enséñanos a orar

¿Has sentido alguna vez que ni siquiera sabes cómo orar? Tal vez hayas asistido a un estudio bíblico o a una clase, y durante el tiempo de oración, todos parecían expresarse en oración con mucha naturalidad y confianza. Y después, al finalizar la reunión, quizás hubieras deseado que alguien te enseñara cómo orar.

Parece que los discípulos de Jesús sentían lo mismo. Muchos de ellos habían visto a Juan el Bautista orar. (¿Puedes imaginártelo?). Luego, cuando empezaron a seguir a Jesús, también le observaban y escuchaban. (¿Y puedes imaginar cómo será ver y oír a Dios encarnado orando?). Ellos fueron testigos de su consagración a la oración y de su vehemencia. Y empezaban a comprender el mensaje: la oración encierra un gran poder, y los beneficios son muchos. Entonces, después de una de aquellas ocasiones en las que Jesús hablaba con su Padre celestial, sus discípulos acudieron al Maestro de la oración, y le pidieron: "Señor, enséñanos a orar" (Lc. 11:1).

¿Cuál fue la respuesta de Jesús? Fue en este punto que Jesús dio a sus discípulos una oración modelo, y esa misma oración establece un modelo para ti y para cada seguidor de Cristo en la actualidad. Esta oración se encuentra en Mateo 6:9-13, y se denomina con frecuencia el Padre Nuestro. Sin embargo, sería más exacto llamarla "la oración de los discípulos", porque Jesús les dijo: "oraréis así" (v. 9).

Esta oración modelo es precisamente eso, un modelo. Hace siglos Jesús estableció una guía para los cristianos de todos los tiempos, comunicando algunos de los elementos que debemos incluir en nuestras oraciones. La mejor manera de aprender a orar es siguiendo su modelo. Haz lo que Él dijo y ora como Él oró. El Señor oró en todo tiempo por todas las cosas, y tú debes hacer lo mismo. Él oró fiel y fervientemente, y así debes orar tú. Él oró por el bien de su pueblo, y tú deberías hacer lo mismo.

Una mujer conforme al corazón de Jesús

Para Jesús, la oración era como respirar. Es como si no pudiera vivir sin ella. Su único deseo fue cumplir la voluntad del Padre. En su última oración al Padre registrada en las Escrituras, que fue antes de ser clavado en la cruz, dijo: "Yo te he glorificado en la tierra; he acabado la obra que me diste que hiciese" (Jn. 17:4). ¿Cómo pudo hacer esto? La oración fue una herramienta esencial que Jesús utilizó para llevar a cabo la meta de cumplir la voluntad de Dios.

Las bendiciones de la oración te esperan, las bendiciones de comunión con Dios. ¡Piensa nada más que estás hablando con Dios mismo! Las bendiciones de lidiar con el pecado, crecer más y más en la semejanza de Jesús. Las bendiciones de hablar tus cosas con Dios... antes de tomar decisiones, antes de cometer demasiados errores. Y las bendiciones de amar e interesarte por otros lo suficiente para pedir a Dios que obre en sus vidas. Y lo mejor de todo, cultivar el hábito de la oración en tu rutina diaria hará que tu carácter sea cada vez más semejante al de Cristo. ¡Y esto te llevará a la bendición de ser conforme al corazón de Jesús!

Todo esto, y mucho más, se alcanza por medio de la oración. Como escribió Martín Lutero, el gran reformador protestante: "Cuanto menos oro, más difícil es todo. Cuanto más oro, mejor sale todo". Y en palabras de otro santo: "La lección principal acerca de la oración es esta: ¡ora! ¡ora! ¡ora! ¿Quieres que te enseñen cómo orar? La respuesta es: ora".[11]

~ Oración ~

Jesús, reconozco la necesidad, la importancia y las bendiciones de ser una mujer de oración. Ayúdame a hacerlo, a convertirme en una mujer conforme a tu corazón que ora fielmente como tú lo hiciste. Amén.

Día 21

Puro

Lo siento, pero me río al pensar en la palabra *puro*. Es porque precisamente ayer tuve que retirar el medio galón de jarabe de arce que está en mi refrigerador para dar espacio a algo más. Cuando vi y toqué esa gran jarra de jarabe me hizo recordar de cuándo la compré. Estaba en Maine visitando a mi hija y a su familia, salimos de paseo al campo en su camioneta. A lo largo de varios kilómetros de nuestro recorrido, vimos una señal tras otra con el aviso "Jarabe de arce más adelante". En la casa de mi niñez, mis padres preparaban su propio jarabe de arce, que nos encantaba. Así que estaba muy ansiosa por conseguir un poco de verdadero jarabe de arce en un estado en el cual abundan los árboles de arce.

Al fin logramos llegar a uno de los mercados junto al camino, ¡y me pareció increíble la cantidad de clases de jarabe de arce disponibles! ¿Cómo podría decidir cuál comprar? Entonces alcancé a ver la única marca con el sello "100% Jarabe Puro de Arce". Adivinaste, ese fue el que compré. (Lástima que no pensé en cómo iba a llevar esa jarra gigante de jarabe de arce en el avión y todo el camino de regreso a Seattle, Washington).

Cuando oyes las palabras *puro* o *pureza*, ¿qué idea viene a tu mente? Por desgracia, no es la calidad de los alimentos que compramos. En nuestra sociedad, la mayoría de las personas piensan en pureza sexual. Pero la pureza tiene un significado más amplio que se aplica a nuestra mente y a nuestro corazón. En esencia, la pureza significa que nada se añade ni se quita de una persona o de un objeto, como el oro o los colores de la pintura.

La pureza se ha convertido en un concepto extraño y ajeno en nuestra sociedad. Nada parece verdadero. A casi todo lo que conocemos, usamos y consumimos hoy se le ha añadido algo o se le ha quitado algo. Pero hay una cosa, o quizás debería decir una persona, a quien nada se le ha añadido ni quitado jamás ni en la eternidad. Esa persona es Dios. Él es el único ser puro e inmutable en el universo entero.

La santidad y la pureza de Dios

Dios es completamente distinto de toda su creación. Él no tiene igual. Como escribió Moisés: "¿Quién como tú, oh Jehová, entre los dioses? ¿Quién como tú, magnífico en santidad, terrible en maravillosas hazañas, hacedor de prodigios?" (Éx. 15:11). Puesto que Él es un Dios santo, es absolutamente puro y bueno. Por lo tanto, no ha sido tocado ni manchado por el mal que hay en el mundo. Como tal, no puede de ninguna manera participar del pecado y del mal. El profeta Habacuc describió la pureza de Dios, diciendo: "Muy limpio eres de ojos para ver el mal, ni puedes ver el agravio" (Hab. 1:13).

La perfección de Dios es la norma para nuestro carácter moral, y la motivación para nuestras prácticas religiosas. Dios es perfecto, y se espera que quienes le adoran alcancen esa norma (Mt. 5:48).

Los creyentes están llamados a ser como Dios

La Biblia repite de principio a fin que los creyentes deben ser como Dios. Como hijos de Dios, debemos ser como nuestro Padre, ser un reflejo de Él y representarlo. Así que debemos ser santos como Él, lo cual significa ser puros. Esto dijo el Señor Dios a los hijos de Israel: "vosotros por tanto os santificaréis, y seréis santos, porque yo soy santo" (Lv. 11:44). Debemos procurar la misma santidad que es inherente a la naturaleza misma de Dios. Ahora bien, la gran pregunta es ¿cómo? (o tal vez, ¿pero cómo?), Menos mal que Jesús nos muestra el camino para alcanzar esta norma tan alta y aparentemente inalcanzable.

Jesús nos muestra el camino

Solamente han existido tres seres humanos que han sido puros: Adán y Eva (antes de la caída), y Jesús. Y, puesto que

Adán y Eva sucumbieron a la tentación y eligieron pecar, Jesús es la única medida con la cual podemos evaluar la conducta humana, y esto incluye la pureza y la santidad. Jesús nos dice lo que es puro y perfecto, y nos muestra cómo serlo. ¿Cómo deberíamos responder a su pureza y santidad? Observa las respuestas de las siguientes personas cuando descubrieron la pureza y la santidad de Jesús.

Apártate de mí, porque soy hombre pecador

Pedro y otros de sus discípulos fueron seguidores de Jesús desde el principio de su ministerio, pero siguieron viviendo de la pesca hasta que Jesús los llamó formalmente a ser discípulos. No pasó mucho tiempo para que Jesús moviera a algunos a seguirle, pues dondequiera que iba, multitudes se agolpaban. Una mañana, Jesús se acercó a Pedro y a su hermano Andrés, y a los hermanos Jacobo y Juan, después de que habían pescado toda la noche sin éxito. Mientras los hombres limpiaban sus redes junto a la orilla del Mar de Galilea, Jesús subió a la barca de Pedro y le pidió alejarla un poco de la orilla. Él quería tener un mejor ángulo para enseñar a una multitud que se agolpó junto a la orilla para escuchar a Jesús (Lc. 5:1-3).

Cuando Jesús terminó de enseñar, le pidió a Pedro que llevara la barca a aguas más profundas y que lanzara la red. Recuerda que Pedro y los otros discípulos habían pescado toda la noche sin lograr nada. Pedro, que era un pescador profesional, concluyó que era inútil seguir intentándolo. Pero como respetaba a Jesús como Maestro, accedió a la petición de Jesús. Milagrosamente, Pedro y los otros discípulos pescaron tantos peces que su redes se rompían y sus barcas se hundían. De repente, Pedro reconoció a Jesús como el Mesías y "cayó de rodillas ante Jesús, diciendo: Apártate de mí, Señor, porque soy hombre pecador" (v. 8). El profeta Isaías tuvo una reacción similar cuando recibió una visión de Dios. Él exclamó: "¡Ay de mí! que soy muerto; porque siendo hombre inmundo de labios, y habitando en medio de pueblo que tiene labios inmundos, han visto mis ojos al Rey, Jehová de los ejércitos" (Is. 6:5).

Pedro no tuvo una visión, sino que reconoció la verdadera identidad de Jesús por el milagro que acababa de ocurrir, y de inmediato fue consciente de la santidad y la pureza inherentes de Jesús. Esta revelación trajo una dolorosa convicción a Pedro de su propia pecaminosidad y lo llevó a postrarse a los pies de Jesús y a confesar su pecado.

Examina tu corazón

¿Qué piensas tú de Jesús? ¿Lo consideras un gran maestro y nada más? ¿Un profeta? ¿Un buen hombre? ¿Un poderoso líder? A la mayoría de las personas les gusta leer "las historias de Jesús". Pero ninguno de estos conceptos de Jesús cambiará tu vida desde lo más hondo. Razonamientos como estos no te llevarán a reconocer tus impurezas, tu pecado. Abre tus ojos y tu corazón. Considera a Jesús como quien es en verdad. Él es santo. Tu pureza empieza cuando reconoces tu pecado, y a la vez la pureza y santidad de Jesús. Y entonces eliges libremente buscar la misma pureza que sólo Jesús puede ofrecer.

Este hombre es inocente

Pedro reconoció a Jesús como Dios... y cayó de rodillas en adoración y confesión. Observa ahora las diferentes respuestas de tres personas más que llevaban otro tipo de vida:

Judas. Cuando este discípulo vio la terrible injusticia que había cometido contra Jesús al traicionarlo por dinero, trató de devolver las 30 monedas de plata que había recibido como pago. Él dijo a los sacerdotes y ancianos: "Yo he pecado entregando sangre inocente" (Mt. 27:4). Por desdicha, Judas nunca se arrepintió y terminó colgándose. Judas respondió con desesperación.

La esposa de Pilato. Algo extraño sucedió mientras Pilato, el gobernador romano, presidía el juicio contra Jesús. La esposa de Pilato le envió un mensaje, diciendo: "No tengas nada que ver con ese justo; porque hoy he padecido mucho en sueños por causa de él" (Mt. 27:19). La esposa de Pilato consideró a Jesús como un hombre "justo", un hombre moralmente recto y limpio. Y quería que su esposo no tuviera nada que ver con su condena. La respuesta de ella fue evitar a Jesús.

El ladrón en la cruz. Dos ladrones fueron crucificados junto con Jesús. Uno de ellos se compungió frente a todo lo sucedido. Él vio cómo los líderes religiosos se burlaban de Jesús y lo rechazaban. Pero el ladrón tuvo una actitud diferente: él reconoció que merecía morir por sus malos actos. Él dio testimonio de la inocencia de Jesús, diciendo: "mas éste ningún mal hizo" (Lc. 23:41). En seguida "dijo a Jesús: Acuérdate de mí cuando vengas en tu reino. Entonces Jesús le dijo: De cierto te digo que hoy estarás conmigo en el paraíso" (vv. 42-43). El ladrón reconoció el carácter justo y santo de Jesús, y respondió con oración.

¡En verdad este era Hijo de Dios!

Si fuera a escribir una novela biográfica, describiría más o menos así la escena de la crucifixión:

> Para el centurión y sus hombres, el día empezó "tan ajetreado como siempre" cuando salieron a trabajar. Por desdicha, su trabajo incluía arrear prisioneros a un lugar donde serían ejecutados mediante la muerte más dolorosa: la crucifixión. Su trabajo no era juzgar, sino ejecutar el juicio dictaminado por otros. Aquel día llevaban a tres hombres para ser ejecutados. Pero algo inesperado estaba a punto de suceder aquel día.
>
> Uno de los prisioneros era diferente. Su nombre era Jesús, y su único crimen era el de ser el Rey de los judíos. Después de todos los procesos, interrogatorios y juicios, ese fue el único crimen de Jesús. Su pureza como el sacrificio perfecto quedó nuevamente confirmada.
>
> Los soldados observaban los acontecimientos a medida que ocurrían: sobrevinieron tinieblas, se abrieron los sepulcros a su alrededor y los muertos salieron, e incluso la muerte de Jesús parecía diferente. Estos soldados duros y crueles solo pudieron llegar a una conclusión: "El centurión, y los que estaban con él guardando a Jesús, visto el terremoto, y las cosas que habían sido hechas, temieron en gran manera, y dijeron: Verdaderamente éste era Hijo de Dios" (Mt. 27:54).

Mientras los líderes religiosos celebraban la muerte de Jesús, estos hombres paganos reconocieron su inocencia. No fueron indiferentes a los sucesos extraordinarios. Observaron la excepcional respuesta de Jesús frente a su sufrimiento y muerte. Y como resultado, fueron los primeros en proclamar a Jesús como el Hijo de Dios, después de su muerte.

El centurión y los que lo acompañaban reaccionaron con temor, y tenían razón para estar asustados. Acababan de presenciar algo temible y aterrador. Los soldados reconocieron a Jesús como el Hijo de Dios, pero por desgracia no respondieron a Él con fe.

Examina tu corazón

Si eres creyente en Jesús, el miedo no es la respuesta que Él espera de ti. Jesús desea tu amor, tu adoración, tu obediencia y tu pureza. Él te ha limpiado de pecado y ahora eres libre para tener una vida abundante. Dale gracias y alábalo con cada respiración. Y no olvides esta advertencia contra los que menosprecian la pureza: "Porque si pecáremos voluntariamente después de haber recibido el conocimiento de la verdad, ya no queda más sacrificio por los pecados" (He. 10:26). De nuevo, da gracias a Jesús por su sacrificio. Y proponte vivir en pureza.

Comprender mejor la pureza

La pureza es una prioridad de Dios para las mujeres. La Biblia deja muy claro que Dios quiere que sus hijas sean puras. En Tito 2:3-5, Dios dice que las ancianas de la iglesia deben enseñar a las jóvenes. Se enuncian solo tres temas que las ancianas deben enseñar, y la pureza es una de ellas: "que enseñen a las mujeres jóvenes a... ser... castas". Es indudable que Dios considera nuestra pureza como una gran prioridad. ¿Está la pureza en tu lista de "asuntos pendientes para hacer y para ser"?

La pureza no ocurre por accidente. Debido a nuestra naturaleza caída, la pureza no viene de manera natural. De hecho, ¡lo opuesto es lo que viene naturalmente! Así que tú y yo debemos hacer el esfuerzo de evitar las personas, los lugares y las prácticas que podrían tentarnos a pensamientos y actos impuros. Esto significa que debemos "[huir] de las pasiones juveniles, y [seguir] la justicia, la fe, el amor y la paz, con los que de corazón limpio invocan al Señor" (2 Ti. 2:22). ¿Estás buscando ser pura y cultivar un corazón puro?

La pureza viene de la Palabra de Dios. La aplicación diaria de la Palabra de Dios tiene un efecto purificador en tu corazón y en tu mente, "porque la palabra de Dios es viva y eficaz, y más cortante que toda espada de dos filos... y discierne los pensamientos y las intenciones del corazón" (He. 4:12). ¿Estás guardando los dichos de Dios para ser pura y no pecar contra Él (Sal. 119:11)?

La pureza viene de la confesión. Cuando tú confiesas tus pecados, reconoces tu desobediencia y agradeces a Dios que su Hijo, Jesús, los ha clavado en la cruz. La confesión es ponerte de acuerdo con Dios para aceptar que has sido incapaz de vivir conforme a su medida de pureza: "Si confesamos nuestros pecados, él es fiel y justo para perdonar nuestros pecados, y limpiarnos de toda maldad" (1 Jn. 1:9).

Una mujer conforme al corazón de Jesús

La meta de Jesús para ti es la pureza y la santidad. Por tanto, son también tu objetivo. Y tu modelo es Jesús, quien muestra el camino a la pureza y la santidad. Él es la única medida según la cual debes evaluar tu conducta. Él también es el modelo perfecto que debes imitar. Al igual que en todas las esferas de tu vida, Dios espera que guardes tu pureza. Él te ha confiado este valiosísimo regalo. ¡Cuídalo bien!

- Guarda tu pureza física. Eso te guiará acerca de cómo debes comportarte.
- Guarda tu pureza mental. Eso te dictará lo que debes pensar.
- Guarda tu pureza espiritual. Eso determinará la profundidad de tu devoción y adoración.

~ Oración ~

Señor...

Te entrego todos los deseos de mi corazón. Que puedan alinearse con tu perfecta voluntad.

Te entrego mi mente. Que pueda ser llena de pensamientos que soportarían estar en tu santa presencia.

Te entrego mi boca. Que pueda hablar lo que te glorifica, edifica a otros, y revela un corazón puro.

Te entrego mi cuerpo. Que pueda guardar mi cuerpo puro para que sea un vaso santo de honra, dispuesto para tu servicio.

Te entrego mis amistades con los hombres. Que pueda determinarme a vivir en pureza, y que tú tengas autoridad sobre todas mis pasiones.

Me consagro de nuevo a ti. Toma mi vida y que sea siempre, a cada instante, pura para ti.[12]

Día 22

Responsable

Como padres, Jim y yo hemos acumulado miles de horas (¡que nos han parecido millones!) de entrenamiento, espera y oración para que nuestras hijas se conviertan en personas responsables. Tomamos clases de crianza, leímos libros, y nos reunimos con otros padres en nuestro intento por infundir en nuestras dos hijas esta cualidad fundamental. Incluso desarrollamos un sistema para asignarles una nueva responsabilidad, les enseñábamos a cumplirla, y luego las recompensábamos cuando cumplían con lo esperado en esa área o tarea. A esto lo llamamos "aprende una, gana una". Cuando aprendían una responsabilidad, ganaban un privilegio o recibían una recompensa acordada previamente.

Nunca olvidaré el día en que nuestra hija mayor, Katherine, obtuvo su licencia de conducir. Durante días, o quizás semanas, nos había rogado y pedido que la dejáramos conducir y llevar a su hermana Courtney a la escuela secundaria. De ninguna manera quiso que Jim y yo la lleváramos, ni que alguien más la llevara. Al final Jim se rindió, aceptó hacer concesiones, y le dio instrucciones específicas acerca de cómo manejar desde la casa a la escuela, y viceversa. Una de las razones por las cuales dudamos en dejar a Katherine usar el auto fue que yo quedaba en la casa sin poder moverme. Así que tan pronto accedió a hacer mis diligencias de regreso a casa desde la escuela, yo estuve de acuerdo con el plan.

Al fin llegó el gran día. Oré con las niñas, las despedí, caminé de regreso a casa, y me puse de rodillas para orar hasta que Katherine me llamó de la escuela. ¡Lo había logrado! ¡Yupi! A las

3:00 de la tarde volví a postrarme a orar cuando ella empezaba su trayecto hacia la tienda. Ella tenía mi lista, suficiente efectivo para hacer la compra, y calculé que ella y Courtney estarían en casa alrededor de las 3:45. ¡Qué sorpresa fue verlas entrar por la puerta principal de la casa a las 3:15!

Hice lo que toda madre intenta recordar hacer: pregunté si estaban bien, si habían tenido algún problema, si alguna de ellas estaba enferma, etc. Al fin, dije: "¿pero no se supone que debían traer los víveres?". Pues bien, ni siquiera intentaré describir lo que pensé y sentí cuando Katherine respondió: "Ay, mami. Estábamos demasiado cansadas para ir por los víveres. Lo único que queríamos era llegar a casa".

Puedes estar segura de que sostuvimos una pequeña conversación acerca de la responsabilidad, en la cual les comenté: "¡Pues bienvenidas al club! ¡Toda mujer, esposa y madre va a la tienda de víveres cansada!". Y eso es cierto, pero hemos aprendido a ser responsables en ese aspecto de la vida. Hay otros que dependen de nosotras, y somos fieles en cumplir con nuestra responsabilidad.

Veamos pues esta impresionante cualidad que también reflejó Jesús. A medida que avanzas en este capítulo, ten presente que, por definición, una mujer responsable es aquella a quien se le puede confiar hacer algo o terminar algo. Es competente y confiable. Los demás pueden confiar en que ella cumplirá lo que se ha comprometido a hacer en el plazo que ha determinado. Si alguien le asigna una tarea, no hay necesidad de preocuparse por ella o por el trabajo. Ella lo completará. Ella se encargará de todo. ¡Se puede considerar un hecho!

Jesús nos muestra el camino

Estamos en pleno recorrido de 30 días para meditar en Jesús y en 30 cualidades del carácter de las cuales Él fue modelo, entre muchas otras. Si quieres ser como Cristo, entonces tendrás que ser responsable. Jesús cumple a la perfección la definición anterior, e incluso mucho más. Él era completamente confiable, totalmente responsable, y el Padre confiaba plenamente en Él.

Ninguno de ellos se ha perdido

¿Qué hay detrás de la responsabilidad? Hay un rasgo que nace del corazón: una persona responsable se interesa por los demás. Jesús ha sido la persona más responsable que haya caminado sobre la faz de la tierra. De todas las personas que han vivido en la historia humana, solo Jesús cumplió a la perfección con cada tarea y cada responsabilidad que le fue asignada. Jesús fue siempre responsable, ya fuera cumpliendo toda justicia (Mt. 3:15), dejando a su madre al cuidado de alguien mientras colgaba de la cruz (Jn. 19:26-27), o completando su misión de morir por los pecadores y poder declarar "consumado es" (Jn. 19:30).

Esta es otra área de responsabilidad que Jesús también pudo completar: mantuvo sus discípulos a salvo. Él reconoció ante el Padre el logro exitoso de esta encomienda en su oración la víspera de su juicio: "Cuando estaba con ellos en el mundo, yo los guardaba en tu nombre; a los que me diste, yo los guardé, y ninguno de ellos se perdió, sino el hijo de perdición, para que la Escritura se cumpliese" (Jn. 17:12).

Los discípulos fueron guardados bajo la protección de Jesús y Él no perdió ninguno de ellos. Tú también puedes confiar plenamente en Él y esperar de Él tu vida eterna. En una ocasión lo declaró, con estas palabras: "y yo les doy vida eterna; y no perecerán jamás, ni nadie las arrebatará de mi mano" (Jn. 10:28).

Examina tu corazón

Jesús no puede mentir. Por lo tanto, cuando Él promete protección, puedes confiar en Él y en que cumplirá su palabra. Si enfrentas la tentación, o si padeces una enfermedad que pone en riesgo tu vida, puedes saber que la promesa de Dios de vida eterna es segura, no porque sea un lindo sentimiento, sino por el poder de Cristo. Así como un pastor protege a sus ovejas, Jesús te protegerá de cualquier daño eterno. Tú puedes confiar en que el Buen Pastor te guardará, suplirá tus necesidades, y te guiará a tu hogar en el cielo donde hay "plenitud de gozo" y "delicias… para siempre" (Sal. 16:11).

Los doce escogidos

Una persona responsable también hace planes para el futuro. Jesús siempre supo que iba a dejar la tierra corporalmente y volver al cielo. Cuando su tiempo con la humanidad se acercaba a su fin, Él tenía un plan para el futuro. Él "llamó a sí a los que él quiso; y vinieron a él. Y estableció a doce, para que estuviesen con él, y para enviarlos a predicar" (Mr. 3:13-14). Una persona responsable sabe que todo aquello que es valioso también merece guardarse y transmitirse a otros. El plan de Jesús fue transmitir la verdad de su mensaje a un grupo selecto de hombres. Entonces, cuando Él no estuviera presente, ellos a su vez lo transmitirían a otros.

Examina tu corazón

¿Qué tienes tú que valga la pena transmitir a otros?

- Como cristiana, eres responsable de ser el reflejo de Jesús para un mundo que te observa.
- Como cristiana, eres responsable de enseñar e instruir a una nueva generación de mujeres piadosas (Tit. 2:3-5).
- Como madre, eres responsable de enseñar y ser ejemplo de tus creencias y normas cristianas a tus hijos.
- Como esposa cristiana, eres responsable de servir como ayuda de tu esposo y de amarlo con el amor de Cristo.

Él les dará otro Ayudador

Una persona responsable provee todo lo necesario a fin de que otros puedan cumplir sus tareas. Como has leído, Jesús sabía desde el principio que un día dejaría este mundo. Por eso escogió a sus hombres. Luego, empezó a entrenarlos en los meses previos a su muerte. Con todo, ese entrenamiento no era suficiente. Ellos también iban a necesitar su fortaleza y sabiduría. Como líder responsable, Jesús era consciente del tiempo limitado que tenía para entrenar en persona a estos futuros líderes. De modo que les prometió enviar a alguien igual a Él que continuaría el entrenamiento, los capacitaría, los acompañaría, y mucho más. Al leer la promesa que Jesús hizo a sus discípulos, observa por cuánto tiempo el "Ayudador" estaría con ellos: "Y yo rogaré al Padre, y os dará otro Consolador, para que esté con vosotros para siempre" (Jn. 14:16).

El "Ayudador" al cual Jesús se refería es el Espíritu Santo, quien vendría para aconsejar, exhortar, consolar, fortalecer, animarlos e interceder por los discípulos, tal como Jesús lo había hecho hasta su regreso al cielo.

Examina tu corazón

Es probable que tú conozcas tus propias limitaciones físicas. Con todo, aún tienes un papel fundamental en la vida de tu familia, de tu iglesia y de tu comunidad. Tal vez en ocasiones te sientas asfixiada por tus múltiples responsabilidades. Es fácil sentirse abrumada por las muchas funciones que debes cumplir. Lo malo es que estás limitada a lo que una sola persona puede hacer. Pero alabado sea Dios, porque tienes al Espíritu Santo y puedes "andar en el Espíritu" (Gá. 5:16). Así que cuando tengas más tareas que tiempo o energía, mira hacia arriba. El Espíritu Santo te dará "el fruto del Espíritu... amor, gozo, paz, paciencia, benignidad, bondad, fe, mansedumbre, templanza" (vv. 22-23). Estas actitudes cristianas te ayudarán a cumplir con tu trabajo con la ayuda de Dios, de tal manera que le glorificas y eres un reflejo de Él.

Dad al César lo que es del César

Como hemos visto en nuestras jornadas con Jesús, los líderes religiosos de su época buscaban siempre razones y maneras de desacreditar la vida y el ministerio de Jesús. Veamos una ocasión en la que le hacen una pregunta imposible. Era esta, básicamente: ¿debería la gente pagar impuestos a un gobierno odiado, represivo y extranjero? Y ¿cuál fue la respuesta de Jesús? Una vez más, Jesús respondió con sabiduría de lo alto: "Dad a César lo que es de César, y a Dios lo que es de Dios" (Mr. 12:17).

Jesús fue un ciudadano responsable. Él nunca infringió ninguna ley civil ni las leyes del Antiguo Testamento. Y nunca enseñó a sus discípulos otra cosa. En este episodio, Jesús enseñó la responsabilidad para con el gobierno. El apóstol Pedro reiteró la enseñanza de Jesús cuando instruyó a los creyentes: "Por causa del Señor someteos a toda institución humana, ya sea al rey, como a superior, ya a los gobernadores, como por él enviados para castigo de los malhechores y alabanza de los que hacen bien" (1 P. 2:13-14). El contexto de la enseñanza de Pedro era acerca de cómo vivir en el mundo de tal manera que glorifiquemos a Dios y reflejemos positivamente al Señor como representantes suyos (v. 12).

Examina tu corazón

Ningún gobierno es perfecto. Algunas personas (¡incluso algunos cristianos!) se niegan a obedecer ciertas leyes de su país porque alguna legislación específica les parece injusta o parcial. Sin embargo, como ciudadano del reino de Dios y también de tu país, eres responsable ante Dios y también ante tu gobierno. Tu recompensa es en verdad grata cuando cumples bien con tu responsabilidad, porque tu vida recta llena de buenas obras dará gloria a Dios.

Pautas para la responsabilidad

La voluntad de Dios no es un secreto. No está oculta o escondida astutamente entre los versículos de la Biblia. Está a simple vista, y la mujer cristiana responsable se esforzará por escudriñar la voluntad de Dios para su vida. A fin de descubrir y hacer la voluntad de Dios, considera las siguientes pautas para la responsabilidad:

Un cristiano responsable está bien informado. La ignorancia no es amiga del cristiano responsable. De hecho, es una piedra de tropiezo que le impide ser confiable. La responsabilidad implica hacer lo correcto, en el momento correcto, de la manera correcta. ¿Cómo puedes conocer y seguir la voluntad de Dios si no conoces su Palabra? Estudia la Palabra de Dios para que descubras tus responsabilidades. Entonces vívelas. "Procura con diligencia presentarte a Dios aprobado, como obrero que no tiene de qué avergonzarse, que usa bien la palabra de verdad" (2 Ti. 2:15).

Un cristiano responsable es obediente. La falta de conocimiento o entendimiento no es excusa para desobedecer. Dios ya te ha dado todo lo que pertenece a la vida y a la piedad (2 P. 1:3-4). ¿Cómo puedes vivir en piedad y obedecer la voluntad de Dios si no conoces o no te tomas la molestia de comprender su Palabra? Dios te ofrece una vida abundante y victoriosa, pero debes primero buscar la sabiduría de Dios. "Si como a la plata la buscares, y la escudriñares como a tesoros" (Pr. 2:4), entonces entenderás la voluntad del Señor.

Un cristiano responsable crece en su fe. Te guste o no, Dios nos manda crecer en el conocimiento de Jesús (2 P. 3:18). El Nuevo Testamento abunda en mandatos, exhortaciones, amonestaciones, y aliento para que crezcamos en la madurez espiritual. El apóstol Pablo lo llamó crecer en "la plenitud de Cristo" (Ef. 4:13). Esta madurez te dará un fundamento firme y una estabilidad doctrinal. Entonces conocerás la voluntad y los caminos de Dios, y no serás como quienes son "llevados por doquiera de todo viento de doctrina" que aparezca (v. 14). Como en todo, el camino a la madurez espiritual pasa a todo lo largo de la Biblia.

Un cristiano responsable usa sus dones espirituales. El Espíritu de Jesús te ha dotado como creyente de capacidades espirituales para el bien de otros miembros del Cuerpo de Cristo. "Pero a cada uno le es dada la manifestación del Espíritu para provecho" (1 Co. 12:7). Has sido dotada y, por consiguiente, eres responsable de ministrar tus dones para que otros en la iglesia sean bendecidos. Y tu don es necesario y bendice a otros. ¡Por favor, sé responsable! Descubre tus dones. Desarrolla tus dones. Ministra tus dones "para provecho".

Una mujer conforme al corazón de Jesús

Una vez más, mira a Jesús. Él cumplió todas sus responsabilidades hasta el final, hasta la última responsabilidad, hasta ir a la muerte para pagar por el pecado. Este fue, de hecho, el acto supremo de responsabilidad de la historia humana. Jesús se sacrificó como rescate por tus pecados. El cumplimiento de sus responsabilidades ante el Padre lo llevó hasta la cruz. ¿Hasta dónde te llevan tus responsabilidades ante el Padre? Dios no te pide morir por Él. Te pide vivir para Él, ser un "sacrificio vivo" (Ro. 12:1). Jesús tenía un corazón obediente que le hizo responsable. Si tú deseas verdaderamente ser una mujer conforme al corazón de Jesús, dedícate a cultivar un corazón que sea responsable en obedecer a Dios, y sigue el ejemplo de su Hijo, el Señor Jesús.

~ Oración ~

Amado Señor Jesús, el deseo de mi corazón es ser más y más como tú. Al aprender sobre la responsabilidad, quiero que mis actitudes y acciones demuestren que soy un sacrificio vivo, completamente aceptable a ti. Gracias por el regalo de tu Espíritu Santo, el cual me ayudará a ser una hija del reino responsable y heredera juntamente contigo. Amén.

Día 23

Sensible

Mientras escribo aquí sentada, Jim llega de la oficina postal con nuestro correo. Si seguimos la rutina habitual, haré una pausa en mi trabajo para sentarnos con una taza de café a clasificar el montón de facturas y sobres importantes. No sé si es porque acabo de empezar un capítulo sobre la sensibilidad o si es algo habitual en mí, pero siempre me asombra la cantidad de solicitudes de dinero que llegan a diario en nuestro correo por parte de grupos de auxilio, sociedades, misiones e individuos.

No me malentiendas. Jim y yo nos hemos propuesto sintonizarnos con las necesidades alrededor del mundo, así como dar y ser generosos. La generosidad es una de las cualidades del carácter que poseía Jesús, y ahora sabemos que Dios desea que trabajemos en ello todo el tiempo. De hecho, una de las razones por las cuales recibimos tanto esta clase de correo es porque hemos contribuido a muchas causas dignas.

Sin embargo, me pregunto si Jim y yo somos diferentes, o si tú también recibes esa gran cantidad de peticiones de dinero, tiempo y oraciones. Si es así, entonces seguramente comprenderás lo que quiero decir: si no eres cuidadosa, puedes empezar a volverte insensible a esas peticiones, que están basadas en necesidades reales de otras personas. Eres consciente de que no deberías tener una actitud endurecida, pero cuando estás abrumada con un sinnúmero de solicitudes, ¡a veces puede parecer que la única forma de arreglarlo es no arreglar nada en absoluto! Darse por vencido, abandonar, y volverse insensible a las innumerables necesidades a tu alrededor.

Es entonces cuando necesitamos refrescar nuestro conocimiento acerca de cómo Jesús manejó una avalancha de necesidades mucho más grande de lo que podríamos encontrar jamás en la vida.

Jesús nos muestra el camino

Al comenzar un nuevo día meditando en esta maravillosa cualidad de la vida de Jesús, definamos primero a qué nos referimos cuando hablamos de sensibilidad. La sensibilidad es tener consciencia de lo que te rodea. Es como tener un "sexto sentido" o un "radar de personas en necesidad". No me refiero a ser muy delicado y herirse fácilmente, ni a romper en llanto cada vez que alguien te mira mal. No, me refiero a tener la capacidad de notar y percibir el sufrimiento o la ansiedad en otras personas. Es observar que algo falta o está mal, darse cuenta de lo que debe hacerse y proceder a la acción para brindar la ayuda necesaria. Es indudable que Jesús nos mostró lo que significa detectar una necesidad y hacer lo que es necesario para remediarla. Aprendamos del Maestro cuando anduvo entre la gente de su época. Vas a reconocer a algunas de esas personas que se beneficiaron del "sexto sentido" del Salvador.

Él sanó a los enfermos

Jesús era súper sensible a los que estaban enfermos. En una ocasión, se detuvo en la casa de su discípulo Pedro. Estando allí, Jesús supo que la suegra de Pedro estaba enferma. "Entonces él se acercó, y la tomó de la mano y la levantó; e inmediatamente le dejó la fiebre, y ella les servía" (Mr. 1:31). En una respuesta compasiva, Jesús, sin una sola palabra, sencillamente la tomó de la mano y la levantó. La fiebre la dejó por completo, y sin debilidad alguna, la suegra de Pedro empezó a servir a sus visitantes.

Por lo general, una necesidad física es fácil de detectar. Por ejemplo, tienes un amigo o un familiar en el hospital. O te enteras acerca de alguien de tu iglesia que tiene cáncer. No necesitas ser un gigante espiritual para determinar que estas son oportunidades para demostrar amor y ofrecer consuelo. Pero ¿qué pasa con aquella persona cuya enfermedad no se nota ni detecta fácilmente? Ahí es cuando más se necesita la sensibilidad.

Examina tu corazón

¿Cómo puedes discernir mejor lo que necesitan aquellos que sufren en silencio y no dan aviso? Antes que nada, ora. Pide a Dios que abra tus ojos a aquellos que están enfermos o angustiados, afligidos en su cuerpo o en su alma. Ora para que Dios amplíe el alcance de tu radar y tu nivel de compasión por el prójimo. Y ponte como meta andar en el Espíritu para que puedas responder y actuar con amor, bondad y benignidad (Gá. 5:22-23).

Él tuvo compasión de los afligidos

Nuestro Señor también fue sensible a los afligidos y les sirvió. Un ejemplo de esto es lo que ocurrió un día en la aldea de Naín. Allí, Jesús se encontró con una procesión fúnebre que acompañaba el féretro de un hombre joven, hijo único de su madre. La mujer había quedado completamente sola, y sin un hombre que fuera familiar cercano, ella quedaba prácticamente desprotegida.

Nada indica que Jesús conociera previamente a la madre o al hijo. Pero se detuvo. Y detuvo la procesión. ¿Por qué? Porque su radar detectó la agonía y la aflicción de la mujer... y actuó. "Y cuando el Señor la vio, se compadeció de ella, y le dijo: No llores. Y acercándose, tocó el féretro; y los que lo llevaban se detuvieron. Y dijo: Joven, a ti te digo, levántate" (Lc. 7:13-14). ¡Y el joven se levantó y le fue restaurado a su madre!

En su sensibilidad, Jesús conocía la profunda pena de esta viuda y su pérdida, y su corazón fue conmovido a favor de ella en su hora de dolor. Cuando tú eres confrontada con el sufrimiento de otros, ¿cómo reaccionas? Puedes dar la vuelta con indiferencia. O puedes razonar: "Este no es mi problema. Seguramente hay alguien que va a ayudar a esta persona y cuya función es esa precisamente". O puedes imitar a Jesús, moverte, hacer algo para remediar el sufrimiento, la pérdida o el dolor de esa persona.

Con frecuencia hablo a mujeres acerca de "aprender a estar vigilantes", como un pastor que busca a sus ovejas. Hablo acerca de algunos principios para ministrar a otros y que he aprendido a aplicar. La Biblia dice que los ojos del Señor: "contemplan toda la tierra" (2 Cr. 16:9). Así que cuando estoy en una de mis conferencias estoy atenta a las ovejas heridas. Y cuando encuentro una, y están por todas partes, actúo de inmediato. Oro a Dios y me dirijo hacia la mujer herida para ver qué necesita y cómo puedo ayudarla.

Por fortuna, ya he vencido parte de mi timidez e indecisión en esta área del ministerio. Y he superado mi tendencia natural a esperar que alguien más haga las cosas, o a correr y buscar a un pastor o alguien más calificado que yo para ayudar a una persona con su problema. Creo que Dios me ha permitido a *mí* encontrar a esta persona necesitada. Lo que Él *me* pide es que sea sensible y atenta, y deje que mi corazón fluya con TCA: su Tierno Cuidado Amoroso. Puede que necesite involucrar a otras personas, pero Dios me permite hacer el primer contacto, el punto del primer amor.

Examina tu corazón

Jesús te llama a conectarte una antena que detecte las necesidades de las personas, a cultivar tu sensibilidad a las necesidades del prójimo, a preguntar "¿en qué puedo ayudar?" y luego dar "un vaso de agua" (Mt. 10:42) o lo que se necesite.

Él no echará fuera los que le buscan

Con Jesús no hay prejuicios. Él dijo: "Todo lo que el Padre me da, vendrá a mí; y al que a mí viene, no le echo fuera" (Jn. 6:37). Y al igual que Jesús, nosotras debemos responder sin prejuicio. Al principio de su ministerio, Jesús decidió regresar a Nazaret, la región contigua al Mar de Galilea, en la cual creció. Cuando iba de camino, Él y sus discípulos se detuvieron en Samaria, en un pozo muy conocido, para descansar, tomar agua, y comer.

Mientras los discípulos estaban en la aldea para conseguir alimentos, una mujer samaritana llegó al pozo a sacar agua. Según la tradición cultural de la época, ningún hombre judío respetable podía ser visto hablando con un samaritano, y mucho menos una mujer. ¡Y jamás con una mujer de mala reputación como la que estaba en el pozo! Pero Jesús le habló. Él no tuvo prejuicios contra esta mujer samaritana de mala fama. En lugar de eso, le pidió agua para beber. Al tomar la iniciativa de conversar con ella, Jesús despertó el interés espiritual en el corazón de ella. A sus preguntas, Él respondió: "Mas la hora viene, y ahora es, cuando los verdaderos adoradores adorarán al Padre en espíritu y en verdad; porque también el Padre tales adoradores busca que le adoren" (Jn. 4:23).

¿Vives atenta a las oportunidades de comunicar la verdad salvadora del evangelio de Jesucristo? ¿De hablar de tal manera que alguien experimente un despertar espiritual en su corazón? ¿Para dar a otros la oportunidad de responder espiritualmente al mensaje de salvación por medio de Cristo? El mensaje del evangelio es para todos, sin distinción de raza, posición social o trasfondo religioso. Tú y yo debemos ser sensibles y estar atentas a las situaciones que nos den la oportunidad de comunicar a otros nuestra fe en Cristo. Jesús cruzó todas las barreras para comunicar el evangelio, y nosotras tenemos el privilegio de seguir su ejemplo.

Él cuidó a los discapacitados

El Salvador fue también sensible a los discapacitados. De hecho, un día de descanso se puso de pie y leyó una profecía de Isaías que anunciaba que Él había venido a predicar a los pobres, sanar a los quebrantados de corazón, pregonar libertad a los oprimidos y vista a los ciegos (Lc. 4:16-21).

Con esta misión clara en su mente, Jesús decidió en una ocasión entrar a Jerusalén por la puerta de las ovejas. Jesús podía haber usado muchas otras puertas para entrar a Jerusalén. Sin embargo, puesto que era sensible hacia los discapacitados, tomó esta entrada, que le obligaba a pasar junto a "una multitud de enfermos, ciegos, cojos y paralíticos, que esperaban el movimiento del agua" (Jn. 5:3).

Allí, Jesús habló con un hombre que había estado discapacitado por 38 años. Él ofreció a este pobre hombre una ayuda específica, y le hizo una pregunta que parecía extraña: "¿Quieres ser sano?" (v. 6). El deseo de Jesús era lograr que la atención del hombre se centrara en Él, y no en el estanque cercano, ni en otros que pudieran ayudarle a entrar en él, ni en un milagro que según muchos ocurriría al primero que entrara en el agua en movimiento. Jesús era el único que podía ayudar y sanar a este paralítico necesitado, y él tenía que mirar solo a Jesús.

Muchos cristianos prefieren eludir la mirada o la conversación con personas discapacitadas. Es más fácil dar la vuelta y alejarse cuando alguien se acerca a ti en una silla de ruedas. Y es más fácil no mirar ni hablar con un niño que usa muletas y tiene dificultades para caminar. Sin embargo, al igual que Jesús, tú y yo debemos ser sensibles y mostrar compasión hacia las personas minusválidas. Claro, a diferencia de Jesús, nosotros no podemos ayudarles tanto como Él. Pero sí podemos, como Jesús, establecer contacto con estas personas, iniciar conversaciones, ofrecer ayuda específica a medida que los conocemos y nos familiarizamos con sus problemas.

Lo más importante que puedes hacer es guiarlos a Cristo. Eso fue lo que Jesús hizo. Él escogió buscar a los necesitados, estar cerca de ellos. Él eligió estar con ellos. Y se propuso alejar su atención de sus problemas físicos para ver su necesidad espiritual. Todo esto fue así, porque Él fue sensible a aquellos que sufrían discapacidades.

Él amó a los que nadie amaba

Y ¿qué de aquellos a quienes nadie ama... a los que nadie quiere? Como en todas las situaciones, Jesús nos muestra el camino. Considera, por ejemplo, el encuentro de Jesús con Zaqueo en Lucas 19:1-10. Para los judíos de la época de Jesús, la persona más despreciable de la sociedad era el recaudador de impuestos. Ya hemos hablado de él antes, y aquí volvemos a encontrarlo:

> "Zaqueo, que era jefe de los publicanos, y rico, procuraba ver quién era Jesús; pero no podía a causa de la multitud, pues era pequeño de estatura. Y corriendo delante, subió a un árbol sicómoro para verle; porque había de pasar por allí. Cuando Jesús llegó a aquel lugar, mirando hacia arriba, le vio, y le dijo: Zaqueo, date prisa, desciende, porque hoy es necesario que pose yo en tu casa" (vv. 2-5).

Aquí vemos de nuevo cómo Jesús toma la iniciativa de hablar con Zaqueo. Él se percató de su presencia, lo vio, le llamó por su nombre, y se invitó a sí mismo a la casa de Zaqueo. Después, como era usual, la gente se quejó: "Al ver esto, todos murmuraban, diciendo que había entrado a posar con un hombre pecador" (v. 7). La sensibilidad de Jesús hacia el hambre espiritual de Zaqueo fue recompensada, ya que Zaqueo respondió con fe: "He aquí, Señor, la mitad de mis bienes doy a los pobres" (v. 8).

Cada sociedad tiene una categoría de personas que son consideradas los marginados. Son personas indeseables por cuenta de su ocupación, opiniones políticas, conducta inmoral o estilo de vida. No cedas a la presión social, ni a las presiones de ciertas comunidades "religiosas". Jesús no amó el pecado, pero definitivamente amó a los pecadores. Su misión fue "buscar y a salvar lo que se había perdido" (v. 10). Alabado sea Dios porque Zaqueo respondió con fe al amor de Cristo.

Fue sensible espiritualmente

Para ser como Jesús y reflejar su sensibilidad a todos, a cualquiera, ora pidiendo sensibilidad espiritual. Busca a aquellos que sienten curiosidad o necesitan a Dios. Luego, toma la iniciativa y extiende el amor de Cristo a los que no son amados y a los perdidos. Construye un puente de amor desde tu corazón al de ellos, y ayuda a allanar el camino para que Jesús llegue, por esa vía, directo a sus corazones.

El Señor también fue sensible *a aquellos que deseaban crecer*. No todos los esfuerzos de Jesús se enfocaron en personas enfermas, discapacitadas, marginadas y desechadas. Desde el comienzo de su ministerio, Él buscó y escogió a un puñado de hombres que llevaría a cabo su obra después de su regreso al cielo. Su proceso de selección culminó después de orar toda la noche (Lc. 6:12). Después de todo, Él escogió 12 hombres "para que estuviesen con él, y para enviarlos a predicar, y que tuviesen autoridad para sanar enfermedades y para echar fuera demonios" (Mr. 3:14-15).

La sensibilidad hacia las necesidades físicas no exige mucho, salvo un corazón deseoso de ayudar a la gente y una disposición para ayudar a otros. También debemos ser sensibles a las necesidades espirituales de otros, comprometernos con ayudarles a crecer y cumplir fielmente con el ministerio de Jesús.

Si Jesús oraba, nosotras necesitamos orar incluso más, pidiendo sensibilidad espiritual, discernimiento para reconocer a aquellos que tienen un deseo genuino de crecer en Cristo. Otra generación de mujeres necesita instrucción espiritual y crecimiento espiritual para que ellas, a su vez, puedan llegar a ser mujeres piadosas que instruyan y eduquen a la siguiente generación (ver Tit. 2:3-5). ¿A quiénes puedes enseñar? Sigue el ejemplo de Jesús. Ora pidiendo sensibilidad social cuando busques y escojas a quienes puedas aconsejar y formar como la siguiente generación de mujeres piadosas. Da el primer paso: ora. Luego, empieza a comunicar lo que sabes con tus propias hijas, sobrinas, y nietas.

Una mujer conforme al corazón de Jesús

Una y otra vez, Jesús tomó la iniciativa cuando percibió la necesidad de otros. Muchas personas acudían a Él buscando ayuda, y Él estaba dispuesto y les ayudaba. De igual forma, demostró gran sensibilidad cuando buscaba a aquellos que necesitaron su toque sanador, sus palabras de aliento e instrucción, o la confirmación de su presencia en sus vidas frente al futuro incierto. Por favor, no dudes en ayudar a otros. Tampoco te mantengas al margen cuando tantos necesitan tu ministerio. Haz lo que Jesús hizo. Abre tus ojos, y tu corazón, ¡y busca ayudar a otros!

Oración

Jesús, sé que amar, servir y ayudar a otros es un asunto del corazón. Ayúdame a ser más sensible a aquellos en necesidad, a interesarme sinceramente por ellos, a actuar para mejorar sus vidas. Que mi amor brille con fuerza para que otros te vean en mis buenas obras y te glorifiquen a ti. Amén.

Día 24

Un siervo

Si te preguntara quiénes son los "súper siervos" de tu iglesia, estoy segura de que por lo menos dos nombres vendrían a tu mente. Para mí esa sierva especial es Linda. Desde el momento en que Jim y yo asistimos por primera vez a nuestra iglesia, hemos visto a Linda servir a los miembros de la iglesia, y a nosotros, de múltiples maneras. Sea lo que sea que alguien necesite, Linda es como un ángel que aparece siempre en el momento justo con aquello que se necesita. En un mundo egoísta con gente que solo se sirve a sí misma, ella refleja verdaderamente a Jesús con su servicio desinteresado y alegre a su Señor y a su pueblo.

El servicio es una cualidad excepcional, un don espiritual que han recibido algunos miembros del Cuerpo de Cristo (Ro. 12:7). Para estas amadas personas, servir es algo automático. Les encanta servir, y de algún modo saben exactamente qué hacer para ayudar a otros. Pero aunque ayudar parezca algo natural para ellos, en realidad es sobrenatural. Dios es quien las capacita, por medio del Espíritu Santo, para atender las necesidades de otros. Es un don, un don espiritual. Pero tanto si tienes el don de servicio como si no, el Señor te ha dado esta orden: "servíos por amor los unos a los otros" (Gá. 5:13).

Pues bien, hoy es otro día de letras rojas para nosotras, ya que tenemos la bendición de estudiar de nuevo la vida de nuestro amado y maravilloso Jesús, el siervo por excelencia. Quizás mi versículo favorito acerca de nuestro Señor sea Mateo 20:28. Me parece que cada día pienso en él: "el Hijo del Hombre no vino para ser servido, sino para servir, y para dar su vida en rescate por muchos". Algo que conmueve mi corazón acerca de esta verdad es que está en el libro de Mateo, el Evangelio que nos muestra a Jesús como el Cristo, el Mesías, el Rey. Aun así, leemos que servir era una cualidad marcada en la vida del Rey Jesús, una prioridad y una forma de vida para Él.

Jesús nos muestra el camino

Isaías es considerado uno de los más grandes profetas del Antiguo Testamento, por sus numerosas predicciones del Mesías. Por ejemplo, tal vez hayas oído esta en la temporada navideña. Es Isaías 9:6, a la que incluso Georg Friedrich Händel le puso música en su composición "El Mesías":

> "Porque un niño nos es nacido, hijo nos es dado, y el principado sobre su hombro; y se llamará su nombre Admirable, Consejero, Dios Fuerte, Padre Eterno, Príncipe de Paz".

Lo que muchas personas no perciben es que Isaías usó muchas veces la palabra *siervo* para describir la naturaleza del ministerio terrenal de Jesús. Por ejemplo, Él escribió: "He aquí mi siervo, yo le sostendré; mi escogido, en quien mi alma tiene contentamiento", y "He aquí que mi siervo será prosperado, será engrandecido y exaltado, y será puesto muy en alto" (42:1; 52:13).

Al meditar en la cualidad del carácter de hoy, el servicio, alaba a Dios porque Jesús, siendo el Mesías y el Salvador del mundo, vino como un siervo humilde. Luego, abre tu corazón y tus ojos y mira cómo el hombre y el siervo más grande que haya vivido, nos dio ejemplo de lo que significa servir.

Buscad primero el reino de Dios

La Biblia nos dice que al principio de su ministerio Jesús fue "tentado por el diablo" (Mt. 4:1). Jesús no evitó de ninguna manera este encuentro. De hecho, fue guiado por el Espíritu Santo al desierto para una confrontación cara a cara con Satanás (ver Mt. 4:1-11). Con cada tentación, Jesús resistió a Satanás citando las Escrituras. El último engaño fue un intercambio de poder y gloria, si Jesús se postraba ante Él y adoraba a Satanás. Jesús respondió al diablo: "Al Señor tu Dios adorarás, y a él sólo servirás" (v. 10).

Para la mayoría de las mujeres, el papel de servir a otros es un hecho. Si eres casada, tienes un esposo al cual servir y cuidar. Si tienes hijos, bueno, añádelos a tu lista de "personas a quienes debo servir". Y no olvides a tus padres y a tu familia política... ¡y la lista sigue!

Entonces, ¿cuál es el gran problema con el servicio? Son las prioridades. Es fácil distraerse cuando se sirve a otros. Si no eres cuidadosa, tu servicio puede llegar a centrarse en las personas. Entonces un día te das cuenta de que has olvidado tu llamado de servir a Dios. Jesús habló de esta prioridad cuando dijo: "Amarás al Señor tu Dios con todo tu corazón, y con toda tu alma, y con toda tu mente. Este es el primero y grande mandamiento" (22:37-38). Amar y servir a Dios es lo más importante que un cristiano puede hacer. Es tu prioridad número uno. Así que "buscad primeramente el reino de Dios y su justicia" (6:33).

Sé que tus días ya están bastante ocupados atendiendo personas y responsabilidades desde temprano, tan pronto suena el despertador. Y entonces te preguntas *¿cómo lo hago?* La clave es establecer prioridades, las prioridades de Dios. Y Él quiere, y merece, el primer lugar.

No podéis servir a Dios y a las riquezas

Servir a la familia está bien. Pero Jesús habló de un área en la cual no debemos enfocar nuestro servicio: las riquezas y las posesiones. En los días de Jesús los líderes religiosos amaban el dinero y lo que este podía comprar. Un día en el que escuchaban a Jesús contar una parábola acerca de ser buenos administradores (Lc. 16:1-12), Jesús terminó deliberadamente con esta verdad: "Ningún siervo puede servir a dos señores; porque o aborrecerá al uno y amará al otro, o estimará al uno y menospreciará al otro. No podéis servir a Dios y a las riquezas" (v. 13).

La obsesión con el dinero y las posesiones, es decir, las riquezas, pueden desplazar a Dios del lugar que le corresponde en tu vida, y desviar tus ojos de Jesús. La riqueza y los bienes pueden fácilmente volverse tus señores. ¿Cómo puedes determinar si has empezado a perder tu enfoque en Jesús o has empezado a servir las cosas materiales en lugar de servir a Jesús y su pueblo? Algunas respuestas sinceras a una pequeña encuesta sacarán a la luz lo evidente.

- ¿Te preocupas o piensas con frecuencia en tu dinero y tus posesiones?
- ¿Tus finanzas o tus posesiones interfieren a menudo con tu servicio a Dios?
- ¿Pasas mucho tiempo cuidando tu cuenta bancaria, tu tarjeta de crédito, tus inversiones y tus bienes?
- ¿Te cuesta dar de tu dinero para el progreso del reino de Dios, apoyar misioneros, o suplir alguna necesidad del pueblo de Dios?

Examina tu corazón

Estas son preguntas difíciles, ¿no es así? Somos mujeres bendecidas. Pero esa bendición se puede volver una maldición si el dinero, las posesiones, una casa, unos muebles, autos, etc., se interponen en nuestro servicio a Dios y a su pueblo. Examina tu corazón. Si hay un problema con las riquezas, pasa tiempo con Jesús y mira cómo puedes rectificar tus prioridades. Recuerda, si no puedes soltar tus posesiones, no eres tú quien las posee, ¡sino ellas las que te poseen a ti!

El Hijo del hombre vino a servir

Nadie en todo el mundo, en el pasado o en el presente, sugeriría jamás que Jesús fue menos que un gran líder. ¿Qué hizo Él que lleva a la gente a reconocer que fue "el líder más grande de todos los tiempos"? Jesús nunca escribió un libro. Nunca organizó un ejército de soldados. Nunca movilizó una revolución política. De hecho, nunca se alejó más allá de unos pocos días de distancia a pie de su lugar de nacimiento. Entonces ¿cuál fue la marca de su liderazgo?

Después de observar a los líderes a su alrededor, parece que los discípulos de Jesús habían llegado a la conclusión de que la grandeza radicaba en ser llamado "señor" de otros. Esta fue otra lección que Jesús tuvo que enseñar a los doce cuando su ministerio sobre la tierra se acercaba a su fin. Ellos tenían que ver la "grandeza" objetivamente:

> "Entonces Jesús, llamándolos, dijo: Sabéis que los gobernantes de las naciones se enseñorean de ellas, y los que son grandes ejercen sobre ellas potestad. Mas entre vosotros no será así, sino que el que quiera hacerse grande entre vosotros será vuestro servidor, y el que quiera ser el primero entre vosotros será vuestro siervo; como el Hijo del Hombre no vino para ser servido, sino para servir, y para dar su vida en rescate por muchos" (Mt. 20:25-28)

Puede que haya una brecha de 2000 años entre nosotras y los discípulos de Jesús, pero ellos también estaban bajo la influencia de su cultura. Su mundo abundaba en abusos de poder, gobernantes tiranos y dictadores. Nadie quería servir, de manera que buscaban a alguien más que lo hiciera. Para los discípulos, servir y ayudar a otros era una idea que ni siquiera cabía en sus mentes. ¡Ellos querían ser grandes! Para ellos, la grandeza era señorío, no servicio.

Al igual que los discípulos, nosotras somos productos de nuestra cultura. Cuando miramos a nuestro alrededor, vemos que la mayoría de las personas son egoístas, egocéntricas, y están ocupadas pensando en cómo pueden ser servidos, y no en cómo servir. Pero nuestro Señor Jesús vino con un estilo de vida diferente y un mensaje radical. Él definió la verdadera grandeza desde una nueva perspectiva. En vez de usar a las personas, debemos amarlas. La misión de Jesús fue servir a otros y entregar su vida misma, y tú y yo debemos seguir su ejemplo. Debemos desarrollar un corazón de siervo.

Examina tu corazón

La mejor forma de crecer en esta virtud de Jesús es tomar la determinación de actuar cada vez que veas una necesidad, y no esperar que alguien te pida ayuda, ni esperar que otra persona lo haga. Abre tus ojos y oídos. ¿Quién necesita ayuda? ¿Quién está en tu camino? Entonces abre tu corazón y tus manos. Toma la iniciativa y haz lo que sea necesario. Sé como Cristo, un siervo amoroso. Esto fue lo que hizo la mujer ideal en Proverbios 31: "Alarga su mano al pobre, y extiende sus manos al menesteroso" (v. 20). Y esta es la labor asignada a las viudas en la iglesia, según 1 Timoteo 5: cuidar a otros, hospedar visitantes, lavar los pies de los santos, socorrer a los afligidos, y más. Debían tener "testimonio de buenas obras..." y haber "practicado toda buena obra" (v. 10).

Afanada y turbada estás con muchas cosas

No te imaginas cuántas veces he enseñado y escrito acerca de estas dos amadas hermanas, María y Marta. De hecho, las he citado varias veces en este libro. La pobre Marta siempre termina siendo la hermana menos espiritual. Ya conoces la historia: Jesús estaba de viaje y...

> "una mujer llamada Marta le recibió en su casa. Esta tenía una hermana que se llamaba María, la cual, sentándose a los pies de Jesús, oía su palabra. Pero Marta se preocupaba con muchos quehaceres, y acercándose, dijo: Señor, ¿no te da cuidado que mi hermana me deje servir sola? Dile, pues, que me ayude. Respondiendo Jesús, le dijo: Marta, Marta, afanada y turbada estás con muchas cosas. Pero sólo una cosa es necesaria; y María ha escogido la buena parte, la cual no le será quitada" (Lc. 10:38-42).

El mensaje de Jesús para Marta abarcó varios niveles. Pero por favor no pierdas de vista su enseñanza sobre el servicio. Como hemos aprendido, servir a otros es algo bueno. Y Marta era una verdadera sierva. Ella amó a Jesús y abrió las puertas de su casa para Él. Se deleitó en cocinar para Él y servirle a Él y a sus discípulos.

Pero la pobre Marta también demostró que se puede servir con una actitud equivocada. ¿Puedes percibir su actitud? Ella estaba corriendo (en sentido literal, revoloteando) mientras servía. Además, estaba enojada con María porque se había detenido para sentarse (sí, sentarse junto a Jesús para oír sus enseñanzas). Pues bien, Marta estalló al fin… e irrumpió en la actividad de Jesús con acusaciones contra el Señor y contra María.

Examina tu corazón

¿Te identificas a veces con la "actitud de Marta"? Sirves, ¡pero te molesta cada minuto que lo haces! Accediste a servir, pero tu corazón no está en tu servicio. ¡Preferirías que te sirvieran! (¿y quién no?). Cuando esto suceda, recuerda a Marta. Detecta tu problema y no permitas que tus frustraciones afecten a otros. En lugar de esto, haz una pausa. Tómate tu tiempo. Aléjate y reconoce tu mala actitud. Pide a Jesús que te dé su corazón de siervo para el trabajo que tienes por delante. Más adelante, en el futuro, evalúa las oportunidades de servicio antes de comprometerte. No te comprometas a servir si lo haces con motivos equivocados: presión de grupo, expectativas, orgullo, culpa o sentido del deber. Tu razón principal para servir es Jesús. Él te sirvió hasta el grado máximo cuando entregó su vida por ti. Como dijo a sus discípulos: "Porque ejemplo os he dado, para que como yo os he hecho, vosotros también hagáis" (Jn. 13:15). Si Jesús, Dios encarnado, el Rey de reyes y Señor de señores, el Mesías, el Cristo, estuvo dispuesto a servir, ¿no deberías tú también estar dispuesta a hacerlo?

Una mujer conforme al corazón de Jesús

Una mujer que desea un carácter como el de Cristo descubre que es esencial cultivar un espíritu de servicio. Seguir los pasos de Jesús implica enfocarnos en desarrollar una actitud de servicio sincero. Y esta noble virtud empieza en casa con tu familia, bajo tu propio techo. Si estás casada, Dios te ha asignado la tarea de ser la "ayuda" de tu esposo (Gn. 2:18). Eso significa que tu esposo se convierte en la primera persona que debe recibir tu ministerio de servicio. Y si tienes hijos, ellos le siguen en tu lista de personas a quienes debes servir. Además de este llamado, debes servir a todos, servir "los unos a los otros" (Gá. 5:13).

Servir. Una tarea sencilla y noble. Y quizás la señal más evidente de madurez cristiana. Cuando sirves a otros, tu servicio sincero y en el Espíritu es un nítido reflejo del corazón de tu Salvador, el siervo por excelencia, el mayor de todos los tiempos, Aquel que estableció el patrón cuando...

... sirvió a otros sin importar si era cómodo o no,
... sirvió a otros sin importar si lo merecían,
... sirvió a otros sin importar si le darían las gracias,
... sirvió a otros con un amor sacrificado, y
... te sirvió a ti entregando su vida en rescate por tu alma.

⁓ Oración ⁓

Señor, dame un corazón gozoso para que pueda seguir tu ejemplo y servir con alegría a otros. Cuando mi corazón se canse de servir, ayúdame a pensar en ti y en tus manos santas lavando los pies de los discípulos. Que pueda ser como tú, atendiendo desinteresadamente las necesidades de mi prójimo. Amén, y gracias.

Día 25

Sumiso

Mi esposo Jim y yo hemos sido bendecidos con ocho hermosos y saludables nietos. Estamos agradecidos y sin palabras a nuestro Señor por esta generación. Y oramos con fervor para que cada niño y niña crezca amando y sirviendo a Jesús.

Ahora bien, si tienes hijos, sabes muy bien que la crianza no es fácil, por muchas razones. Incluso después de todos estos años puedo recordar la emoción que me dio cuando nuestras pequeñas hijitas pronunciaron con sus labios la palabra "mamá" o "papá". Pero no pasó mucho tiempo antes de que otra palabra se añadiera a su vocabulario. Fue la palabra "¡no!". Uno de los principales motivos de conflicto en la crianza y en las familias es la "batalla de las voluntades". Los niños se resisten a seguir las instrucciones de sus padres porque quieren lo que quieren sin entender las consecuencias o el valor de las cosas que desean. Y, por desdicha, ese conflicto entre autoridad y sumisión sigue cuando tú y yo, al igual que nuestros hijos, luchamos con someternos a otras personas y a la voluntad de Dios.

Jesús nos muestra el camino

Seguimos estudiando las cualidades de Jesús, cualidades que también queremos imitar, y hoy nos ocuparemos de la sumisión tal como la vemos en la vida de nuestro Señor. Tal vez estés pensando: *¡Espera un minuto! ¿Acaso Jesús no es Dios? Él no tenía que obedecer las órdenes de nadie, ¿verdad?* No, falso. La vida entera de Jesús en la tierra la vivió en sumisión. Por eso es el ejemplo perfecto que podemos seguir. Así que si te cuesta trabajo someterte (¿y a quién no?), y obedecer órdenes, esperemos que, con el estudio de hoy, Jesús te enseñe y te motive, e incluso te convenza, acerca de ciertos cambios en tu actitud.

Pero antes de observar algunos ejemplos de la sumisión de Jesús, permíteme explicar un poco acerca de este concepto. Cuando estaba escribiendo mi libro *Una mujer conforme al corazón de Dios®*, investigué un poco acerca de este término para el capítulo acerca del matrimonio. El título era "Un corazón que sigue a otro". Esta es una definición que causó una profunda impresión en mí: "sumisión (*hypotasso* en griego) es en primer lugar un término militar que significa estar bajo la autoridad de alguien. Esta actitud del corazón se manifiesta cuando se deja a otro el juicio de algo y se entrega o cede a alguien más la opinión o la autoridad".[13]

Antes de que empieces a molestarte, o decidas pasar por alto este capítulo, considera los siguientes ejemplos de sumisión de nuestro amado Jesús. Empecemos con una de las primeras imágenes de esta cualidad en su vida.

Hijos, obedeced a vuestros padres

Estas palabras vienen de un versículo bíblico: Efesios 6:1. Su intención es comunicar a los hijos cuál es el papel que les corresponde dentro de una familia llena del Espíritu. Vemos este pasaje y el principio en la vida ejemplar de Jesús, siendo niño. No hay registros bíblicos de la vida de Jesús desde su nacimiento hasta que viajó a los 12 años con José y María, su madre, a Jerusalén. María y José partieron de Jerusalén hacia su casa, pensando que el joven Jesús estaba con alguno de los parientes que también habían viajado, hasta que se dieron cuenta en algún momento del viaje que Jesús no estaba con los otros viajeros.

José y María se volvieron de inmediato a Jerusalén, donde encontraron al niño Jesús en el templo "sentado en medio de los doctores de la ley, oyéndoles y preguntándoles" (Lc. 2:46). Es evidente que José y María no entendían lo que Jesús hacía en el templo (vv. 49-50). Con todo, Jesús dejó a un lado y con gusto la sesión de preguntas y respuestas "y descendió con ellos, y volvió a Nazaret, y estaba sujeto a ellos" (v. 51).

La relación que disfrutaba Jesús con su Padre celestial no

anulaba su deber para con sus padres terrenales. Él, como cualquier miembro del pueblo de Dios, tenía que someterse al quinto mandamiento, que declara: "Honra a tu padre y a tu madre" (Éx. 20:12). Su sumisión a toda la ley de Dios, que incluye honrar a sus padres, era esencial para cumplir cabalmente la ley de Dios a fin de poder ir a la cruz como un sacrificio justo y santo, por el pecado del hombre.

Honra a tu padre y a tu madre

Cuando fuiste una niña en tu casa, espero que fuiste sumisa y obediente a tus padres. Y si estás casada, el nuevo líder en tu vida es tu esposo. La Biblia dice que tú debes "dejar" a tus padres y "unirte" a tu esposo, seguirlo a él en vez de a ellos (Gn. 2:24). Sin embargo, seas soltera o casada, debes someterte a la Palabra de Dios y "honrar a tu padre y a tu madre" (Mt. 15:4) y su papel dado por Dios, a lo largo de toda tu vida.

Honra a tus padres. ¿Qué significa esto? Honrar significa hablar bien de ellos, respetarlos y tratarlos con gentileza en su posición como padres. La familia es la relación fundamental y básica que requiere sumisión. Si eres madre, la mejor forma de enseñar sumisión a tus hijos es demostrar honra y respeto hacia tus propios padres.

¿Cuál es el mensaje de Jesús para ti y para mí, y para cada cristiano? Si el Hijo de Dios se sometió a sus padres terrenales, y hasta el final honró a su madre cuando colgaba de la cruz (Jn. 19:26-27), tú también deberías desear honrar a tu padre y a tu madre.

Si me amáis, guardad mis mandamientos

Desde los 12 años hasta que Jesús se acercó a Juan el Bautista para ser bautizado y empezar su ministerio terrenal, nada se escribió sobre Jesús. Eso significa que el encuentro de Jesús con Juan fue el primer suceso público de su ministerio. Este marcó su identificación con aquellos cuyos pecados llevaría en la cruz (Mt. 3:13-17). Jesús le pidió a Juan que lo bautizara. Consciente de que Jesús era el Cordero de Dios sin mancha (Jn. 1:29), Juan se negó inicialmente a la petición de Jesús. Pero Jesús insistió, declarando: "Deja ahora, porque así conviene que cumplamos toda justicia" (Mt. 3:15).

Jesús se sometió así al plan del Padre preparándose para ser el sacrificio perfecto por los pecadores. En obediencia al Padre, Jesús se identificaba con los pecadores. El Padre honró su obediencia hablando desde el cielo: "Este es mi Hijo amado, en quien tengo complacencia" (v. 17).

Examina tu corazón

Si te sientes distanciada en tu relación con tu Salvador, quizá sea porque hay un aspecto de la sumisión en tu vida que has decidido pasar por alto. Dedica un tiempo a examinar tu corazón. Sé sincera. Esta cualidad de la sumisión es indispensable para agradar a Jesús y para ser como Él. También es una demostración de tu amor por Él, porque Él dijo: "Si me amáis, guardad mis mandamientos" (Jn. 14:15).

Vive de toda palabra que sale de la boca de Dios

Inmediatamente después de su bautismo, Jesús fue llevado al desierto y pasó allí los siguientes 40 días sin comida. Durante ese tiempo, Él fue tentado duramente por el diablo. La Biblia registra tres tentaciones específicas (Mt. 4:1-11). ¿Cómo las enfrentó Jesús? Él se defendió con las Escrituras, declarando en cada ocasión "escrito está…". En respuesta a la primera tentación, Jesús le dijo al diablo: "Escrito está: No sólo de pan vivirá el hombre, sino de toda palabra que sale de la boca de Dios" (v. 4).

Conocer, vivir y someterse a la Palabra de Dios constituye un arma eficaz contra la tentación y contra la posibilidad de ceder a ella y cometer pecado. La única arma ofensiva de la armadura del cristiano es "la espada del Espíritu, que es la palabra de Dios" (Ef. 6:17). Jesús usó la espada de las Escrituras para contrarrestar los ataques del diablo, y nos dio ejemplo para que hiciéramos lo mismo.

Examina tu corazón

Para ser verdaderamente eficaz, tienes que someterte a la Palabra de Dios, no solamente citarla como si fuera algo mágico. No. Para ser victoriosa y defenderte de "todos los dardos de fuego del maligno" (Ef. 6:16), debes someterte a Dios por medio de su Palabra, la cual te da el poder para que se cumpla lo que dice: "resistid al diablo, y huirá de vosotros" (Stg. 4:7). Lee tu Biblia. Ama la Palabra de Dios y confía en ella. Cuando vengan las tentaciones, y sabes que vendrán, estarás preparada, con tu "espada" siempre afilada y lista.

¿Es lícito pagar impuestos?

Los líderes religiosos de los días de Jesús tenían problemas para someterse a la autoridad romana. En un intento por meter a Jesús en problemas, le hicieron una pregunta tramposa: "¿Es lícito dar tributo a César, o no?" (Mt. 22:17). Si Jesús respondía "sí", lo podían acusar de falta de lealtad con la nación judía. Si decía "no", podían acusarlo de traición contra los romanos. Jesús dio la famosa respuesta: "Dad, pues, a César lo que es de César, y a Dios lo que es de Dios" (v. 21). Jesús reconoció que debemos someternos a las autoridades que nos gobiernan, y tanto Pablo como Pedro repitieron más adelante la enseñanza de Jesús.[14]

Cuando Jesús hizo esa declaración acerca de la sumisión al gobierno, no la modificó diciendo que había excepciones. Él no dijo que el mandato dependía de las autoridades gubernamentales, si eran buenas o malas. Solo dijo que debíamos someternos. El imperio romano era brutal, permitía la esclavitud, y despreciaba a las mujeres y los niños. Pero Jesús nunca condenó ese gobierno.

Ya hemos hablado acerca de la naturaleza de las relaciones entre cristianos y el gobierno en nuestro capítulo sobre la responsabilidad. Pero debemos reiterar la enseñanza aquí, de manera que no olvidemos cuán importante es que nos sometamos a las autoridades establecidas por Dios. Como con todas las formas de sumisión, Dios nos ordena someternos a las leyes de la tierra. Dios puso gobiernos sobre nosotros que nos ayuden a protegernos del mal.

¿Hay excepciones a esta sumisión? Solo una: debemos seguir la ley y los mandamientos de Dios si vemos que obedecer al gobierno supone desobedecer a Dios y su Palabra (Hch. 4:19-20).

Toma tu cruz y sigue a Jesús

Jesús nunca se propuso que grandes multitudes le siguieran. Su deseo era hacer discípulos. Por tanto, su mensaje para seguirle señalaba el alto costo que implicaba ser un verdadero discípulo. En una ocasión en la que Jesús estuvo rodeado de una gran multitud, declaró: "Y el que no lleva su cruz y viene en pos de mí, no puede ser mi discípulo" (Lc. 14:27). Y durante una reunión privada con sus 12 discípulos, dijo: "Si alguno quiere venir en pos de mí, niéguese a sí mismo, y tome su cruz, y sígame" (Mt. 16:24).

La imagen que Jesús escogió tiene un trasfondo. La sola mención de la palabra *cruz* despertaba temor en cualquier habitante del territorio romano. En aquella época, cuando un criminal iba al lugar de su ejecución, le obligaban a llevar el instrumento de su propia muerte: una cruz. La cruz se convirtió en un símbolo de sumisión a Roma. Jesús escogió esta imagen y este proceso para llevar a sus discípulos y a las multitudes a pensar acerca de su nivel de compromiso con Él. Seguir a Jesús significaba vivir en total sumisión a Él, incluso si ello pudiera significar la muerte.

Examina tu corazón

El precio de la lealtad a Jesús no ha cambiado. Seguirle tiene todavía un costo. Ser un discípulo no fue fácil en los días de Jesús, y no lo es ahora. Una sociedad sin Dios todavía hace difícil ser un verdadero seguidor de Cristo. Jesús no está interesado en una relación superficial contigo, y no ocupará el asiento trasero de la vida de nadie. Tú puedes demostrar que tu compromiso con el Señor es auténtico y real, amándole con todo tu corazón y siguiéndole con todas tus fuerzas. Tú vives para Jesús, lo glorificas y eres un reflejo de Él, cuando te sometes a lo que Él dice y a su manera de hacer las cosas.

No lo que yo quiera sino lo que tú

¿No sería grandioso saber siempre lo que Dios quiere que hagas, y entonces hacerlo? Muchas veces, nuestros problemas surgen cuando pensamos que tenemos una mejor idea de cómo llevar nuestras vidas. A Eva le sucedió esto en Génesis 3:1-7. Por supuesto que el diablo le ayudó, tentándola a dudar de la capacidad de Dios para guiar su vida. Por desdicha, las circunstancias no han cambiado en el presente. Tú y yo, con un poco de ayuda de nuestra carne pecaminosa y de nuestro orgullo, en ocasiones desobedecemos a Dios deliberadamente.

A veces nosotras, como Eva, pensamos que podemos vivir nuestras vidas perfectamente bien sin la ayuda de Dios. Pero igual que Eva, pronto nos damos cuenta de que estamos en un terrible aprieto. Pero Jesús no vivió así cuando estuvo entre los mortales. Él escogió un camino diferente, como vemos y oímos en los siguientes pasajes:

> "Mi comida es que haga la voluntad del que me envió, y que acabe su obra" (Jn. 4:34).
>
> "No busco mi voluntad, sino la voluntad del que me envió, la del Padre" (Jn. 5:30).
>
> "Se postró sobre su rostro, orando y diciendo: Padre mío, si es posible, pase de mí esta copa; pero no sea como yo quiero, sino como tú" (Mt. 26:39).

Jesús dependía por completo del Padre para todas sus acciones. Como hemos aprendido, la sumisión fue su forma de vida. Y como ya sabes, debe ser también la nuestra. Con todo, a veces pensamos que Dios en realidad no se toma tan en serio nuestra sumisión a Él, a su Palabra, y "los unos a los otros" (Ef. 5:21), que seguramente es un concepto anticuado. Cuando pensamos de esa forma, o nos sentimos tentadas a hacerlo, debemos recordar que Jesús, Dios Hijo, nunca pensó que fuera indigno para Él someter su vida entera a la dirección del Padre. ¿Te pide Dios en este momento algo a lo que te niegas o rehúyes? Recuerda a Jesús, quien "padeció por nosotros, dejándonos ejemplo, para que sigáis sus pisadas" (1 P. 2:21).

Una mujer conforme al corazón de Jesús

Jesús nos muestra un camino mucho mejor, el mejor de todos, su camino, el camino de la sumisión. Cuando dejes de buscar formas de satisfacer los deseos e intereses egoístas, serás libre para someterte a Jesús y sus designios, dichosa y con corazón sincero. Cuando empieces a someterte primeramente a Jesús, te parecerá más fácil someterte a otros. Entonces reflejarás verdaderamente el corazón sumiso de Jesús.

∽ Oración ∼

Querido Jesús, mi vida en ti es un resultado de tu sumisión a la voluntad del Padre: que tú murieras por los pecadores, pecadores como yo. Te doy gracias de todo corazón, y oro porque mi sumisión a ti y a tus designios te glorifique y te revele a los demás. Amén.

Día 26

Agradecido

Mi esposo Jim ha sido bendecido con el privilegio de viajar por el mundo. Estos viajes no han sido de vacaciones, descanso y esparcimiento. No. Han sido viajes para visitar y apoyar misioneros y enseñar en conferencias de liderazgo a pastores y líderes de iglesia en países extranjeros. En una de sus visitas a Rusia, Jim estaba enseñando en un instituto bíblico en Moscú. Era apenas septiembre, pero ya nevaba en esa gran ciudad. Los pastores asistentes habían venido de áreas muy remotas de aquel inmenso país. La mayoría habían viajado varios días y noches para asistir a la conferencia de entrenamiento que duraría toda la semana.

Antes de que Jim saliera de los Estados Unidos para la conferencia, le pidieron orar acerca de traer unos trajes viejos que ya no usara, para dar a los pastores necesitados de ropa. Como era de esperar, Jim tenía varios trajes pasados de moda y los empacó para el viaje. No pensó mucho al respecto hasta que los hombres en Rusia lloraron, hicieron gestos, y buscaron de todas las formas comunicarle su gratitud. Le abrazaron una y otra vez. Oraron con y por él. Alabaron a Dios por Jim y por los vestidos. Para ellos, la ropa usada era una gran bendición de Dios.

Tal vez no necesite decirte que Jim volvió muy cambiado cuando aterrizó en suelo americano. Quedó completamente asombrado por la gratitud que estos tiernos hombres le habían manifestado. Quedó conmovido para siempre por la gratitud que habían demostrado al recibir la ropa que él y los otros conferenciantes habían traído para ellos. Los compañeros de ministerio de Jim volvieron a casa con las maletas vacías, lamentando no haber llevado más ropa para regalar. ¿Y los pastores en Rusia? Bueno, regresaron a casa vestidos con el único traje que jamás habían tenido.

Jesús nos muestra el camino

Como cristianas, la alabanza, la gratitud y el agradecimiento deberían ser parte integral de nuestra vida cotidiana. Piénsalo. ¡Tenemos muchísimo por lo que agradecer! Pero por desdicha, nuestra sociedad de la abundancia ha embotado nuestra sensibilidad a la gracia de Dios y a su provisión. Parece que hace falta un viaje a un país donde los cristianos son perseguidos y necesitados para que nos despertemos y apreciemos hasta las bendiciones más pequeñas que disfrutamos como hijos de Dios.

En nuestro recorrido por la galería de cualidades que poseía Jesús, hemos llegado a la obra maestra de su actitud agradecida. Es una cualidad verdaderamente admirable porque, como Hijo de Dios, Él creó todo lo que hay, y era dueño de todo. Aún así, nunca falló en demostrar un espíritu agradecido a su Padre celestial. Antes de empezar nuestro estudio sobre la gratitud, agradezcamos primero al Padre "por su don inefable", su Hijo Jesús, nuestro Salvador (2 Co. 9:15).

Él debe crecer

El primo de Jesús, Juan el Bautista, era muy conocido en el pueblo de Israel. Grandes multitudes le seguían, escuchaban sus predicaciones, y atendían su llamado al arrepentimiento. En la cima de la popularidad de Juan, Jesús llegó al río Jordán, donde Juan tenía su ministerio. ¿Cómo reaccionó Juan a la visita de Jesús, teniendo en cuenta que mucha gente seguía también a Jesús (Jn. 3:22-26)? Juan respondió con una actitud generosa, humilde y piadosa. Él dijo: "Yo no soy el Cristo, sino que soy enviado delante de él… Es necesario que él crezca, pero que yo mengüe" (Jn. 3:28, 30).

Con frecuencia, expresar gratitud y reconocimiento hacia otros es algo difícil para las personas que desempeñan un mismo trabajo o, en el caso de los cristianos, a los que tienen el mismo ministerio. Si no somos cuidadosas, tú y yo podemos sentir celos de otras colaboradoras en Cristo que están más dotadas y pueden hacer un mejor trabajo que nosotras. Podemos sentirnos amenazadas por sus habilidades y por la atención que reciben a causa de su éxito. Pero al igual que Juan el Bautista, debemos darnos cuenta de que estas personas son enviadas por Dios. Y, al igual que Juan, tenemos que escoger si queremos apoyar o estorbar su ministerio. Juan comprendió que estaba frente a un ser superior, uno que había sido destinado para cosas grandes. Dio gracias y alabó a Dios por Jesús, condujo a otros a Él, y luego se apartó del camino, sabiendo que había cumplido el papel que Dios le había encomendado de anunciar la venida del Mesías.

Examina tu corazón

¿Hay alguien en tu ministerio o en tu lugar de trabajo que tenga talentos o habilidades de los que tú careces? No te sientas amenazada, ni sientas celos de sus capacidades. Jesús y Juan te muestran un camino mejor. Hazte a un lado. Mira si hay algo que puedas hacer por esa persona. Habla bien de ella, y da gracias a Dios por su forma tan excelente de trabajar para Él.

No se ha levantado uno mayor

Juan el Bautista ha presentado a Jesús al pueblo como Aquel que traería juicio con su venida (Mt. 3:11-12). Más adelante, cuando Juan fue encarcelado, oyó que Jesús sanaba a los enfermos y no traía juicio, como Juan había pensado. ¿Era Jesús el enviado? Confundido, Juan envió a varios de sus discípulos para preguntarle a Jesús si Él era en verdad el Mesías. En respuesta, Jesús envió de vuelta a los discípulos de Juan con el testimonio de sus muchos milagros.

Tal vez Juan estaba un poco desanimado. Después de todo, ¡apenas había predicado un año cuando fue encarcelado! Cuando los discípulos de Juan salían para contar a Juan lo que habían visto, Jesús habló a la multitud que le rodeaba. Exaltó a Juan, diciendo que era "más que profeta", y que "entre los que nacen de mujer no se ha levantado otro mayor que Juan el Bautista" (Mt. 11:9, 11). Citando pasajes bíblicos, Jesús presentó la descripción divina de Juan: "Porque éste es de quien está escrito: He aquí, yo envío mi mensajero delante de tu faz, el cual preparará tu camino delante de ti" (v. 10). Esperamos que los discípulos de Juan volvieran a él con estas palabras de alabanza, afirmación y aliento. Con toda seguridad le contaron lo que habían visto a Jesús hacer y decir acerca de Juan, su maestro.

¡Juan era alguien verdaderamente especial! Él fue el elegido para ser el mensajero, el heraldo del Mesías que vendría. Jesús quería que la gente supiera cuán especial era Juan. Y quería asegurarse de que no le olvidaran. Ser agradecido por aquellos que te han ayudado a lograr tu posición actual es también esencial para una actitud agradecida. Jesús dio gracias de que el Padre hubiera enviado a Juan como su mensajero. Si alguien no hubiera precedido al Rey para anunciar su venida, ¿cómo se hubieran enterado que vendría?

Examina tu corazón

Es fácil olvidar lo que otros han hecho, sacrificado y contribuido para ayudarte a llegar adonde estás hoy. Quizás fueron tus padres, o un antiguo maestro, o un consejero, o un jefe, o un colega de trabajo, quienes te enseñaron a hacer las cosas por primera vez cuando eras nueva, o te animaron cuando te sentías incapaz de continuar. ¿Les diste las gracias cuando fuiste promovida? ¿Sigues en contacto con ellos y les agradeces su apoyo pasado, presente, y tal vez incluso por su ayuda y apoyo futuros? Los discípulos tenían a Jesús. Timoteo y Tito tenían a Pablo. Marcos tenía a Pedro. María tenía a Elisabet. ¿A quién tienes tú? ¿Con quién te sientes agradecida? Exprésalo a Dios, a ellos y a otros.

Gracias, Padre

Después que Jesús fuera rechazado por los habitantes de Nazaret (Mt. 4:12-13), cambió de sede a la ciudad de Capernaum, que también se encuentra en la región de Galilea. Él hizo muchos milagros maravillosos en esa región y sus alrededores. ¿No crees que la gente lo hubiera aceptado alegremente como Mesías? Sin embargo, reaccionaron con total indiferencia hacia Él. Jesús denunció su rechazo y señaló específicamente a Capernaum (11:20-24). Pero entonces algo inesperado sucedió. En vez de sentirse abatido, Jesús ofreció acciones de gracias (o "alabanza") a su Padre: "Te alabo, Padre, Señor del cielo y de la tierra, porque escondiste estas cosas de los sabios y de los entendidos, y las revelaste a los niños. Sí, Padre, porque así te agradó" (Mt. 11:25-26).

¿Cuál fue el motivo por el cual dio gracias Jesús al Padre? Dio gracias a Dios por haber escondido el significado de sus palabras y obras de aquellos que se supone son "sabios" y "entendidos". Y alabó a Dios porque había elegido, a cambio, revelarse y revelar su mensaje a los "niños", a los que carecían de una educación formal, pero que eran humildes y estaban dispuestos a recibir la verdad.

Examina tu corazón

¿Ha sucedido algo en tu vida que pareciera extraño o sin sentido? Tal vez no logras entender cómo un Dios amoroso podía dejar que algo así te sucediera a ti o a un ser querido. Pues bien, no eres la única. A la mayoría de las personas les ocurren cosas que son difíciles o imposibles de entender. En lugar de cuestionar a tu Padre, al Señor del cielo y de la tierra, con todos tus porqués, descubre este momento de la vida de Jesús y sé agradecida. La Biblia dice: "Dad gracias en todo, porque esta es la voluntad de Dios para con vosotros en Cristo Jesús" (1 Ts. 5:18).

Gracias porque me has oído

Jesús tenía a los 12 discípulos, pero también tenía a algunos amigos especiales como Lázaro y sus dos hermanas, María y Marta. Jesús había visitado muchas veces Betania y la casa de ellos, porque quedaba cerca de Jerusalén. Ya hemos aprendido antes acerca de este trío, pero así como sucede con los diferentes colores del arco iris, podemos aprender y apreciar algo diferente con cada mirada que demos a estos personajes. Aquí vemos un encuentro con ellos que llevó a Jesús a dar gracias a Dios en voz alta.

Cuando Jesús se acercaba al final de sus tres años de ministerio, recibió la noticia de que Lázaro estaba enfermo. Cuando Jesús y sus discípulos llegaron al lugar, Lázaro llevaba sepultado cuatro días. Después de encontrarse con las hermanas, Jesús ordenó que se abriera el sepulcro de Lázaro. A todos les aterraba pensar lo que verían y olerían. Cuando quitaron la piedra del sepulcro, Jesús elevó una oración de agradecimiento: "Padre, gracias te doy por haberme oído. Yo sabía que siempre me oyes; pero lo dije por causa de la multitud que está alrededor, para que crean que tú me has enviado" (Jn. 11:41-42).

Jesús y el Padre nunca estuvieron desconectados, de modo que no había necesidad de que Él orara, y menos en público y en voz alta. Pero aquí, Jesús dio gracias abierta y públicamente a su Padre. ¿Para qué? ¡Para que todos oyeran! Jesús quería que los presentes junto al sepulcro, y nosotros hoy, supiéramos y diéramos gracias porque Dios siempre está presente, y siempre oye nuestras oraciones.

Examina tu corazón

Tú también puedes dar gracias a Dios porque Él oye tus oraciones. Aunque no puedas presumir de saber lo que Dios responderá, sí *puedes* saber que Dios es bueno y que jamás hará algo contrario a su naturaleza justa y santa. Jesús dijo: "¿Qué hombre hay de vosotros, que si su hijo le pide pan, le dará una piedra? ¿O si le pide un pescado, le dará una serpiente? Pues si vosotros, siendo malos, sabéis dar buenas dádivas a vuestros hijos, ¿cuánto más vuestro Padre que está en los cielos dará buenas cosas a los que le pidan?" (Mt. 7:9-11). Da gracias a Dios, porque sin importar cuál sea su respuesta a tus oraciones, puedes estar segura de que será para tu bien y para su gloria.

Cómo reflejar un espíritu agradecido

Al final de su ministerio terrenal, Jesús continuó elevando oraciones de gratitud y alabanza al Padre por todo lo que había logrado para Él y con Él, su Hijo. En su oración sacerdotal en Juan 17, antes de ser traicionado, Jesús...

... dio gracias al Padre por el poder y la oportunidad de asegurar la vida eterna a todos los creyentes (Jn. 17:2).

... dio gracias al Padre por haberle dado los discípulos (v. 6-7).

... dio gracias al Padre porque los creyentes habían oído y obedecido la Palabra del Padre, la cual Cristo había comunicado (v. 8).

Luego, con un corazón agradecido, Jesús se centró en la cruz y en su muerte. ¿Cómo podía Jesús estar agradecido? ¿Cuál era el motivo de esta actitud agradecida? Él sabía que el Padre tenía todo bajo control. Sabía que todo sucedía de acuerdo con su plan divino.

¿Está tu corazón lleno de gratitud? ¿Hay algo en tu vida que te impida tener una actitud más agradecida como la de Jesús? Por ejemplo...

Tal vez no conoces a Jesús y estás enfrentando un futuro incierto sin fe. Pídele a Dios su gracia para recibir a Jesucristo como tu Salvador y el regalo de la vida eterna. Entonces tú también puedes estar muy agradecida (Ef. 2:8-9).

Tal vez eres cristiana pero has olvidado cuán desesperanzada era tu vida antes de conocer y pertenecer a Jesús. No hay regalo más grande que la salvación. Y, como con cualquier regalo, debes decir "gracias", sin cesar. Detente por un momento y agradece a Dios su don inefable en Jesucristo (2 Co. 9:15). Luego, resuelve en tu corazón responder con gratitud, alabanza, y gozo a Dios por Jesús y por el tesoro de su salvación.

Una mujer conforme al corazón de Jesús

Según la tradición, la celebración del Día de Acción de Gracias está relacionada con agradecer y expresar gratitud a Dios por la cosecha de sus riquezas y abundancia. La alabanza y la acción de gracias no deberían estar reservadas ni limitadas a un día especial señalado. Exaltar a Dios y dar gracias debería ser una parte esencial de cada día. Dale gracias antes de levantarte de la cama. Dale gracias por cada comida. Dale gracias por la familia, por los amigos, por una buena iglesia, por su provisión.

Sin embargo, la gratitud no solamente debe salir de tus labios hacia Dios y su regalo en Jesús. También tienes que reconocer a las personas que Dios pone en tu camino. Y puedes también expresar tu gratitud a estas personas. Nunca estará de más agradecer a los padres, los amigos, los líderes de la iglesia, y especialmente la familia inmediata. Dios ha usado a cada uno de ellos para moldearte y formarte hasta convertirte en la mujer que eres hoy: una mujer conforme al corazón de Jesús.

⌒ Oración ⌒

Y ahora, Señor, me inclino ante ti con un corazón agradecido. Como dijo el rey David, me asombra decir "¿quién soy yo, Señor para que me bendigas con tal abundancia?". Por tu salvación, por el perdón de mis pecados, por mi familia y mi iglesia, te ofrezco mi imperfecta pero sincera alabanza y gratitud. ¡Gracias amado Señor!

Día 27

Veraz

Yo crecí en una cultura de aldea en la que decir "mentiritas piadosas" se había convertido en un verdadero arte, porque era inaceptable e incluso se consideraba mala educación herir los sentimientos de alguien. Así que, de vez en cuando, se tenía que estirar o torcer un poco la verdad, o ser deliberadamente amplio en los términos, para no ofender a otra persona. Por ejemplo, si una persona con la cual realmente no querías pasar tiempo te preguntaba si podían encontrarse, te inventabas una historia o excusa para decir que no podías.

Podrás imaginar cuán difícil fue para mí cuando, a la edad de 28 años, me hice cristiana. Puesto que había tenido tan buenos maestros en la técnica de torcer la verdad, también era experta en el arte de las mentiras piadosas. Claro, no eran mentiras grandes ni terribles, solo pequeñitas, nada más las piadosas. Mi cultura me había brindado los modelos y ejemplos durante todos esos años, por no hablar del aporte personal de mi propia naturaleza pecaminosa. Cuando observé en mi Biblia nueva lo que Dios decía acerca de la vida, empecé a descubrir el estilo de vida de Jesús. Allí leí: "Por lo cual, desechando la mentira, hablad verdad cada uno con su prójimo; porque somos miembros los unos de los otros" (Ef. 4:25). Y lo mejor de todo, que en Jesús tenía un nuevo modelo, un ejemplo perfecto para vivir conforme a la verdad.

La verdad acerca de la verdad

¿Te has preguntado alguna vez de dónde surgió el concepto y la realidad de la verdad? Todo lo relacionado con la verdad tuvo su origen en Dios. Por ejemplo, considera estas verdades acerca de las personas de la Trinidad:

- Dios no puede mentir (Tit. 1:2).
- Dios es espíritu y es adorado en espíritu y en verdad (Jn. 4:24).
- La Palabra de Dios, la Biblia, es verdad (Jn. 17:17).
- El Espíritu Santo, nuestro Ayudador, es "el Espíritu de verdad" (Jn. 14:17).
- Jesús es el camino, la verdad y la vida (Jn. 14:6).
- Jesús es la Palabra viva, lleno de gracia y de verdad (Jn. 1:14).

En un momento estudiaremos la vida de verdad de Jesús y sus enseñanzas, pero por ahora hazte la siguiente pregunta: ¿te habías dado cuenta de que decir la verdad aparece en los Diez Mandamientos? En Éxodo 20:16, Dios dijo: "No hablarás contra tu prójimo falso testimonio". En otras palabras, ¡debemos decir la verdad y nada más que la verdad!

Advertencia contra las mentiras

Dios no solo nos ordena decir la verdad, sino que también aborrece la mentira. David escribió acerca de Dios en uno de sus salmos: "Destruirás a los que hablan mentira; al hombre... engañador abominará Jehová" (Sal. 5:6). En Proverbios leemos: "Los labios mentirosos son abominación a Jehová" (12:22). Y en otro proverbio, Dios enumera siete cosas que aborrece y que considera una abominación para Él. Una de ellas es "la lengua mentirosa". Y como si no fuera suficiente, otro elemento en la lista de cosas que Dios odia es "el testigo falso que habla mentiras" (Pr. 6:17, 19).

Como mujeres que amamos a Dios y queremos seguirle con todo nuestro corazón y reflejar las admirables cualidades de nuestro Salvador, comprometámonos ahora mismo a buscar esta virtud de ser veraz... como lo fue nuestro Señor.

Jesús nos muestra el camino

Puesto que Jesús fue, y es, la verdad, es un poco más difícil identificar episodios específicos de esta cualidad de su carácter porque sencillamente impregnaba cada parte de su vida. ¡Él era la verdad! Sin embargo, hay algunas declaraciones que Él hizo y que podemos considerar seriamente en nuestra búsqueda de una vida que hable y camine en la verdad.

Porque digo la verdad

He aquí un estudio de contrastes. En una de las múltiples ocasiones en las que Jesús discutió con los escribas judíos y los fariseos, Él dijo: "Vosotros sois de vuestro padre el diablo... [quien] no ha permanecido en la verdad, porque no hay verdad en él... es mentiroso, y padre de mentira. Y a mí, porque digo la verdad, no me creéis..." (Jn. 8:44-45).

Espero que hayas notado el contraste: el diablo contra Cristo, la mentira contra la verdad. Es bastante evidente, ¿no te parece? ¡Y escandaloso! Un comentarista bíblico explica: "Las actitudes y las acciones de los líderes judíos los identificaban claramente como seguidores de Satanás... eran instrumentos del diablo para ejecutar sus planes; hablaban el mismo lenguaje de la mentira".[15]

Examina tu corazón

Dios y su Hijo Jesús establecieron con toda claridad que la mentira no tiene cabida en un hijo de Dios. Seguir a Dios, el cual odia la mentira, significa que tú debes decir la verdad y rechazar la mentira. Y creer en Jesús, el cual es la verdad y habló la verdad, significa que debes hablar únicamente la verdad. ¿Deseas agradar a Dios y vivir y hablar como su Hijo? Pues esfuérzate en vivir la segunda parte de Proverbios 12:22, y comprende su inspiradora promesa: "Los labios mentirosos son abominación a Jehová; pero los que hacen verdad son su contentamiento".

Sea vuestro hablar: Sí, sí; no, no

Jesús fue el Maestro de maestros. Él habló en forma directa, sencilla y clara, las verdades que quería que sus seguidores pusieran en práctica. Dijo palabras muy prácticas en Mateo 5:37, las cuales me encuentro citando a diario en mi propia vida: "Pero sea vuestro hablar: Sí, sí; no, no". Su mensaje fue: "¡Di la verdad! Di lo que realmente quieres decir, y toma con seriedad lo que dices. Haz lo que dices que harás o no harás. Así otros podrán confiar en ti y creerte".

La costumbre en la época de Jesús, que prevalece aún hoy, era añadir un juramento o jurar que has dicho la verdad en algo. Pero si tu sí es sí y tu no significa no, sobra jurar sobre la tumba de quien sea o en el nombre de quien sea. No hay necesidad de demostrar que lo que dices es verdad o que hablas con sinceridad. Y tampoco es necesario añadir referencias a Dios como tu testigo. Como cristianos, somos responsables ante Dios por cada palabra que hablamos. Deberíamos, por tanto, hablar solamente la verdad, y nada más.

Pablo nos dice cómo

Hemos visto algunas noticias malas: que Dios odia la mentira y a los mentirosos. Pues bien, gracias a Dios que nos aguardan buenas noticias porque la Biblia abunda en ayuda e instrucción acerca de cómo convertirnos en mujeres que son reflejo de Jesús y de su veracidad. Las enseñanzas y mandatos que aparecen en las páginas de las Escrituras nos dicen cómo acabar con el eterno dilema entre decir la verdad o mentir. Examina ahora las verdades que te ayudarán a caminar y a vivir en la verdad. Usa estas verdades como una lista diaria de tareas.

Desechando la mentira

En primer lugar, los cristianos deben "[desechar] la mentira" (Ef. 4:25). Esto significa que no deben participar de la mentira. Debemos apartarnos de ella, deshacernos de ella, alejarnos de ella, y no tener nada que ver con ella.

Antes bien, cada creyente está llamado a "[hablar] verdad cada uno con su prójimo" (Ef. 4:25). Desaparece la antigua manera de actuar: la mentira. Y viene la nueva: hablar la verdad. El apóstol Pablo, autor de estas palabras, trataba el tema de la unidad en la iglesia y en la familia de Dios. Él sabía que las mentiras menoscaban la confianza y destruyen las relaciones. Estoy segura de que sabes que esto es cierto respecto a las amistades, a tu matrimonio y a la familia, entre cristianos, e incluso en el trabajo.

Seguid la verdad en amor

Pablo escribió otro pequeño consejo para nosotras acerca de la verdad. Dijo que debíamos "[seguir] la verdad en amor" (Ef. 4:15). La verdad es la verdad, pero sin amor, puede volverse fría, dura e ineficaz. En palabras del líder cristiano británico y pastor protestante John Stott: "La verdad se vuelve dura si no se suaviza con amor. El amor se vuelve flojo si no se fortalece con la verdad".[16]

¿Cómo es tu coeficiente de amor? Dondequiera que vayas y cada vez que pases tiempo con alguien, sean amigos, vecinos, colegas, jefes o personas de la iglesia, tendrás que hablar. Y cuando abras tu boca, tendrás que esforzarte por hablar la verdad, y nada más que la verdad. Y desearás esforzarte también en hablar la verdad en amor. Es un mandato gigantesco, pero viene directamente de Dios. Por tanto, ¡hay que hacerlo!

Si vives con tu familia, tu casa es el mejor lugar para perfeccionar el hábito de comunicar la verdad en amor. Las mamás tienen muchas oportunidades para enseñar, entrenar y disciplinar a su prole. Esa instrucción se recibirá con mayor beneplácito si se transmite con una gran dosis de amor. Como madre de dos hijas, me esforcé por poner en práctica la sabiduría de Proverbios para comunicar mensajes vitales al corazón de mis hijas. Estas han sido, y siguen siendo, mis favoritas:

- "El corazón del justo piensa para responder; mas la boca de los impíos derrama malas cosas" (Pr. 15:28).
- "El corazón del sabio hace prudente su boca, añade gracia a sus labios" (Pr. 16:23).

Como puedes ver, tienes que esforzarte por hablar la verdad en amor. Cuando enseñas así a tus hijos, adivina qué sucede. Tú misma aprenderás a decir verdades duras y necesarias en tono amoroso. Cuando aprendas a obrar con veracidad en tu familia, estarás lista para hacer lo mismo con muchas otras personas que se crucen en tu camino.

No calumniadoras

Dado que este libro habla acerca de cómo ser una mujer conforme al corazón de Jesús, quiero subrayar especialmente el tema de la murmuración y la calumnia. He mencionado en varios de mis libros mi dificultad con estos dos pecados que surgen tan fácil y naturalmente. Los versículos clave, o mejor dicho, las verdades clave que penetraron en mi corazón, son pasajes que fueron dirigidos específicamente a mujeres.

El primer pasaje declara que las esposas de los líderes de la iglesia, o las mujeres que sirven en la iglesia, no deben ser "calumniadoras" (1 Ti. 3:11). El mensaje es claro y obvio. Las mujeres que sirven a otros en la iglesia no deben ser chismosas.

El otro versículo transformador enseña que las ancianas o las mujeres más maduras de la iglesia sean "no calumniadoras" (Tit. 2:3). Veamos. ¿Has notado que son las mismas palabras en ambos versículos? Eso significa que el mensaje es el mismo. Servir o ayudar a otros cristianos, y especialmente las mujeres en la iglesia, exige que no calumniemos ni hablemos chismes acerca de otros. La palabra "calumniador" (gr. *diábolos*) aparece 34 veces en el Nuevo Testamento para referirse a Satanás. Y, como ya vimos en este capítulo, él es un mentiroso y padre de mentira. Él representa todo lo que se opone a la verdad.

Como he dicho, yo tenía un problema, y muy grande, con la murmuración y la calumnia. Pero gracias a Dios que las verdades de la Biblia me ayudaron. Y harán lo mismo por ti cuando busques la semejanza de Cristo en tu forma de hablar.

Una mujer conforme al corazón de Jesús

La verdad y la veracidad son cualidades preciosas, y también eternas. No cambian, porque están ligadas al carácter inmutable de Dios. Él no puede mentir. Él te ha comunicado su verdad inmutable en su Palabra, y puesto que es veraz, puedes creer que lo que Él dice es la verdad. Una de sus promesas fue que enviaría a su Hijo, quien tampoco podía mentir. Jesús fue veraz siempre, incluso en las situaciones más difíciles. Él vivió de manera veraz cada día de su vida, cada instante, y el Padre fue glorificado por su ejemplo constante.

Como mujer que amas a Jesús, estoy segura de que deseas honrarlo con tu conducta y con las palabras de tu boca. Tú eres un reflejo de Él y actúas como Él cuando permites que la verdad que mora en ti controle tus palabras y tus acciones. Cuando vives y hablas la verdad, sin importar lo que pase, cosecharás un montón de bendiciones. Por ejemplo:

- La verdad te hará libre, mientras que las mentiras te hacen esclava del pecado.
- La verdad unirá los corazones, mientras que el engaño destruye las relaciones.
- La veracidad es sobrenatural, mientras que las mentiras son una respuesta natural y una salida fácil.
- La veracidad te eleva al cielo, mientras que la mentira te rebaja al nivel del engañador.
- La veracidad es una gracia que nunca cae en desuso, mientras que la mentira solo conduce a la desgracia.
- Una mujer veraz siempre será respetada, y su honestidad siempre dará gloria y honra a Dios.

~ Oración ~

Amado Señor de gracia y de verdad, gracias porque has hablado la verdad para que yo pueda conocerte, creerte y confiar en ti. Tú eres el camino, la verdad y la vida. Oro para que yo pueda madurar hasta que la veracidad se convierta en mi forma de vida. Amén.

Día 28

Virtuoso

Antes de empezar a escribir acerca de una cualidad que suena un poco anticuada, la de ser "virtuoso", tengo que admitir que lo primero que viene a mi mente es la mujer de Proverbios 31. El álbum fotográfico que Dios ha exhibido de esta mujer extraordinaria aparece en Proverbios 31:10-31. Y el primer versículo pregunta: "Mujer virtuosa, ¿quién la hallará? Porque su estima sobrepasa largamente a la de las piedras preciosas" (v. 10). La vida de esta dama virtuosa es toda excelencia. Gracias a su compromiso con la excelencia se esforzó por hacer todo bien, vivir según las prioridades de Dios, y cuidar sus responsabilidades y las personas que integraban su vida.

¡Esta mujer es una bendición del cielo! Siempre que la necesito está ahí. Cuando fallo en cumplir mis funciones y responsabilidades, acudo pronto a estos 22 versículos prácticos para refrescar mi recorrido conforme a la perspectiva divina de mi existencia. Cuando siento que mis prioridades se trastocan, esta dama me anima a seguir sin desviarme. Cuando me parece que no puedo más, ni cumplir con mis responsabilidades, dar una mirada fresca a su dedicación y devoción restaura mi energía y mi compromiso con el plan de Dios para mí. Cuando mi visión se hace borrosa, visitar a esta mujer a quien Dios exaltó aviva mi amor por Él.

El significado de virtuoso

Virtuoso. Como he dicho, puede sonar algo anticuado, incluso mojigato. Pero ¿qué significa? En mi exhaustiva investigación del pasaje de Proverbios 31 leí comentarios, tesis doctorales y numerosos libros que revelaban los detalles de la vida diaria de esta mujer. A continuación, cito algo esencial que aprendí acerca de lo que significa *virtuoso* cuando escribí *Hermosa a los ojos de Dios*, mi libro acerca de la mujer de Proverbios 31.

> El significado de la palabra *virtuoso* puede compararse con los dos lados de una moneda. Por un lado aparece *el poder de la mente* (principios y actitudes morales), y por el otro *el poder del cuerpo* (potencia y eficacia). La palabra hebrea que significa *virtuoso* aparece más de 200 veces en la Biblia para describir a un ejército. Este término del Antiguo Testamento se refiere a una fuerza y se usa para describir a alguien *capaz, hábil, poderoso, fuerte, valiente, vigoroso, eficiente, próspero,* y *digno.* También alude a un hombre de guerra, hombres de guerra, y hombres preparados para la guerra... La fortaleza mental y física son los rasgos principales de un ejército, y también lo son de la hermosa mujer de Dios.[17]

En nuestra meditación acerca de la *virtud* como cualidad del carácter de Jesús, usaré sinónimos tales como *excelencia, poder,* y *bondad.* Ahora, ¡prepárate para algo maravilloso! ¡Esta es una cualidad verdaderamente transformadora!

Jesús nos muestra el camino

Como en todo, Jesús nos muestra el camino a la virtud y la excelencia. Aunque Jesús fue Dios hecho hombre, en su humanidad también enfrentó situaciones desconsoladoras y obstáculos a su progreso. Sintió hambre, frío, sed, cansancio y agotamiento, como nosotras. Sin embargo, fue fiel en incorporarse y seguir adelante para hacer la voluntad de Dios. Mira ahora cómo manejó Él algunas situaciones con excelencia. Fue una virtud que lo empujó a seguir adelante hasta el final.

En quien tengo complacencia

Jesús empezó su ministerio público hacia los 30 años (Lc. 3:23). ¿Qué lo calificaba para servir a Dios? La respuesta es: la vida virtuosa que había llevado hasta entonces. De los primeros 30 años de Jesús no existe registro de milagros, visiones, ángeles o la voz audible de Dios desde el cielo. Él sencillamente vivió una vida más bien apartada, con su madre y sus hermanos. Creció, trabajó duro, cuidó a su familia, obtuvo una educación, y adoró a Dios en su comunidad. Al igual que tú y yo, Él estuvo sujeto al proceso normal de crecimiento y desarrollo humano, progresó intelectual, física y espiritualmente. La Biblia explica que "Jesús crecía en sabiduría y en estatura, y en gracia para con Dios y los hombres" (Lc. 2:52). En otras palabras, su progreso recibía tanto la aprobación humana como divina. Ni Dios ni los hombres hallaban faltas en su progreso.

¿Suena esta normalidad algo insulsa? ¿Aburrida? ¿Tediosa? ¿Rutinaria? Quiero decir ¿dónde están los fuegos artificiales? Debes comprender que estos no fueron años insignificantes. Fueron décadas fundamentales de preparación. Ahora, respecto a las calificaciones de Jesús, ¿qué tan bien se desempeñó durante esos 30 años? ¡Ahí resuena la voz del Padre desde el cielo! Él declaró poderosamente su aprobación de Jesús cuando empezó su ministerio y fue bautizado por Juan el Bautista en el río Jordán. Dios proclamó para que todo el mundo oyera, y para que nosotras lo leyéramos: "Este es mi Hijo amado, en quien tengo complacencia" (Mt. 3:17).

En retrospectiva, y viendo que Jesús fue aprobado, podemos ver que en todas las cosas Jesús funcionó con tal excelencia que recibió la aprobación pública del Padre. Él había vivido en virtud, conforme al carácter y a la norma de Dios.

Examina tu corazón

Obviamente, Dios (y todos tus conocidos) saben que no eres perfecta. Pero Él también sabe que tú necesitas un modelo, una guía que te muestre cómo vivir y funcionar de tal manera que le agrades. Así que Dios te ha dado a su propio Hijo para mostrarte el camino. Si quieres aprender acerca de la virtud y comprobar cómo es la excelencia, mira a Jesús. Y si quieres agradar a Dios, mira a Jesús. Sigue el ejemplo de Jesús y dedica tiempo a crecer y progresar. La excelencia es un proceso. No es algo que ocurra de la noche a la mañana. Hay un procedimiento para llegar ahí. Anímate, eres una obra en desarrollo. Puedes crecer en todas las áreas en las que estás atrasada. Trabaja duro. Cuida a tu familia. Y sé fiel en tu adoración. Y mientras creces, aprende todo lo que puedas acerca de Jesús. Estudia su carácter, medita en su virtud, maravíllate en su excelencia, anda como Él anduvo, imítalo, adopta su forma de vida. Medita en Él y en su excelencia, y serás un reflejo del carácter de Dios.

Él ha hecho todo bien

Ahora, adelantémonos dos años en la vida de Jesús, dos años durante los cuales estuvo bajo la mirada pública. Él y sus discípulos estuvieron continuamente bajo el escrutinio de aquellos que necesitaban su ayuda, y de los que buscaban oportunidades para desacreditar la vida y el ministerio de Jesús. Durante sus viajes, las multitudes se habían vuelto tan intensas que el Señor quiso llevar a los discípulos a un lugar más apartado para tomar un respiro. De hecho, el Evangelio de Marcos nos dice que "entrando en una casa, no quiso que nadie lo supiese; pero no pudo esconderse" (Mr. 7:24).

Pero no hay manera de esconder la presencia del Mesías. Tan pronto la gente empezó a congregarse, Jesús renunció a su oportunidad de descansar y retomó su ministerio de sanidad y enseñanza, todo ello evidencia de su poder y su bondad. En otras palabras, de su virtud. Después de observar y presenciar el ministerio de Jesús, ¿qué pensaron estas personas de Él? Su informe fue: "bien lo ha hecho todo" (v. 37).

Los días de Jesús sobre la tierra se caracterizaron por la excelencia. Fue una forma de vida para Él, y nada le apartó de ello. Incluso bajo la asfixiante presencia de las multitudes y las presiones de las críticas, Jesús no cambió. Se negó a hacer las cosas a medias o de mala gana. No eludió ninguno de sus compromisos. Y no buscó atajos ni intentó evadir las responsabilidades. En virtud de su compromiso con la excelencia, Jesús nunca dio menos que lo mejor de Él a las personas que le rodeaban.

Examina tu corazón

Quizás haya algunas áreas en las que te desempeñes de manera sobresaliente... como cocinar, organizar, decorar, o administrar. Sin embargo, la excelencia es un rasgo que no se limita a unas pocas esferas de acción. Como cristiana, la excelencia debe ser tu meta en cada área y en cada papel que desempeñas en tu vida. "Cada" significa todo lo que haces. Ser virtuosa es un estilo de vida, ¡tu forma de vida! La tarea que Dios te ha asignado es cultivar y desarrollar la excelencia hasta que esta impregne cada aspecto de tu pensamiento y de tus acciones, hasta que quede arraigada en tu carácter. Ya seas esposa, madre o miembro de una familia, ama de casa o empleada, refleja la excelencia de Jesús. Haz las cosas bien.

Recibiréis poder

¿Te sientes desanimada o abrumada frente al reto de hacerlo todo bien? Parece una tarea de enormes proporciones, ¿no es así? A veces puede parecer imposible y podrías sentir deseos de darte por vencida en tu esfuerzo por crecer en la gloriosa cualidad de la virtud. Pero Jesús sabía perfectamente cuán difícil es hacer las cosas bien. Y Él ha provisto ya todo lo que necesitas. Te ha dado un "Ayudador", el Espíritu Santo. Jesús mencionó primero la promesa del Ayudador a sus discípulos cuando se entristecieron por el anuncio de su pronta partida. Para animarlos, dijo: "Os conviene que yo me vaya; porque si no me fuera, el Consolador no vendría a vosotros; mas si me fuere, os lo enviaré" (Jn. 16:7).

Imagina el alivio que sintieron cuando los 12 oyeron de boca de Jesús el Señor que un "Ayudador" estaba en camino. El Espíritu Santo estaría ahí para guiarlos, dirigirlos, y motivarlos tal como había hecho Jesús cuando estaba presente corporalmente en la tierra. Como garantía final de que Él no iba a dejar a sus discípulos sin proveer los recursos necesarios para que le sirvieran, Jesús prometió: "pero recibiréis poder, cuando haya venido sobre vosotros el Espíritu Santo" (Hch. 1:8).

Examina tu corazón

¡Qué alivio! ¡Tienes un Ayudador! Al igual que los primeros seguidores de Jesús, tú también puedes llevar a cabo cualquier servicio que emprendas y cualquier deber que se te delegue, y hacerlo con excelencia. Para ti que eres cristiana estas metas son posibles de alcanzar, gracias a la presencia y el poder del Espíritu Santo que mora en ti. Cuando andas en el Espíritu y eres guiada por Él, manifiestas el carácter virtuoso de Cristo. Equipada con su poder, puedes vivir con excelencia. Puedes influir de manera positiva en los demás. Puedes amar a Jesús y glorificarlo siendo responsable, virtuosa y excelente, en todas las áreas. Como exhortó el apóstol Pablo: "Y todo lo que hacéis, sea de palabra o de hecho, hacedlo todo en el nombre del Señor Jesús" (Col. 3:17).

Una mujer conforme al corazón de Jesús

Piensa en Jesús y en todo lo que su virtud le permitió llevar a cabo. Él tenía una lista específica de tareas delegadas por el Padre. Y cada mañana se levantaba para cumplirla. Su lista de tareas cumplidas se parecía a la siguiente:

- ✓ Guardar la ley
- ✓ Servir y ministrar a las personas

- ✓ Ir al pueblo y predicar el evangelio
- ✓ Ir a Jerusalén... e ir a la cruz
- ✓ Cumplir toda la voluntad del Padre

Como mujer, tú también tienes una lista de tareas delegada por Dios, que incluye cuidar de ti misma y de tu familia, de tu casa, de tu ministerio y del trabajo. Cuando ores por tu lista, recuerda a Jesús. Deja que su ejemplo de fidelidad te muestre el camino que debes seguir en tu día, todos los días. Él no inventó excusas, ni aflojó, ni renunció. Antes bien, buscó cumplir con la voluntad del Padre. Al igual que Jesús, el deseo de tu corazón es agradar a Dios. Toma pues ejemplo del corazón de Jesús: un corazón virtuoso.

∽ Oración ∼

¡Maravilloso Jesús! Mi corazón está desconcertado. Una parte de mí desfallece ante la idea de ser virtuosa y de buscar la excelencia en todas las cosas. Pero tú me has mostrado el camino. Tú lo has recorrido antes de mí. Ayúdame a caminar en él. Amén, y amén.

Día 29

Sabio

¡Ay, ay, ay, otra decisión que tomar! ¿Alguna vez te ha rondado un pensamiento como este en tu mente y en tu corazón? Como mujer de Dios, creo que tu vida es increíblemente complicada y exigente, ¿no es así? Tienes muchas responsabilidades, listas interminables de tareas pendientes, y se espera que desempeñes tus múltiples funciones y responsabilidades al tiempo que exhibes un espíritu apacible y tranquilo.

¿Qué podemos hacer las mujeres? ¿Cómo podemos siempre, o al menos la gran parte del tiempo, tomar las decisiones correctas que glorifiquen a Cristo? Ahora nos acercamos al final de nuestra lista de cualidades del carácter, mediante la cual hemos contemplado su esplendorosa manifestación en la vida de Jesús. Es una nueva bendición poder mirar a Aquel que ha sido perfectamente sabio y que, por lo tanto, constituye el mejor ejemplo que podemos seguir en nuestra búsqueda de la sabiduría.

Jesús nos muestra el camino

La fuente de toda sabiduría

Jesús, como Dios, tenía un conocimiento perfecto, y por lo tanto actuó a la luz de toda la verdad y de los hechos. Y, en su perfección humana, Jesús pudo también aplicar toda la verdad y los hechos con una sabiduría intachable. La sabiduría se revela en las decisiones que se toman, las acciones que se realizan, y las palabras que se hablan. Eso es precisamente la verdadera sabiduría: la correcta aplicación del conocimiento. Hoy queremos mirar de nuevo a Jesús y en especial su sabiduría. Tenemos que comprender cómo nosotras también podemos desarrollar la sabiduría que nos hará más como Cristo no solo en nuestra manera de vivir, sino en las decisiones que tomamos.

El camino a la sabiduría verdadera

La sabiduría viene con el nuevo nacimiento que tiene lugar en el momento de la salvación, como descubrió Nicodemo durante una visita secreta a Jesús. Ya encontramos a Nicodemo en un capítulo anterior cuando hablamos acerca de la valentía. Pero hoy nos centraremos en un encuentro que tuvo con Jesús a comienzos del ministerio del Señor. A Nicodemo le interesaba cada vez más conocer acerca de Jesús. Una noche, este respetado erudito y maestro vino a encontrarse con Jesús y hablar con Él. Aunque Nicodemo vino de noche en secreto, se acercó a Jesús con un corazón dispuesto y sediento, y creía que Jesús tenía respuestas. Siendo un maestro también, Nicodemo vino a Jesús con un espíritu enseñable.

Este es el escenario: un maestro de Israel acude a la fuente de toda sabiduría en busca de sabiduría. ¿Qué consejo sabio le dio Jesús a Nicodemo? Le dijo: "Os es necesario nacer de nuevo" (Jn. 3:7). En otras palabras, si Nicodemo realmente quería la sabiduría de Dios, tenía que empezar de nuevo. Tan pronto "naciera de nuevo" y creyera en Jesús como Mesías, tendría el poder para vivir y actuar según su nueva naturaleza. Experimentaría el poder transformador de la salvación.

Examina tu corazón

Conforme entiendas y aceptes el concepto del nuevo nacimiento, la sabiduría de Jesucristo se volverá parte de ti, y Él transformará tu vida. Este es el camino a la sabiduría: primero recibes en el nuevo nacimiento la vida eterna, el poder y la dirección del Espíritu Santo, y sabiduría. Luego, al seguir a Jesús, el Señor, el Santo, la luz de la verdad, te vuelves más y más consciente de cómo Jesús quiere que te conduzcas. En poco tiempo empezarás a aplicar la sabiduría que aprendes a tu proceso de toma de decisiones, las cuales serán más sabias.

> Tu lenguaje también se volverá más cuidadoso y agradable, porque escogerás hablar sabiamente. La sabiduría trabaja de adentro hacia afuera, empezando en tu corazón.

Lo que Jesús dijo a Nicodemo también es cierto para ti: debes nacer de nuevo. Si esto no ha ocurrido en tu vida, puedes empezar tu vida nueva hoy y comenzar a caminar en sabiduría: la sabiduría de Dios, celestial. Puedes abrazar a Jesús y a su gracia salvadora en cualquier momento. Puedes nacer de nuevo recibiéndole como tu Salvador.

La búsqueda de la sabiduría

La Biblia dice que aquellos que están en Cristo tienen la mente de Cristo (1 Co. 2:16). En Él tenemos la capacidad de crecer en sabiduría si estamos dispuestas a pagar el precio para obtenerla. Uno de mis pasajes predilectos acerca de la sabiduría está en Proverbios, un libro sapiencial. Cuando lo leas, tal vez quieras tomar un lápiz o un bolígrafo y marcar los verbos que señalan lo que implica la búsqueda de la sabiduría. Así veremos lo que cuesta obtener sabiduría.

> "Hijo mío, si recibieres mis palabras, y mis mandamientos guardares dentro de ti, haciendo estar atento tu oído a la sabiduría; si inclinares tu corazón a la prudencia, si clamares a la inteligencia, y a la prudencia dieres tu voz; si como a la plata la buscares, y la escudriñares como a tesoros, entonces entenderás el temor de Jehová, y hallarás el conocimiento de Dios. Porque Jehová da la sabiduría, y de su boca viene el conocimiento y la inteligencia" (Pr. 2:1-6).

Escudriña las Escrituras

La sabiduría de Jesús acerca de la cual hablamos proviene de conocer su Palabra, la Biblia. Como afirmó el salmista en el Antiguo Testamento al exclamar: "¡Oh, cuánto amo yo tu ley!

Todo el día es ella mi meditación. Me has hecho más sabio que mis enemigos con tus mandamientos, porque siempre están conmigo" (Sal. 119:97-98).

Los eruditos judíos de la época de Jesús consagraban sus vidas al estudio de las Escrituras. No lo hacían para aprender acerca de Jesús como Mesías, sino para adquirir un conocimiento superior y entender las "tildes" de la ley (Jn. 5:39). Al tener el conocimiento como su meta, fallaron en comprender la verdadera importancia de leer y estudiar la Biblia. Como les dijo Jesús: "Escudriñad las Escrituras; porque a vosotros os parece que en ellas tenéis la vida eterna; y ellas son las que dan testimonio de mí" (Jn. 5:39). Jesús reprendía a estos eruditos porque eran incapaces de percibir el propósito de las Escrituras, las cuales revelan a la Persona, la obra y el carácter del Hijo de Dios.

Las Escrituras revelan a Cristo. Y, cuando tú y yo leemos la Biblia, somos transformadas en la imagen de Jesús. Como las Escrituras mismas declaran: "Toda la Escritura es inspirada por Dios, y útil para enseñar, para redargüir, para corregir, para instruir en justicia, a fin de que el hombre de Dios sea perfecto, enteramente preparado para toda buena obra." (2 Ti. 3:16-17). Hay poder transformador en la Palabra de Dios que nos capacita y transforma nuestra conducta en la semejanza de Cristo.

Examina tu corazón

Llegar a conocer a Jesús leyendo la Biblia te dará el conocimiento que necesitas para tomar decisiones sabias, mejores decisiones, y para hablar la verdad con sabiduría. El Señor tiene un plan para tu vida, un gran plan. Y a medida que escudriñas las Escrituras, te perfeccionas y te preparas para ese gran plan. Te impregnas del corazón de Jesús y de las cualidades que poseía, según te conformas a su imagen por medio de su Palabra. Y haces las obras de Cristo, el cual anduvo por doquier haciendo bienes (Hch. 10:38). En resumen, cuanto más crezcas en tu conocimiento de Cristo, más se revelará Él a ti, y más podrás reflejarlo en tu vida.

Pide a Dios

Es difícil comprender cómo Jesús, que era Dios encarnado, buscó la sabiduría del Padre por medio de la oración. Según lo que leemos en los Evangelios, y lo que hemos estudiado en este libro, Jesús hablaba todo el tiempo con Dios Padre acerca de las decisiones y asuntos que enfrentaba a diario. Él escogió limitar la manifestación de su naturaleza divina en lo que respecta a las decisiones que tomó. Él confió completamente en la sabiduría y la dirección del Padre. Incluso cuando se dirigió hacia la cruz, Él oró: "hágase tu voluntad" (Mt. 26:42).

La oración es el camino a la sabiduría. A lo largo de tu atareado día, pide a Dios ayuda frente a cada decisión que debas tomar. Para algunas decisiones puedes hacer oraciones con más calma. E incluso en aquellas ocasiones en las que solo tienes un segundo para consultar a Dios, puedes preguntar rápidamente: "Padre, ¿qué debo hacer? ¿Qué debo decir?". En Santiago 1:5 leemos: "Y si alguno de vosotros tiene falta de sabiduría, pídala a Dios… y le será dada". Abraza esta instrucción, y la promesa que la acompaña, como tu guía para tomar decisiones y elegir mejor. Así pues, en palabras de Jesús:

> "Pedid, y se os dará; buscad, y hallaréis; llamad, y se os abrirá. Porque todo aquel que pide, recibe; y el que busca, halla; y al que llama, se le abrirá" (Mt. 7:7-8).

Examina tu corazón

Este es el mensaje para tu corazón: si quieres sabiduría, pídela a Dios. Pero entiende que cuando pides sabiduría, tienes que estar dispuesta a hacer lo que exige obtenerla… y hacerlo. Prepárate para hacer lo que sea necesario, como leer tu Biblia, obedecer lo que descubres en la Palabra de Dios, depender de la dirección de Dios por medio de la oración, buscar el consejo de personas sabias, y seguir el ejemplo de personas maduras que andan en el camino de la sabiduría de Dios. La sabiduría te llama. ¿Estás escuchando? La sabiduría dice: "Yo amo a los que me aman, y me hallan los que temprano me buscan" (Pr. 8:17).

Salomón pidió sabiduría. Un hombre de la Biblia en particular, llamado Salomón, sirve como ejemplo de cómo pedir sabiduría a Dios. Tal vez ya conozcas su historia. Salomón sucedió a su padre David, como rey de Israel. David fue un gran rey que logró unir a las 12 tribus de Israel bajo un mismo reinado. Bajo el reinado de David, la diminuta nación de Israel se convirtió en un poderío considerable. Después de la muerte de David, estoy segura de que Salomón se sentía un poco inseguro frente a sus nuevas responsabilidades como rey, de quien se esperaba que siguiera los pasos admirables de su padre.

Entonces ¿qué hizo Salomón? Primero, la Biblia registra que él amaba al Señor (1 R. 3:3). Por consiguiente, era natural para él tomar el siguiente paso: orar. Salomón se presentó ante Dios y pidió sabiduría. Básicamente oró: "Da, pues, a tu siervo corazón entendido para juzgar a tu pueblo, y para discernir entre lo bueno y lo malo" (ver v. 9). Dios honró la petición de Salomón y le dio sabiduría, y Salomón se convirtió en el hombre más sabio de las Escrituras, hasta que vino Jesús.

Roboam no pidió sabiduría. Ahora comparemos a Salomón con su hijo, Roboam (1 R. 12:1-19). Como sucesor de su padre, este joven enfrentaba la misma situación de Salomón en el pasado: era un nuevo rey y necesitaba ayuda en la toma de decisiones acerca de la nación. ¿Buscó también sabiduría de Dios como su padre? Es lamentable, pero eligió seguir el consejo de sus jóvenes e insensatos compañeros. Tomó decisiones necias que culminaron en la separación de la nación de Israel con una guerra civil.

Examina tu corazón

Tú no tienes que gobernar un reino, pero sí tienes un hogar, tu familia, tus finanzas y tu vida que debes gobernar. Los resultados que coseches dependerán de lo que escojas: buscar la sabiduría

> de Dios y su dirección, o no hacerlo. Tus decisiones tendrán grandes consecuencias en tu vida y en la de los que te rodean. Por eso es sabio buscar la sabiduría de Dios y pedir su dirección. Resuelve seguir el ejemplo de Salomón y pide a Dios sabiduría diariamente.

Adquiere sabiduría

Ser consciente de la necesidad de sabiduría es una cosa. Pero también debemos decidir obedecer lo que nos dice Proverbios 4:7: "Sabiduría ante todo; adquiere sabiduría; y sobre todas tus posesiones adquiere inteligencia". Lucas 2:52 dice que Jesús crecía en sabiduría. Y tal como Jesús en su humanidad pasó por todas las etapas normales de crecimiento, incluso crecer en la sabiduría que se adquiere con la experiencia y la madurez, nosotras debemos considerar el crecimiento en sabiduría como un proceso.

La sabiduría no viene de la noche a la mañana. Pero sí puedes acelerar tu progreso trazándote como meta adquirir sabiduría. ¿Cómo puedes hacer que esto suceda?

> Paso #1. Desea la sabiduría: "Bienaventurado el hombre que halla la sabiduría, y que obtiene la inteligencia; porque su ganancia es mejor que la ganancia de la plata, y sus frutos más que el oro fino" (Pr. 3:13-14).
>
> Paso #2. Ora pidiendo sabiduría: "Si clamares a la inteligencia, y a la prudencia dieres tu voz... entonces entenderás el temor de Jehová, y hallarás el conocimiento de Dios" (Pr. 2:3, 5).
>
> Paso #3. Busca la sabiduría: "Si como a la plata la buscares [la sabiduría], y la escudriñares como a tesoros" (Pr. 2:4).
>
> Paso #4. Confía en la sabiduría de Dios: "Fíate de Jehová de todo tu corazón, y no te apoyes en tu propia prudencia. Reconócelo en todos tus caminos, y él enderezará tus veredas" (Pr. 3:5-6).

Una mujer conforme al corazón de Jesús

A diferencia de Jesús, tú no siempre tomarás las mejores decisiones ni elegirás lo mejor. No obstante, cuando eliges someterte a la voluntad del Padre y seguir su guía, reflejarás el corazón de Jesús. Te descubrirás viendo la vida desde su perspectiva. Empezarás a escoger mejores procedimientos. Serás bendecida con los resultados de la sabiduría que aplicas, y lo mismo ocurrirá con las personas a tu alrededor. Te convertirás en la mujer que deseas ser: una mujer sabia. Llegarás a ser "la mujer sabia [que] edifica su casa... [y que] abre su boca con sabiduría" (Pr. 14:1; 31:26).

⁓ Oración ⁓

Señor mío, Tú eres "sabiduría de Dios" (1 Co. 1:24). Tú creciste en sabiduría, anduviste en sabiduría, hablaste sabiduría, y viviste sabiamente. Tú has puesto un camino delante de mí. Que las decisiones que tome y las palabras que yo hable sean un reflejo de tu sabiduría. Amén.

Día 30

Adorador

Cuando mi esposo Jim enseña y predica sobre la adoración, una de las preguntas que más le gusta hacer al grupo es: "¿Cuál es tu experiencia de adoración más memorable?". ¡La pregunta siempre despierta una conversación muy emocionante! Pues bien, mi experiencia de adoración más memorable ocurrió durante un culto de Pascua. Siempre me han parecido muy conmovedoras esas reuniones, con música especial, mensajes sobre la muerte, la sepultura y la resurrección de Jesús. Siempre salgo de ellas inspirada, anhelando ver a Jesús como pudieron hacerlo las mujeres en la Palabra cuando fueron a la tumba vacía y vieron por primera vez al Señor glorificado después de su resurrección.

Pues bien, ahí estaba yo, junto con mi esposo Jim y un grupo de nuestra iglesia, sentados afuera en un banco de madera bajo una pérgola cubierta con una parra, oyendo al pastor predicar acerca de la resurrección de Jesús. Lo que hizo tan memorable aquel momento fue el sitio donde lo vivimos. Estábamos en Jerusalén, en el lugar llamado "la tumba del jardín".

Trata de imaginar lo que era estar en Jerusalén... el día de resurrección... en este sepulcro... oyendo un mensaje sobre la resurrección... y cantando el himno "Cristo resucitó". Imagina también que mientras todo esto sucede, tú miras hacia un sepulcro esculpido en la roca con una puerta de piedra que fue rodada a un lado de la entrada. No importa si este haya sido o no el sepulcro donde pusieron a Jesús y donde resucitó. Ese momento de adoración fue un recordatorio visual maravilloso de que "¡ha resucitado!" (Mr. 16:6).

Jesús nos muestra el camino

Antes de estudiar la muy íntima cualidad de adorador, entiende que la adoración, como acto, se define como honrar o reverenciar a un ser divino o a un poder sobrenatural. Denota gran estima, un respeto, una honra o una devoción extravagantes.

Estamos tan acostumbradas a pensar en adorar a Jesús y aprender más acerca de la adoración, que a veces olvidamos que Jesús mismo fue un gran adorador. Él asistió a los servicios de adoración en las sinagogas en su ciudad y en otras en Israel. Su vida de oración, que es otra manifestación de adoración, también revela un deseo claro y vehemente de tener comunión con el Padre. De hecho, a veces oró largamente, incluso toda la noche. Y oró con gran intensidad. Por ejemplo, podemos ver en las Escrituras los momentos difíciles cuando se postró en el huerto de Getsemaní y oró con profunda aflicción, tanto que "su sudor como grandes gotas de sangre que caían hasta la tierra" (Lc. 22:44). Y oró antes de tomar decisiones importantes, como la elección de los 12 discípulos (6:12-13).

Es evidente, por las numerosas veces que se acercaba al Padre, que Jesús honraba al Padre y buscaba su dirección y su fortaleza. De modo que, en términos prácticos, Jesús era un adorador. Pero su adoración fue mucho más allá del aspecto técnico de la oración, mucho más allá de su disciplina y fidelidad en la oración. Él estaba, realmente, en un estado permanente de adoración, porque gozaba de comunión constante con el Padre.

Al final de nuestro recorrido de 30 días para convertirnos en *Una mujer conforme al corazón de Jesús* es más que pertinente culminar con la adoración. Y quiero que nos enfoquemos no tanto en los actos de adoración de Jesús, sino en nuestros actos de adoración hacia Él. Es mi deseo, y mi oración, que nuestro estudio de estas cualidades selectas del carácter de Jesús te haya animado a hacer un alto para alabar al Padre por el don de su Hijo. Entonces, antes de comenzar, dedica un momento a la adoración y da gracias a Él de todo corazón.

Le ofrecieron presentes

La adoración es presentar a Jesús lo mejor que tenemos. Eso fue lo que hicieron los sabios. Y sus regalos no fueron una ocurrencia improvisada. Su viaje en busca del bebé nacido "Rey de los judíos" duró posiblemente dos años. Cuando buscaron regalos para el bebé Jesús, no tomaron algunos recuerdos por el camino ni escogieron algunas cosas que les habían sobrado de sus viajes. Escogieron lo mejor para llevarle, sus regalos más costosos y preciados. Luego, "al entrar en la casa, vieron al niño con su madre María, y postrándose, lo adoraron; y abriendo sus tesoros, le ofrecieron presentes: oro, incienso y mirra" (Mt. 2:11). Los sabios trajeron regalos y adoraron a Jesús por quien Él era. Esta es la verdadera esencia de la adoración: honrar a Dios y darle lo más valioso que tenemos.

Desde los comienzos de la historia bíblica, Dios ha pedido que nuestras ofrendas a Él sean lo mejor que tengamos. Con frecuencia, en el Antiguo Testamento, las personas fueron juzgadas por presentar ofrendas inferiores a Dios. Caín fue juzgado porque trajo una ofrenda inferior. Su hermano Abel "trajo también de los primogénitos de sus ovejas, de lo más gordo de ellas. Y miró Jehová con agrado a Abel y a su ofrenda; pero no miró con agrado a Caín y a la ofrenda suya" (Gn. 4:4-5).

Tú debes adorar a Dios porque Él es santo, y es tu Creador. Él es digno de tu adoración y merece lo mejor que puedas ofrecerle. Gracias a la muerte de Jesús como Cordero de Dios que quita el pecado del mundo, ya no es necesario traer animales a Dios para ser sacrificados como parte de tu adoración. Lo que Dios desea de ti es que ofrendes tu vida. Debes presentar tu cuerpo "en sacrificio vivo, santo, agradable a Dios, que es vuestro culto racional" (Ro. 12:1).

Examina tu corazón

Como mujer deseosa de ser conforme al corazón de Jesús, tal vez deseas también agradar a Dios. Eso significa no solo asistir y cumplir con los requisitos de la adoración, sino involucrar lo mejor de ti en tu adoración: tu mejor actitud, tu mejor alabanza, tu mejor obediencia, tu mejor adoración de corazón, tu mejor tú. Dios pide lo mejor de ti, que estés limpia y santa, cuando te presentas ante Él en adoración. Él pide que te ofrezcas a ti misma como un sacrificio vivo. Como ofrenda rendida, tú te conviertes en instrumento de culto racional (Ro. 12:2), y eso agrada a Dios.

Ella dio gracias al Señor

La adoración es también alabar a Dios por el regalo de su Hijo. Una de las mujeres admirables de la Biblia que comprendió la importancia de la alabanza fue Ana, una profetisa. Esta viuda se había consagrado a Dios desde la muerte de su esposo. Nunca volvió a casarse, sino que prefirió enfocar su atención en adorar a Dios. Ella "no se apartaba del templo, sirviendo de noche y de día con ayunos y oraciones" (Lc. 2:37). Y allí estaba, en el templo, el día en el que el bebé Jesús fue presentado al Señor. ¡Ana fue una de las primeras personas que vio y adoró al Salvador!

Ana nunca se apartaba del templo, lo cual significa que convirtió la adoración en la ocupación de su vida. Tal vez no dormía ahí, pero con seguridad su estilo de vida era la adoración. Y en uno de aquellos días de adoración de Ana, se encontró con el objeto de su adoración. "Esta, presentándose en la misma hora, daba gracias a Dios" (v. 38). Ana conoció al Cristo niño y alabó a Dios porque ese bebé traería redención a la nación (de acuerdo con la promesa de Isaías 52:9).

Examina tu corazón

Ana adoró en sentido literal y físico a Dios día y noche, y tú puedes hacer lo mismo espiritualmente. Tú puedes adorar a Dios en cualquier lugar y en cualquier momento por medio de la oración. Tú puedes dar gracias al Señor en todo tiempo y en todo lugar, y por todas las cosas. Cuanto más lo adoras en oración, más eres consciente de su presencia. Y cuanto más consciente eres de su presencia, más desearás orar y alabarlo. Como dijo Jesús a la mujer samaritana, puedes adorar a Dios en cualquier parte, porque lo haces en espíritu y en verdad (Jn. 4:23-24).

Adora en espíritu y en verdad

Como hemos visto, la adoración no precisa de un lugar específico. La primera mención de esta verdad en el Nuevo Testamento salió de labios de Jesús. Ya hemos visitado este pasaje antes, pero veamos ahora qué nos dice sobre la adoración.

Mientras Jesús estaba de camino a Galilea, Él y sus discípulos se detuvieron en un pozo en la región conocida como Samaria. Los discípulos dejaron a Jesús y fueron a la aldea por comida, mientras que Él se quedó junto a la fuente de agua del lugar. Cuando una mujer, samaritana, vino a sacar agua, Jesús inició una conversación con ella acerca de la adoración. Tanto judíos como samaritanos creían que el lugar donde una persona adoraba era lo más importante para Dios. Cada grupo tenía su propio lugar de adoración, y cada uno pensaba que su lugar era el "correcto". ¡Eran como dos equipos deportivos rivales!

Jesús anunció a esta mujer: "Mas la hora viene, y ahora es, cuando los verdaderos adoradores adorarán al Padre en espíritu y en verdad; porque también el Padre tales adoradores busca que le adoren. Dios es Espíritu; y los que le adoran, en espíritu y en verdad es necesario que adoren" (Jn. 4:23-24). Con estas palabras, Jesús relegó a un segundo plano el sitio de la adoración, y dio prioridad a nuestra relación espiritual con Dios. Según lo que dijo el Señor, nuestra adoración tiene dos aspectos:

- Debemos adorar en espíritu (nuestro espíritu humano). No debemos pensar en listas de compras, o qué vamos a preparar para el almuerzo, o cuáles son las citas de mañana. Debemos enfocar nuestra atención y nuestra alabanza en Dios, asegurándonos de adorar con la actitud correcta, en espíritu y en verdad.
- Debemos adorar en verdad. Es decir, debemos adorar de una manera coherente con la naturaleza de Dios tal como ha sido

revelada en las Escrituras. Cuando adoramos a Jesús como Dios, la Palabra encarnada (Jn. 1:14), Él nos revela al Padre (14:6).

Examina tu corazón

Cuando vas a la iglesia, ¿a quién adoras y con qué actitud? ¿Te distraes y pones tu atención en otros asuntos? ¿Piensas que con estar ahí y con que todos te vean has cumplido con tu deber y has hecho lo que se espera de ti? Si esto es así en tu vida, entonces no estás adorando "en espíritu". ¿Y a quién estás adorando? ¿Al verdadero Jesús, a Dios encarnado que vino a la tierra para morir en santidad y pagar por tus pecados? ¿O estás adorando a un Jesús que te has inventado, uno al cual no tienes la obligación de obedecer? Si es así, entonces no estás adorando "en verdad". Antes de que adores otra vez, examina tu corazón. Cerciórate de adorar tanto en espíritu como en verdad.

¡A Él oíd!

La adoración también requiere tu obediencia. Cuando pensamos en Jesús, no lo imaginamos tomando un descanso, ¿o sí? Parece que Él nunca necesitó "tiempo para sí mismo". Sin embargo, poco después de revelar por primera vez su muerte y su resurrección (Mt. 16:21), Jesús se fue a las montañas con sus tres discípulos más cercanos: Pedro, Jacobo y Juan. Estando allí, Jesús les permitió vislumbrar por un instante su gloria. Los discípulos estaban atemorizados y, como era su costumbre, Pedro empezó a hablar. Pero al instante la voz de Dios lo interrumpió. "Mientras él aún hablaba, una nube de luz los cubrió; y he aquí una voz desde la nube, que decía: Este es mi Hijo amado, en quien tengo complacencia; a él oíd" (Mt. 17:5).

La verdadera adoración que brota del corazón nos lleva a la sumisión y obediencia a Jesús. El Padre dijo a los discípulos que abrieran sus oídos y oyeran la Palabra de Dios a fin de obedecer a Jesús. Y esto es cierto para todos los creyentes, para ti y para mí también. Jesús dijo: "El que me ama, mi palabra guardará; y mi Padre le amará, y vendremos a él, y haremos morada con él" (Jn. 14:23).

Una mujer conforme al corazón de Jesús

¡Alabado sea Dios! Eres libre para adorar a Jesús en cualquier lugar y en cualquier momento. Eso significa que tú puedes y debes permanecer en un estado constante de adoración. Siempre estás en el templo espiritual de Dios. Siempre puedes orar, alabar, y derramar tu corazón en gratitud y en súplicas a un Dios que siempre está presente. Puedes mantener una conversación permanente con Él. La mujer que permanece en Cristo, vive en su santa presencia, anda por su Espíritu, y lo adora con todo su corazón, será un reflejo fiel de Jesús. Adora pues al Señor, ¡en toda su gloria!

~ Alabanza ~

Jesús nació y vivió en debilidad, aunque era el dueño de todo el poder. Fue el más pobre, aunque poseía todas las riquezas del cielo y de la tierra. Fue burlado como un insensato en su muerte, aunque era la sabiduría de Dios. Fue humillado en sus juicios, aunque ha recibido todo el honor y toda la gloria. Se hizo maldición en la cruz, aunque se ha convertido en bendición para todos los que creen. El único final digno de este plan eterno del Padre es que el universo entero se postre y adore al Único que es digno de adoración, y eleve alabanzas al Cordero de Dios, tal como describió el apóstol Juan, en Apocalipsis 5:11-14:

> "Y miré, y oí la voz de muchos ángeles alrededor del trono, y de los seres vivientes, y de los ancianos; y su número era millones de millones, que decían a gran voz: El Cordero que fue inmolado es digno de tomar el poder, las riquezas, la sabiduría, la fortaleza, la honra, la gloria y la alabanza. Y a todo lo creado que está en el cielo, y sobre la tierra, y debajo de la tierra, y en

el mar, y a todas las cosas que en ellos hay, oí decir: Al que está sentado en el trono, y al Cordero, sea la alabanza, la honra, la gloria y el poder, por los siglos de los siglos. Los cuatro seres vivientes decían: Amén; y los veinticuatro ancianos se postraron sobre sus rostros y adoraron al que vive por los siglos de los siglos".

1. Gary Inrig, *A Call to Excellence* (Wheaton, IL: Victor Books, 1985), pp. 40-41. Cita de Bernard Ramm, *Them He Glorified* (Grand Rapids: Eerdmans, 1963), p. 89.
2. M. R. DeHaan y Henry G. Bosch, *Our Daily Bread* [*Nuestro Pan Diario*] (Grand Rapids: Zondervan, 1982), Junio 14. Publicado en español por la Clase Bíblica Radial.
3. Curtis Vaughan, *The New Testament from 26 Translations*, The New English Bible (Grand Rapids: Zondervan, 1967), p. 22.
4. Génesis 39:4; Rut 2:10; Ester 2:17; 5:2.
5. Ver Romanos 5:2; Efesios 2:8.
6. Charles R. Swindoll, *Ester: una mujer de fortaleza y dignidad* (El Paso, Tex.: Casa Bautista de Publicaciones, 2004), citado en *Great Attitudes for Graduates!* [Actitudes sabias para graduados] (Nashville: J. Countryman, Thomas Nelson, 2006), p. 160.
7. *Life Application Bible* [*Biblia del diario vivir*] (Wheaton, IL: Tyndale House, 1988), p. 1825. Publicado en español por Caribe.
8. Ver Mateo 23:11; Lucas 9:24; 13:30; 17:33; 18:14.
9. Ver Lucas 10:38-39; Juan 12:1-2; 11:5.
10. Ver Marcos 10:17-22; Mateo 19:20; Lucas 18:18-19.
11. John Laidlaw (1832–1906), ministro y teólogo escocés.
12. Elizabeth George, *A Young Woman after God's Own Heart* [*Una joven conforme al corazón de Dios*] (Eugene, OR: Harvest House Publishers, 2003), p. 204. Publicado en español por Unilit.
13. George, *A Woman After God's Own Heart* [*Una mujer conforme al corazón de Dios*] (Eugene, OR: Harvest House Publishers, 1997), p. 77. Publicado en español por Unilit.
14. Ver Romanos 13:1-7 y 1 Pedro 2:12-14 respectivamente.
15. Bruce B. Barton, *Life Application Bible Commentary—John* (Wheaton, IL: Tyndale House, Inc., 1993), p. 185.
16. Según citado por Bruce B. Barton, *Life Application Bible Commentary—Ephesians* (Wheaton, IL: Tyndale House, 1997), p. 86.
17. Elizabeth George, *Beautiful in God's Eyes* [*Hermosa a los ojos de Dios*] (Eugene, OR: Harvest House Publishers, 1998), pp. 13 y 15. Publicado en español por Patmos.

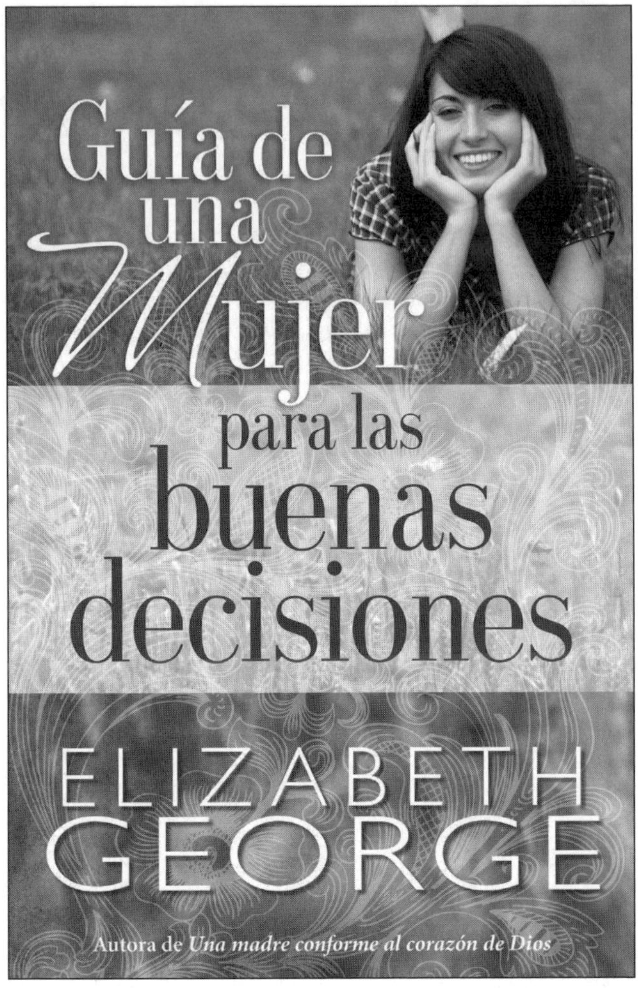

Cada 24 horas, las mujeres tienen que tomar cientos de decisiones. ¿Qué estrategias pueden utilizar para tomar las mejores decisiones en medio de los problemas y los retos cotidianos? ¿Cómo pueden aprovechar bien el tiempo y sentirse satisfechas con los resultados al final del día?

Después de hacerse estas mismas preguntas durante años, Elizabeth ha elaborado un proceso claro y práctico para tomar las mejores decisiones posibles.

Jim y Elizabeth unen esfuerzos para compartir su sabiduría y experiencia de más de 40 años de vida marital a fin de ayudar a las parejas a acercarse más el uno al otro y a Dios. Los cónyuges descubrirán cómo enriquecer sus matrimonios. Al observar las fortalezas y debilidades de parejas de la Biblia como Abraham y Sara, Booz y Rut, José y María, y otros, aprenderán a conocer los elementos esenciales necesarios para disfrutar de una vida emocionante juntos y desarrollar mejores formas de comunicarse y tomar decisiones sólidas.

Elizabeth George explica el secreto de la felicidad conyugal, el diseño de Dios para que una esposa ame a su esposo, aunque tenga defectos. Este libro proporciona valiosas ideas en importantes aspec-tos del matrimonio. Entre otros explica qué significa ser la ayuda idónea del esposo, y qué es y qué no es la sumisión.

NUESTRA VISIÓN

Maximizar el efecto de recursos cristianos de calidad que transforman vidas.

NUESTRA MISIÓN

Desarrollar y distribuir productos de calidad —con integridad y excelencia—, desde una perspectiva bíblica y confiable, que animen a las personas a conocer y servir a Jesucristo.

NUESTROS VALORES

Nuestros valores se encuentran fundamentados en la Biblia, fuente de toda verdad para hoy y para siempre. Nosotros ponemos en práctica estas verdades bíblicas como fundamento para las decisiones, normas y productos de nuestra compañía.

Valoramos la excelencia y la calidad
Valoramos la integridad y la confianza
Valoramos el mérito y la dignidad de los individuos y las relaciones
Valoramos el servicio
Valoramos la administración de los recursos

Toda mamá desea criar hijos que sean felices, que tengan éxito en sus vidas espirituales y que sean siervos fieles de Dios. Pero en estos días de horarios llenos de deportes, tareas de la escuela, juegos electrónicos y la internet, esto puede ser un reto. Con sabiduría la autora ofrece ideas valiosas para que las madres cristianas puedan nutrir a sus hijos de cualquier edad en el Señor.